Jürgen Lehmann

Wege nach Westen – Wege nach Osten

ZeitZeugnis.
Vitale Historiographien
aus den Wissenschaften

Hrsg. v. Hartwig Kalverkämper
Band 6

Jürgen Lehmann

Wege nach Westen – Wege nach Osten

Erinnerungen an eine Jugend in Deutschland

Frank & Timme
Verlag für wissenschaftliche Literatur

Umschlagabbildung: Brunnen im Park Sanssouci, Potsdam © Leonid Andronov – stock.adobe.com

ISBN 978-3-7329-0736-6
ISBN E-Book 978-3-7329-9232-4
ISSN 2365-2403

Herstellung durch Frank & Timme GmbH,
Wittelsbacherstraße 27a, 10707 Berlin.
Printed in Germany.
Gedruckt auf säurefreiem, alterungsbeständigem Papier.

www.frank-timme.de

Für Anke

„Der kommt am weitesten,
der nicht weiß, wohin er geht“

Theodor Fontane

Inhalt

Jürgen Lehmann

1 Vorwort

„Eine Jugend in Deutschland" – dieser an berühmte Autobiografien wie Wilhelm von Kügelgens „Jugenderinnerungen eines alten Mannes" oder Arthur Schnitzlers „Eine Jugend in Wien" erinnernde Untertitel klingt einfach und unverfänglich, suggeriert vielleicht sogar die Darstellung einer von Kontinuität und Reifung, von organischer Vermittlung zwischen Ich und Welt geprägten Lebensphase, die spätestens seit Goethes Autobiografie „Dichtung und Wahrheit" in zahlreichen, der Kindheit und Jugend gewidmeten Lebensberichten vorherrschend ist. Die folgenden Ausführungen werden hingegen aufzeigen, dass sich hinter dem eingängigen Titel etwas anderes verbirgt. Etwas, das im physischen und geistigen Unterwegssein von Ost nach West und von West nach Ost mit Diskontinuität, biografischen Brüchen und existenzieller Angst, mit dem permanenten Wechsel von Zerstörung und Neuanfang, Enttäuschung und Hoffnung, Verlust und Gewinn verbunden ist. Es wird deutlich, dass der Begriff „Deutschland" dabei ein in drei Teile zerbrochenes politisch-geografisches Gebilde bezeichnet. Die „Jugend" repräsentiert dabei eine von den Spannungen zwischen Osten und Westen und den daraus resultierenden Brüchen intensiv und nachhaltig geprägte Lebensphase. Die genannten Brüche haben sowohl negativ als auch positiv, sowohl hemmend als auch befruchtend gewirkt. Die mit ihnen verbundenen Fluchten, die Wege ins Ungewisse, waren begleitet von Angst und Orientierungslosigkeit. Sie haben mir darüber hinaus aber auch unbekannte, mich ungemein bereichernde, geografische und geistige Räume eröffnet. Diese Jugend in Deutschland ist zum einen in Manchem exemplarisch für Erlebnisse und Erfahrungen vieler um 1940 geborener Altersgenossen, besitzt zum anderen aber insofern ein besonderes Profil, als sie in fast gleichen Teilen in Ost- und Westdeutschland stattgefunden hat und ungewöhnlich intensiv und vielfältig vom Gegensatz beider Gesellschaftssysteme geprägt worden ist. Die darauf bezogenen Aufzeichnungen sind ein Versuch, auf die Nachkriegszeit bezogene Fakten, Erlebnisse und Erinnerungen in die Ordnung einer Geschichte zu bringen, eine Art subjektiver Historiografie, ohne Anspruch auf Vollständigkeit oder Genauigkeit, aber mit dem Anspruch, deutsche Nachkriegsgeschichte und ihre Wirkungen auf eine jugendliche Psyche für gegenwärtige Leser, insbesondere für Jugendliche, anschaulich erfahrbar zu machen.

Der genannte Ost-West-Gegensatz bestimmt auch die Struktur dieser Jugendautobiografie. Gewidmet in ihrem ersten Teil ist sie dem zwischen 1945 und 1958 Erlebten und Erfahrenen, unter ausführlicher Berücksichtigung der politischen und gesellschaftlichen Kontexte: den Schrecknissen der Flucht aus Ostbrandenburg vor der Roten Armee im Januar 1945, dem Überlebenskampf der Familie unter für Jugendliche der Gegenwart kaum vorstellbaren Lebensverhältnissen während der ersten Nachkriegsjahre, gefolgt von der Darstellung der seelischen und geistigen Entwicklung eines Jugendlichen im realsozialistischen Alltag in Städten des Landes Brandenburg (Potsdam, Belzig/Mark, Werder/Havel), im Spannungsfeld von orthodox-marxistischer Beeinflussung in Schule und Gesellschaft und systemkritischem Umfeld von Elternhaus und Kirche.

Der zweite Teil der Autobiografie gilt dem völlig anderen Leben in Westdeutschland, ausgelöst durch die von politischen Ursachen erzwungene Flucht aus der DDR in die Bundesrepublik im Jahre 1958. Geht es im ersten Abschnitt um die einmal mehr dem Flüchtlingsstatus geschuldete erneute Orientierungssuche in einer als fremd und abweisend empfundenen westdeutschen Gesellschaft der Adenauerzeit, so im zweiten um die erwähnten positiven Folgen von Fluchten, um das

Erobern unbekannter, inspirierender geistiger Räume, geht es um die erhoffte und letztlich geglückte Integration und mentale Ankunft im Westen, in Freiburg im Breisgau, wo sich in einem gänzlich anderen, von geistiger Offenheit, kultureller Vielfalt und sozialer Wärme geprägten Umfeld dank zahlreicher meinen intellektuellen und seelischen Habitus befördernder Begegnungen meine Begabungen entfalten konnten. Es gehört aber auch zu den Besonderheiten dieser Biografie, dass gerade hier, in äußerster Entfernung von meiner Herkunftsregion im Osten, die für mein weiteres Leben, für meine jahrzehntelange Tätigkeit als akademischer Vermittler zwischen Russland und Deutschland, maßgebliche geistige Rückkehr nach Osteuropa begonnen hat, gipfelnd, was meine Jugendzeit betrifft, in einem ungemein bereichernden Studien-und Forschungsaufenthalt in Moskau und Leningrad, mit dessen eingehender Darstellung diese Jugendautobiografie endet.

2 Frühe Kindheit (Schwiebus/ Ostbrandenburg 1940–1945)

Vom Anfang dieser Jugend in Deutschlands Osten künden neben Dokumenten und Erzählungen von Eltern und Verwandten erinnerte Bruchstücke, einzelne, kaum miteinander zu verbindende Szenen aus der frühen Kindheit, gleich Bildern aus dem Fotoalbum: Spiele im Garten mit dem Kindermädchen Irmgard, Picknick im Weinberghaus der Familie, Kutschfahrten und kindliches Schwatzen mit dem geliebten „Lapuli", dem Bruder meiner Mutter, flüchtige Begegnungen mit einem sporadisch auf Fronturlaub weilenden und deshalb fremd erscheinenden Vater, Kämpfe mit einem aggressiven Gänserich, erste eigenständige Erkundungen der Stadt, Besuch von Tante Dora mit Tochter Renate aus Potsdam, der Morgen des 4. Geburtstages an einem trüben 5. November des Jahres 1944 – all das auf einem Bauernhof in Schwiebus, einer Kleinstadt im Brandenburgischen östlich der Oder, heute Swiebodzin in Polen. Beide Eltern entstammten diesem Ort, hatten sich dort kennen- und lieben gelernt, dort geheiratet. Meine Mutter wuchs auf genanntem Bauernhof auf, zu dem Land und Anwesen von ca. 25 ha gehörten. Der Hof gehörte seit dem frühen 18. Jahrhundert der Familie Schmidt, seine Besitzer galten als angesehene Ackerbürger der Stadt und seine Bewirtschaftung warf materiell so viel ab, dass alle Brüder meines Großvaters eine vorzügliche Ausbildung genossen und u. a. als hohe Beamte verantwortungsvolle Positionen im Auswärtigen Amt und bei der Deutschen Reichsbahn bekleideten. Der Großvater mütterlicherseits, Hermann Schmidt, war Hoferbe und Bauer. Meine Mutter hing mit geradezu abgöttischer Liebe an ihm, an diesem Hof und seinen Traditionen, sie hat sich mental nie von diesem Bereich lösen können. Mein Vater entstammte einer nach 1918 zugezogenen katholischen Familie mit neun Kindern. Seine Eltern besaßen vor dem Ersten Weltkrieg größere Ländereien, eine Ziegelei und ein Hotel in einem Gebiet im Osten von Deutschland, das nach dem Ersten Weltkrieg dem neugegründeten polnischen Staat zugeschlagen worden war. Das zwang die Familie Lehmann zur Aufgabe ihrer Besitztümer und zur Umsiedlung nach Schwiebus. Als überzeugter Katholik im überwiegend protestantischen Schwiebus anfangs argwöhnisch beobachtet, hatte er eine kleine, aber zunächst gut gehende Landmaschinenfabrik aufgebaut, die aber nach der Inflation Konkurs anmelden musste. Mein Vater sollte den Betrieb zusammen mit einem Bruder übernehmen und hatte deshalb Maschinenbau studiert. Der Konkurs machte ihn arbeits- und mittellos. Nachdem alle Versuche, eine eigene Existenz als Landmaschineningenieur aufzubauen, gescheitert waren, sorgte der bei der Reichsbahn in einflussreicher Position tätige Onkel meiner Mutter zu Beginn der 1930er Jahre für eine Stelle bei der Deutschen Reichsbahn. Als auf diese Weise für materielle Sicherheit gesorgt war, durften die Eltern 1932 nach langer Wartezeit endlich ihren Ehestand, wie man damals sagte, in Potsdam gründen, wo mein Vater bis 1945 als Beamter der Reichsbahn gearbeitet hat.

In dieser Stadt sind mein Bruder Klaus am 15. August 1936 und ich am 5. November 1940 geboren worden. Während der ersten Ehejahre lebte die Mutter aufgrund eines geradezu pathologischen Heimwehs allerdings mehr in Schwiebus als in Potsdam; ihr Mann muss sie sehr geliebt haben, dass er das so lange geduldig ertragen hat. 1941 übersiedelte sie mit uns Kindern ganz nach Schwiebus, während mein Vater aufgrund seiner bahntechnischen Kompetenz zunächst bei der deutschen Wehrmacht und ab 1943 wieder in Potsdam tätig war. Verursacht wurde der permanente Aufenthalt in Schwiebus zunächst durch die Folgen einer überaus schweren, fast tödlich verlaufenen Krankheit meiner Mutter nach meiner Geburt im November 1940. Sie hatte drei Embolien im Körper, war von den Ärzten fast aufgegeben, genas aber wieder, allerdings sehr langsam. Das bedeutete einen halbjährigen Krankenhausaufenthalt in Potsdam und eine darauf folgende Erholungsphase in Schwiebus. Gepflegt wurde sie zu dieser Zeit vor allem von der erwähnten Tante Dora Kahlert, die später zur engsten Freundin meiner Eltern werden sollte; von ihr wird in diesen Erinnerungen noch öfters die Rede sein. Wieder genesen verwaltete meine Mutter dann ab Ende 1941 in Schwiebus in alleiniger Verantwortung den elterlichen Bauernhof für ihren im Krieg befindlichen Bruder. Mein Vater blieb – abgesehen von zwei Frontjahren in der Sowjetunion – an seiner Arbeitsstelle in Potsdam und besuchte uns an den Wochenenden, während der zwei Kriegsjahre allerdings auch nicht regelmäßig. Das hat sehr früh zu einer gewissen Distanz zwischen ihm und uns Kindern geführt – eine Distanz, die partiell sogar bis zur Ablehnung ging. Ich erinnere mich an eine Szene im elterlichen Schlafzimmer, wo ich die Eltern im Bett antraf und die Mutter ultimativ aufforderte, diesen mir fremden Mann aus dem Bett zu werfen. Auf ihren Hinweis, dass dies doch der Vater sei, den ich doch auch lieb hätte, kam meine Antwort: „Schick den wieder nach Russland, ich hab' nur Lapuli (also meinen Onkel) lieb". „Lapuli" war zu Beginn seines Wehrdienstes nicht weit von Schwiebus entfernt stationiert, konnte also während der ersten zwei Kriegsjahre öfter seinen Bauernhof besuchen und wurde deshalb zu Beginn meiner Kindheit männliche Bezugsperson. Gemessen an diesen Umständen, vor allem aber an den vielfältigen und schweren Belastungen während der Kriegs- und Nachkriegsjahre, darf die fast vierzig Jahre währende Ehe meiner Eltern wohl als gut charakterisiert werden, geprägt von tiefer Zuneigung und Respekt voreinander. Bestimmend bei wichtigen Entscheidungen war meist mein Vater; im Allgemeinen wurden sie aber im Konsens getroffen. Der Vater wusste genau, dass er bei allen für das Wohlergehen der Familie relevanten Problemen auf den praktischen Verstand seiner Ehefrau nicht verzichten konnte, insbesondere während der Nachkriegszeit. Die Existenz als ungeliebte Flüchtlinge in fremder Umgebung schweißte die Familie in dieser Zeit besonders zusammen; es galt, dass jeder für den anderen einstehen und ihn gegebenenfalls auch gegen die Einheimischen verteidigen musste, auch dann, wenn man beim Klauen von Lebensmitteln, Brennmaterial oder anderen lebenswichtigen Dingen erwischt wurde. Dies gab uns Kindern auch in schweren Zeiten seelische Sicherheit, hat aber auch dazu geführt, dass die Eltern später ihre heranwachsenden Söhne nur schwer aus ihrer Vormundschaft entlassen konnten.

Im Großen und Ganzen habe ich mich in meiner Familie immer wohl gefühlt, was meine Einstellung zu unserer Großfamilie, also zu Eltern, Bruder, Neffen und Nichten, deren Kindern etc., bis heute positiv beeinflusst hat. Die Erziehung von uns Kindern war streng, aber liebevoll. Mein Vater besaß durchaus autoritäre Züge, konnte auch laut werden, hat uns aber nie geschlagen, während meiner Mutter schon mal „die Hand ausrutschte", wenn sie meinte, dass ihr Schimpfen nichts fruchtete. Als weniger erfreulich empfanden mein Bruder und ich seitens der Mutter die Fixierung auf gesellschaftliche Anpassung, seitens des Vaters auf schulischen Erfolg. Beides hat bei meinem Bruder Klaus, etwas später auch bei mir, ebenso zu Widerstand und familiären Konflikten geführt wie eine väterliche autoritäre Haltung, die auch in späteren Jahren unbedingte familiäre Solidarität im Denken und Handeln einforderte. Was in den Jahren unmittelbar nach 1945 unabdingbar fürs Überleben war, erwies sich später nicht selten als Ausgangspunkt z. T. heftiger Auseinandersetzungen, so, wenn die Eltern es nicht unterlassen konnten, sich in das Familienleben ihrer erwachsenen Söhne einzumischen oder wenn mein konservativ denkender Vater noch während der sechziger Jahre die politischen Überzeugungen seiner Söhne zu beeinflussen suchte.

3 Erster Absturz in Dunkelheit, Ungewissheit und Existenzangst:

Flucht und Nachkriegselend in der SBZ, Leben im real existierenden Sozialismus der frühen DDR, Phase I (Potsdam, Belzig/Mark 1945–1953)

Deutlich konkreter werden die eigenen Erinnerungen an den Beginn der Flucht vor der Roten Armee Ende Januar 1945, einer Fahrt ins Ungewisse, der im Verlauf meines Lebens noch viele andere folgen sollten. Es gibt Momente im Leben, die sich tief in das Gedächtnis einbrennen, selbst wenn sie aus der frühen Kindheit stammen. Noch fast ein halbes Jahrhundert später, als ich im Sommer 2001 zum ersten Mal wieder Schwiebus besuchte, konnte ich meiner Frau noch genau die Stelle im großväterlichen Hof bezeichnen, an der der vollgepackte Leiterwagen zur Abfahrt bereit stand. Vor Augen habe ich noch heute das hektische Einpacken, die mit dem Ruf „Schnell, schnell! Tirschtigel (eine nicht weit entfernte Kleinstadt) brennt schon!“ ins Haus stürzende Tante Grete, den in der Abenddämmerung im Hof stehenden, vollgepackten Leiterwagen, die drum herumstehenden traurigen und verängstigten Nachbarn und im Ohr den Satz „Ja, denn müssen wir wohl“. Eile war geboten. Wie so viele Deutsche hatten auch meine Eltern viel zu lange den Durchhalteparolen der NS-Propaganda vertraut; außerdem lag es sicher auch an meiner Mutter, dass wir so spät aufgebrochen sind. Für sie, die mit fast abgöttischer Liebe am elterlichen Bauernhof hing, war es eigentlich undenkbar, diesen Ort für immer verlassen zu müssen. Erst, als mein Vater von Potsdam aus eine Reichsbahn-Dienststelle in Posen anrief und dort eine russische Antwort erhielt, erkannte er die uns drohende Gefahr. Er ließ alles stehen und liegen, setzte sich in den nächsten Zug nach Schwiebus, um seine Familie und die seines Bruders abzuholen – ein Unternehmen, das aufgrund nicht ausreichender Vorbereitung und falschen Erwartungen notwendig scheitern musste. Der mit zehn Personen und viel zu viel Hausrat überladene Wagen kam nur langsam voran, bedingt auch durch eine höllische Kälte (über -20 Grad) und vereiste Straßen und Wege. Ich erinnere mich, dass ich mit meinem Bruder und den zwei kleinen Cousins in Teppiche eingehüllt in diesem unwirtlichen Gefährt lag, das sich von zwei Pferden gezogen rumpelnd in Richtung Westen bewegte. Mein Vater als einziger Mann agierte als Kutscher. Auch wenn er sich mit landwirtschaftlicher Tätigkeit auskannte, hatte er doch große Schwierigkeiten, die schwer arbeitenden, auf der vereisten Straße immer wieder ausrutschenden und deshalb unruhigen Pferde zu lenken. Als Route hatte er eine Nebenstraße ausgewählt, was sich zunächst als Segen, dann aber als Fluch erweisen sollte. Segensreich war die Entscheidung, weil zur gleichen Zeit russische Panzer auf der Hauptstraße in Richtung Westen, nach Frankfurt an der Oder, vorstießen und gnadenlos die sie behindernden Flüchtlingstrecks zusammenschossen. Auch wir wären wohl kaum lebend in Frankfurt angekommen, wenn sich mein Vater für diesen Weg entschieden hätte. Doch auch die Wahl der Nebenstrecke erwies sich als Fiasko, mit fürchterlichen Folgen für unsere Familie. Denn diese vereiste Route befand sich in keinem guten Zustand, völlig ungeeignet für den schweren Wagen, und so kam es wie es kommen musste: Es brach ein Rad, und für meinen Vater war eine Reparatur in grimmiger Kälte und Dunkelheit unmöglich. Wir drohten zu erfrieren, als plötzlich wie ein Rettungsengel ein versprengter Rotkreuz-Wagen der deutschen Wehrmacht neben uns hielt und die Frage ertönte: „Haben Sie Kinder im Wagen? Die erfrieren Ihnen, wir nehmen sie mit". Zusammen mit

Tante Claire, der Schwester meines Vaters und Tante Grete, der Schwester meiner Mutter, wurden wir vier Kinder in das Auto verfrachtet; meine Eltern und das Kindermädchen Irmgard blieben zurück und gerieten kurz danach in eine für alle drei schreckliche sowjetische Gefangenschaft.

Als nächstes Bild steigt aus der Erinnerung ein Flüchtlingslager in Frankfurt/Oder empor, ein schmutziges Strohlager, überaus kärgliche Verpflegung, ein widerlicher, kinderfeindlicher Verwalter, verzweifelte, orientierungslose Erwachsene. Nach kurzem Aufenthalt zogen wir von dort weiter nach Potsdam und richteten uns in der inzwischen geplünderten Wohnung meiner Eltern notdürftig ein. Jeden Tag gingen wir zur Langen Brücke, über die sich Tage und Wochen ein nicht enden wollender Strom von Flüchtlingswagen ergoss, immer von der Hoffnung begleitet, endlich den Wagen mit unseren Eltern zu erblicken, nicht wissend, dass er niemals kommen würde. Gefährdet blieben wir auch hier, denn der Krieg war noch nicht zu Ende, und so erlebten wir noch die fürchterlichen Bombenangriffe der westlichen Alliierten, insbesondere das verheerende Bombardement vom 14. April 1945, bei dem das alte Potsdam in Schutt und Asche versank. Da sich unsere Wohnung in der Alten Königsstraße am Rande des Zentrums befand, waren wir unmittelbar betroffen, und doch geschah hier ein zweites Rettungswunder: Unser Haus blieb verschont, während fast die gesamte Umgebung zerstört wurde; die letzten Leichen sind erst Anfang der fünfziger Jahre aus den Schuttbergen geborgen worden. Verankert in meinem Gedächtnis sind der dunkle Luftschutzkeller mit einer einsam brennenden, von den Detonationen erzitternden Kerze und ein großes, mit der Sehnsucht nach den Eltern verbundenes Angstgefühl, das ich – so die Erzählung meiner Tante Grete – jedes Mal mit dem Singen des Liedes „Wenn ich ein Vöglein wär, käm ich zu dir“ zu überwinden suchte.

Kurze Zeit danach übersiedelten wir für einige Wochen nach Wilhelmshorst bei Potsdam. Dort besaß der jüngste Bruder meines Großvaters, also der Onkel meiner Mutter, ein Haus, das er mit seiner Frau Emma in kinderloser Ehe bewohnte. Als wir dort eintrafen, war Onkel Wilhelm gerade von den Sowjets abgeholt worden, wahrscheinlich aufgrund seiner früheren Tätigkeit als Beamter im Auswärtigen Amt, das reichte wohl, den Pensionär zu internieren. Man hat nie wieder etwas von ihm gehört. Möglicherweise ist einer seiner flotten Sprüche wahr geworden: Wenn er irgendetwas abwehren wollte, pflegte er zu sagen „Lieber tot im Massengrab". An die Zeit bei Tante Emmi erinnere ich mich nur ungern. Die geizige, zänkische alte Frau war uns Kindern wenig gewogen und durch den plötzlichen Verlust ihres Mannes und durch die Einquartierung weiterer Personen besonders unleidlich; ich weiß noch, dass ich sie durch das Sammeln von Kienäppeln, also von den Zapfen der reichlich vorhandenen Kiefern, als Heizmaterial gnädiger stimmen wollte, was aber nur bedingt gelang. So war schließlich auch hier kein Platz in der Herberge, und wir zogen weiter nach Belzig, in eine kleine Kreisstadt im Südbrandenburgischen, wo wir dann acht schwere Jahre verbrachten. Tante Emmi verschwand für immer aus unserem Gesichtskreis.

Die Kreisstadt Belzig, seit einigen Jahren Bad Belzig, liegt ca. 50 km südlich von Berlin im Fläming, einer recht schönen Hügellandschaft mit großen Kiefernwäldern und kargen Sandböden. Sie wurde damals von ca. 6000 Menschen bewohnt, zu denen sich aber nach Ende des Krieges eine Vielzahl von Flüchtlingen gesellte. Die Einwohnerzahl vergrößerte sich um fast ein Drittel, was die Stadt vor fast unlösbare Aufgaben betreffs Unterbringung stellte. In rasch aufgebauten, überaus primitiven Baracken lebten noch Ende der vierziger Jahre zahlreiche Menschen unter höchst problematischen hygienischen Bedingungen, was immer wieder die Errichtung von Isolierstationen gegen Typhus, Ruhr und Fleckfieber erforderte. Mein vierjähriger Cousin Hansi ist hier 1947 an

Typhus gestorben. Das Provinznest Belzig („Belzig, Belzig – keen Aaas meld' sich" sangen wir als Kinder) war zwar von den Zerstörungen des Krieges verschont geblieben, hatte aber kurz vor Kriegsende unter Angriffen von Tieffliegern zu leiden, die auch noch wenige Tage vor Kriegsende auf alles schossen, was sich bewegte. Einem dieser Angriffe wäre ich fast zum Opfer gefallen. Ziel der Flugzeuge war der Belziger Bahnhof, aber auch die in Luftlinie nicht weit entfernten Wohngebiete wurden nicht verschont. Das geschah auch so an einem sonnigen Vormittag. Ich kleiner Depp hörte das Brummen der Maschinen und wollte sie mir genauer ansehen, wurde aber in letzter Minute von einer Tante in den Kellereingang gerissen; einige der Schüsse haben mich nur knapp verfehlt. Nach der Kapitulation am 8. Mai 1945 litt die Stadt Belzig genauso wie alle anderen deutschen Gemeinden an den Folgelasten des verlorenen Krieges. In Südbrandenburg hatte die deutsche Wehrmacht unter General Wenck noch den Endsieg retten sollen, was während der letzten Wochen vor der Kapitulation Zehntausende von Soldaten das Leben kostete, Felder und Wälder in der Umgebung von Belzig noch lange Zeit in schrecklicher Weise zeichnete. Nach der Übergabe an die Rote Armee am 4. Mai füllte sich die Stadt mit Flüchtlingen und ehemaligen Wehrmachtsangehörigen; zu letzteren gehörte auch mein geliebter Onkel „Lapoli", der einige Monate nach Kriegsende aus nur kurzer Gefangenschaft bei uns auftauchte und dann bis zu seiner Verheiratung 1951 fünftes Glied unserer eigentlich vierköpfigen Familie gewesen ist.

Belzig bildete den vorläufigen Endpunkt unserer Odyssee, weil dort der jüngste Bruder meines Vaters mit Ehefrau Hilde und zwei Töchtern lebte. Onkel Robert betrieb mit einem Kompagnon eine kleine Eisenwarenhandlung mit Reparaturbetrieb. Auch diese Verwandten bereiteten uns einen nicht gerade herzlichen Empfang, bedingt durch räumliche Enge und den Mangel an allem. Hinzu kam aber noch eine andere, innerfamiliäre Problematik. Mein Vater entstammte einer streng katholischen Familie, hatte aber evangelisch geheiratet, verbunden mit der Einwilligung, dass mein Bruder und ich protestantisch erzogen werden sollten. Das hatten ihm einige seiner Geschwister nicht verziehen, und zu ihnen gehörten Onkel Robert und seine Frau. Sie waren uns also – vorsichtig ausgedrückt – in mehrfacher Hinsicht nicht besonders gewogen, wir ihnen aber auch nicht. Tante Hilde erwies sich als eine unfreundliche Frau, ihren Ehemann Robert habe ich vor allem als jemanden in Erinnerung, der in der Kleinstadt Aufmerksamkeit zu erregen suchte, indem er bei öffentlichen Veranstaltungen in pseudobayerischer Tracht, angetan mit Seppelhose und Kniestrümpfen, und bewaffnet mit einem Fotoapparat herumstolzierte. Uns Kinder behandelte er wie Luft. Mir ist von diesem Ehepaar kaum ein Wort der Zuwendung im Gedächtnis geblieben, die wenigen Gaben, die wir hin und wieder von Anderen erhielten, wurden rücksichtslos eingezogen, und ich erinnere mich in diesem Zusammenhang an ein Streitgespräch mit Tante Hilde um den Verbleib eines Eies. Das hatte uns eine mitleidige Seele geschenkt, und mein Bruder fragte nach dessen Verbleib. Die Tante sagte, sie habe es in die Suppe getan, worauf mein Bruder bemerkte, dass dann doch die Suppe ein wenig gelb sein müsse, so sei es bei unserer Mutter gewesen. Darauf die Antwort der Tante: „Dann geh doch zu deiner Mutter“ (die, wohlgemerkt, zu dieser Zeit als tot galt).

Da die beiden Tanten Grete und Claire auch nicht weiter für uns sorgen konnten, spitzte sich die Lage für meinen Bruder und mich Ende Mai 1945 gefährlich zu. Wie erwähnt galten unsere Eltern als tot bzw. verschollen, und so behandelte man meinen Bruder Klaus und mich mehr und mehr als Waisen, sprach offen darüber, uns zur ältesten Schwester meines Vaters, zur stockkatholischen Tante Anna, nach Hoyerswerda zu schicken. Diese zeigte auch eine gewisse Bereitschaft, uns aufzunehmen, trotz schrecklicher Schicksalsschläge. Ihr Ehemann war als Sanitätsoffizier in Holland tödlich verunglückt (sein Fahrer hatte im Dunkeln einen Kanal für eine Straße gehalten), und die einzige Tochter war, wenige Tage nach der Geburt ihres ersten Kindes, beim Einmarsch der Roten Armee von Sowjetsoldaten derart vergewaltigt worden, dass sie an den daraus resultierenden inneren Verletzungen verstarb. Uns erwartete also eine traurige, dunkle, von strengem Katholizismus geprägte Zukunft, was wir instinktiv spürten; die damit verbundenen Trennungsängste sind wir beide, mein Bruder und ich, unser ganzes Leben nicht losgeworden. Wir sehnten uns inständig nach den Eltern, von Tante Grete habe ich später erfahren, dass ich jeden Abend fast eine halbe Stunde inbrünstig bei meinem lieben Gott um ein Wiedersehen mit den Eltern gebettelt habe. Dieser liebe Gott war die einzige Instanz, an die ich mich in meiner ganzen inneren und äußeren Einsamkeit klammerte; das damit verbundene Vertrauen auf ihn hat mich mein ganzes Leben begleitet und mir auch in späteren Krisensituationen Halt gegeben. Die Sehnsucht nach den Eltern verstärkte sich, als sich der Geburtstag der Mutter näherte. Trotz aller Ängste bereiteten wir uns darauf mit kleinen Geschenken vor. Mein Bruder Klaus, der schon als Kind gut zeichnen konnte, malte ein Bild, und auch ich, mit meinen viereinhalb Jahren, kritzelte ein Stück Papier voll. Und dann kam dieser 6. Juni des Jahres 1945, den ich niemals vergessen werde. Ich spielte am Vormittag an der Hoftür, als diese sich öffnete und meine, unsere Mutter plötzlich vor mir stand. Ich war so überrascht, dass ich – anstatt sie zu umarmen – zu Tante Grete in die Waschküche rannte, um ihr von der Ankunft der Mutter als erster zu berichten.

Die geradezu fassungslose Freude über das Wiedersehen mit der totgeglaubten Schwester und Schwägerin wich freilich bald sorgenvollen Überlegungen, wie es mit uns weitergehen sollte. Da bei den Verwandten nun wirklich kein Platz mehr war, Tante Grete und ihre Familie selbst ums Überleben kämpfen mussten, wurde uns, also Mutter, Klaus und mir, ein kleines, zehn qm großes Zimmerchen bei einer

Familie Baericke in einem in der Nachbarschaft befindlichen Haus zugewiesen. Für meine erschöpfte Mutter begann nun der tägliche Kampf ums Überleben, um Nahrung, Kleidung, um kleine Dinge des täglichen Bedarfs wie Kochtopf, Bestecke, Teller, Tassen etc., denn wir besaßen ja buchstäblich nichts. Die Mutter wog nur noch 45 Kilo, litt an Schwächeanfällen, musste sich beim Gehen immer wieder an Hauswänden oder Zäunen festhalten, um nicht umzufallen. Erschwert wurde die ohnehin kärgliche Versorgung durch die unzureichende personelle Ausstattung in der Stadtverwaltung. Alle NS-belasteten Angestellten und Beamten erhielten ihre Entlassung, ihre Nachfolger, häufig Mitglieder der Kommunistischen Partei, waren aufgrund mangelnder Fachkenntnis oft nicht in der Lage, die bescheidene Sozialunterstützung auszuzahlen. Dass wir diese besonders entbehrungsreiche Zeit überlebten, verdankten wir vor allem zwei Menschen, die für mich bis heute Inbegriff von Hilfsbereitschaft und tätiger Nächstenliebe geblieben sind, dem in der Wohnung über uns wohnenden Ehepaar Scholz. Während sich die Baerickes wenig um uns kümmerten, halfen Tante und Onkel Scholz mit Tat und Rat, wenn Not am Mann war, und das war eigentlich jeden Tag der Fall. Die Scholzens besaßen selbst nicht viel – der Mann arbeitete auf dem Bau –, aber sie gaben uns von dem Wenigen, was sie besaßen, ein Stück Brot, ein wenig Suppe oder Gemüse, besorgten Kleidung, Onkel Scholz nähte Hausschuhe für uns u. a. m. Sie sind bis heute im Familiengedächtnis verankert, als liebevolle und selbstlose Repräsentanten einer „Willkommenskultur", die wir als Flüchtlinge zu diesem Zeitpunkt und auch 1958 nach unserer zweiten Flucht in die Bundesrepublik nur selten erfahren haben.

Nach der Rückkehr ihres Mannes aus dem Krieg bezog Tante Grete 1946 mit ihrer Familie eine kleine Wohnung am Belziger Turnplatz, eine Unterkunft, die eigentlich nur ein Loch war, im Hinterhof eines Gebäudekomplexes, den ich als schmutzig und finster in Erinnerung habe. Die beiden Familien blieben aber in enger Verbindung; schließlich hatten zwei Brüder zwei Schwestern geheiratet, und es war selbstverständlich, dass man füreinander sorgte. Meine Mutter fühlte sich zudem immer irgendwie verantwortlich für ihre jüngeren Geschwister. Ich fand das richtig gut, denn ich hing nicht nur an Onkel „Lapuli", sondern auch an Tante Grete. Sie war so ganz anders als meine tüchtige, aber auch strengere Mutter: in vielen Dingen großzügiger, weltoffener, sensibler, bisweilen aber auch distanziert; in Schwiebus trug sie in ihren jungen Jahren den Spitznamen „Die Gräfin". Im Gegensatz zu ihrer älteren Schwester zog es sie bereits früh hinaus in die Welt, z. B. nach Berlin; nach Schwiebus ist sie erst im Zusammenhang mit ihrer Verheiratung mit dem Bruder meines Vaters zurückgekehrt. Es gehört zu den Ironien des Schicksals, dass sie, die Weltoffene, fast ihr ganzes Leben in den beiden Kleinstädten Schwiebus und Belzig verbracht hat, während meine bodenständige Mutter, die eigentlich immer nur in Schwiebus sein wollte, in ihrem 95 Jahre währenden Leben aufgrund der Fluchten neunmal den Wohnsitz wechseln musste, meist in Großstädten lebte, verteilt auf Brandenburg, das Rheinland, Westfalen, Baden, Niedersachsen und Bayern.

In Belzig blieben wir zunächst bis Mitte 1946 bei Baerickes, bis zur Wiederkehr meines Vaters – ein Wiedersehen, das uns Kinder zutiefst verstörte und das mir deshalb bis heute in Erinnerung geblieben ist. Wir saßen bei unserem „klassischen" Mittagessen – Pellkartoffeln mit Salz – als sich die Tür öffnete und ein Mann hereintaumelte, abgerissen, kahlgeschoren, abgemagert bis auf die Knochen. Er grüßte nicht, blickte nur wie gebannt auf den Topf mit den Pellkartoffeln, stürzte sich darauf, um die Kartoffeln mit einer fast tierischen Gier in sich hineinzuschlingen, und das mit einer Geschwindigkeit, die uns alle sprachlos machte. Dieser Mann war mein Vater, physisch und psychisch gebrochen nach eineinhalbjähriger Zivilgefangenschaft in der Sowjetunion.

Man hatte ihn todkrank nach Hause entlassen; mir ist bis heute nicht klar, warum ihn die Sowjets in seinem Zustand noch auf die Heimreise geschickt haben. Wie wir eineinhalb Jahre zuvor war er in einem Lager in Frankfurt/Oder gelandet, von wo ihn Onkel Max abgeholt hatte. Zum ersten Erschrecken gesellte sich bald große Freude, die aber dann sehr bald wieder getrübt wurde, als der herbeigerufene Arzt meiner Mutter eröffnete, dass mein Vater bestenfalls noch einige Wochen am Leben sein würde. Es spricht für die mentale Kraft meiner Mutter, dass diese Prognose nicht Wirklichkeit wurde. Sie kämpfte um jeden Extra-Bissen für ihren Mann, für ärztliche Betreuung durch den Belziger Arzt Dr. Melde und für kaum erhältliche Medikamente, und so geschah das medizinische Wunder: Der Vater genas, allerdings sehr langsam und mit vielen, für uns alle oft schwer erträglichen Rückfällen. Denn während der Gefangenschaft hatte nicht nur die Physis, sondern auch die Seele Schaden genommen. Er, der nach Auskunft von Verwandten und Freunden vor dem Krieg ein ruhiger, überaus liebenswerter, rücksichtsvoller Mensch gewesen war, verlor bei nichtigen Anlässen die Nerven, agierte oft autoritär gegenüber Frau und Kindern, blieb für uns Kinder lange Zeit noch mehr als früher ein fremder unzugänglicher Mann.

Die Gründe für dieses Verhalten erfuhren wir dann nach und nach aus den Erzählungen der Eltern. Während uns auf der nächtlichen Flucht das erwähnte Sanitätsauto aufsammelte, blieben meine Eltern und das Kindermädchen Irmgard zurück und wurden von sowjetischen Truppen in dem kleinen Städtchen Lagow interniert. Von dort sollten sie als Zivilgefangene in die Sowjetunion gebracht werden. Einquartiert hatte man die Eltern zunächst in einem Haus, das zuvor einem hohen NS-Funktionär gehörte. Bei einer Durchsuchung des Hauses entdeckten sowjetische Soldaten die braune Uniform des NS-Bonzen. In der irrigen Annahme, in meinem Vater den Besitzer dieses Kleidungsstückes gefunden zu haben, zogen sie ihm die Uniform an, und sie passte wie angegossen. Für die Sowjets ergab sich daraus eine einzige Konsequenz: Sie stellten den Vater vor ein Erschießungskommando. Meine Mutter verlor vor Entsetzen fast den Verstand; sie hat später immer wieder erzählt, dass sie in ihrem ganzen Leben niemals so geschrien hat wie in diesen Momenten. In ihrer Angst durchsuchte sie in Windeseile das Haus nach Fotografien des NS-Mannes, fand glücklicherweise auch eine und übergab sie einer Dolmetscherin. Diese entschied nach langem Betrachten und Überlegen, dass der Abgebildete nicht mein Vater sein könne und verhinderte so die Erschießung. Was sie nicht verhinderte, war die Deportation in die Sowjetunion, ein Schicksal, das übrigens auch mein geliebtes Kindermädchen Irmgard traf; sie hat jahrelang in Sibirien als Holzfällerin schuften müssen. Die Deportation des Vaters verlief zunächst zu Fuß. Die in Lagow und Umgebung zusammengetrommelten männlichen Personen, vom Jugendlichen bis zum Greis, liefen in Tagesmärschen gen Osten; wer nicht mehr gehen konnte, wurde erschossen. Irgendwann verfrachtete man sie dann in Güterzüge und internierte sie in sowjetischen Arbeitslagern. Viele starben bereits kurz nach der Ankunft an Ruhr, Typhus und anderen Krankheiten; mein Vater erzählte, dass im ersten Lager von 3000 Gefangenen nach wenigen Monaten nur noch 186 am Leben waren. Als Zivilgefangene standen sie nicht unter dem Schutz des Roten Kreuzes, weshalb meine Mutter auch nach Kriegsende keinerlei Nachricht über das Schicksal ihres Mannes erhielt. Über die weiteren Stationen der Gefangenschaft weiß ich nur wenig. Das von mir Erinnerte entspricht in Vielem den Erfahrungen, die der von den Sowjets 1945 als junger Zivilgefangener verschleppte rumäniendeutsche Dichter Oskar Pastior in russischen Lagern gemacht hat und die von der rumäniendeutschen Nobel-Preis-Trägerin Herta Müller im Roman „Atemschaukel" einer breiteren Öffentlichkeit zugänglich gemacht worden sind. Der Vater arbeitete im Bergbau, in Fabriken und auf dem Lande, in verschiedenen Gegenden, u. a. in der

Ukraine und im Norden Russlands. Mir ist auch nicht bekannt, von wo aus er nach Hause geschickt wurde. Fast gleichzeitig mit meinem Vater kehrte auch Herr Baericke aus der Kriegsgefangenschaft zurück, aber aus der amerikanischen – ein wohlgenährter, gut gestimmter Mann, der an uns Kinder kleine Stückchen Schokolade verteilte. So unterschiedlich verfuhr das Schicksal mit den Erben des NS-Staates und des von diesem angezettelten Weltkrieges.

Einige Monate nach der Ankunft des Vaters erhielten wir endlich eine eigene, wenn auch sehr kleine Bleibe. Das „Behelfsheim" genannte Anwesen war ein Leichtbau ohne Keller und enthielt vier solcher ebenerdiger „Apartments", bestehend aus Küche, einem Zimmer und einer kleinen Veranda, „Plumpsklo" auf dem Hinterhof, immer noch ein sehr beengter Lebensbereich, u. a. auch deshalb, weil mein Onkel „Lapuli" weiterhin von seiner großen Schwester betreut werden wollte. Nach dem Verlust der Heimat, des von den Vorfahren übernommenen Bauernhofes, des Status als „Erbhofbauer", verhielt er sich völlig passiv und orientierungslos, eine zusätzliche Belastung für meine Eltern, die es aber nicht übers Herz brachten, ihn abzuweisen. Mutter, Vater und ich schliefen in einem großen Bett, mein Bruder Klaus auf einer alten Truhe, und Onkel Wilhelm rollte jeden Abend in der Küche sein „Ziehharmonika" genanntes Notbett aus. Trotz der wenig komfortablen Wohnsituation verstanden sich die Bewohner der vier Kleinstwohnungen gut, man übte praktische Solidarität und half einander in den immer wieder auftretenden Notsituationen – im Gegensatz zur weiteren Umgebung. Das „Behelfsheim" befand sich im Friesenweg, am Stadtrand von Belzig, in unmittelbarer Nähe einer während der NS-Zeit gebauten Arbeitersiedlung. Kontakte zu deren Bewohnern gab es meines Wissens wenig. Uns, den ehemaligen „Volksgenossen", begegnete man distanziert, in Teilen abweisend, wir wurden nicht selten als „Zigeuner", „Pollacken", „Nappsülzen" u. a. beschimpft, als Eindringlinge beargwöhnt – eine Erfahrung, die Flüchtlinge bekanntlich bis heute machen müssen. In geringerem Maß galt das auch für die Kinder. Wir spielten zwar miteinander, aber an irgendwelche Freundschaften kann ich mich nicht erinnern. Eher das Gegenteil musste mein Bruder Klaus erfahren. Er war ja bereits schulpflichtig und ein sehr guter Schüler, was er sicher auch manchmal zu deutlich erkennen ließ. Dies und sein Status als ärmlich ausgestattetes, schlecht gekleidetes Flüchtlingskind führten dazu, dass er am Anfang unseres Aufenthaltes am Friesenweg nach der Schule, auf dem Nachhauseweg, von Nachbarsjungen ständig Prügel erhielt und heulend nach Hause kam. Schließlich wurde es meinem Vater zu bunt. Er erklärte, dass er von der Heulerei nichts mehr sehen und hören wolle, der Klaus solle sich gefälligst wehren. Und dafür machte er ihn fit. Der sportbegeisterte Vater hatte als Student neben dem Tennis- und Fußballspielen auf Anregung eines Studienkollegen mit dem Boxen angefangen, diesen Sport aber nach einigen K.o.-Schlägen rasch aufgegeben, Grundregeln und -praktiken aber nicht vergessen. Er zeigte dem Klaus, wie und wo er zurückschlagen sollte, damit es richtig weh tut, und der Erfolg war überwältigend. Nach einigen kräftigen Prügeleien, von denen mein Bruder gezeichnet, aber stolz nach Hause kam, wurde er als ebenbürtig anerkannt und mit Respekt behandelt.

Ansonsten prägte auch hier der Kampf ums Überleben den Alltag. Zu der kleinen Wohnung gehörte ein Garten, der landwirtschaftlich intensiv genutzt wurde, durch Anbau von Kartoffeln, Bohnen, Erbsen, Beerenobst u. a., gesäumt aber auch – worauf die Eltern großen Wert legten – von vielen Blumen, Sonnenblumen, Rosen, gelb-blauen Schwertlilien, Vergissmeinnicht etc. Dazu baute mein Vater einen Verschlag, in dem Vorräte gelagert sowie Hühner und Kaninchen gehalten wurden. Letztere haben mich so traumatisiert, dass ich bis heute kein Kaninchenfleisch essen mag. Denn mir oblag die Aufgabe, das Futter für diese Tiere zu besorgen, und zwar jeden Tag, über sieben Jahre lang.

Nach Erledigung der Schulaufgaben zog ich los, bewaffnet mit einem giftgrünen Stoffbeutel, um Gras zu rupfen, ein mühseliges und bisweilen gefährliches Unterfangen. Denn nicht nur wir hielten Karnickel, und so wurde ich nicht selten unter Androhung von Prügeln auch von grasbewachsenen Stellen vertrieben, die eigentlich der Allgemeinheit gehörten. Es dominierte eben weiterhin der Kampf ums Überleben, der Vater und Onkel mehrfach zum Diebstahl von Getreideähren und Kartoffeln zwang, was beide, insbesondere aber den ehemaligen Bauern Onkel Wilhelm, jedes Mal große Überwindung kostete. Mein Vater klapperte zu Fuß, anfangs noch auf einen Stock gestützt, die umliegenden Dörfer ab, wo er den Bauern defekte Landmaschinen reparierte, meist für einen Hungerlohn. Gemessen an den Umständen ging es denen gut; zwar standen sie unter hohem staatlichen Abgabedruck, erzielten aber durch Verkauf oder Tausch von Lebensmitteln an die in Scharen auf das Land strömende, „hamsternde" Stadtbevölkerung erhebliche Gewinne. Manche Bauernhöfe glichen kleinen Kaufhäusern; ich erinnere mich an eine Scheune, vollgehängt mit Teppichen und vollgestopft mit vielerlei gutbürgerlichem Hausrat. Darüber hinaus verbesserten viele Bauern ihr Einkommen mithilfe der sogenannten „Freien Spitzen", durch den Verkauf von Lebensmitteln, die über das Abgabesoll hinaus produziert wurden. Von Volkssolidarität konnte da keine Rede sein. Viele, wenn auch nicht alle, Bauern erwiesen sich als hartherzig und geizig, ohne Verständnis für die Not der anderen. Beispielhaft dafür ist die Begegnung meines Vaters mit einem Bauern, dem er auf dem Feld einen Mähbinder reparieren sollte. Vater und Bauer saßen in der Mittagspause beieinander, mein Vater mümmelte eine Schnitte trockenen Brotes, seine Tagesration, der Bauer packte seine Vesperbrote aus, bestrichen mit Butter und dick belegt mit Sülze, hielt sie meinem Vater vor die Nase und sagte: „So was müssen wir heute fressen". Daraufhin zeigte ihm mein Vater sein Stück trockenes Brot, schrie ihn an: „davon muss ich heute leben", nahm seinen Stock, humpelte nach Hause und ließ den Bauern mit seinem defekten Gerät auf dem Feld stehen. Zehn Jahre später, nach der Gründung der Landwirtschaftlichen Produktionsgenossenschaften (LPG) sah man einige dieser nun enteigneten Bauern tränenüberströmt auf Westberliner S-Bahnhöfen wieder; das Mitleid hielt sich in Grenzen. Gestattet waren das Ährenlesen und Kartoffelstoppeln im Herbst, wenn die abgeernteten Felder nach Essbarem abgesucht wurden.

Zu einer zumindest leichten Verbesserung unserer Nahrungsprobleme verhalf uns einmal mehr das technisch-handwerkliche Geschick meines Vaters. Abgerissen und gestützt auf seinen Stock hatte er bei dem Belziger Müller Dorno um etwas Mehl gebettelt. Dieser befand sich gerade in Schwierigkeiten wegen irgendwelcher Defekte und fragte den Vater, ob er sich mit Mühlentechnik auskenne. Obwohl kein Spezialist in diesem Bereich reparierte der Vater die Mühle erfolgreich, was über längere Zeit mit kleinen Gaben von Mehl belohnt wurde. Als eine weitere Nahrungsquelle erwiesen sich die großen Wälder in der Umgebung von Belzig. Mein Vater kannte sich sehr gut mit Pilzen aus, und er hat sein Wissen erfolgreich an mich weitergegeben; oft durchstreifte ich im Sommer und Herbst tagelang allein die Wälder auf der Suche nach essbaren Pilzen wie Maronen, Pfifferlingen, Steinpilzen, Birkenpilzen u. a. Während ich dies recht gerne gemacht habe, war eine andere Form des Sammelns überaus mühselig und bei uns Kindern gefürchtet: das Sammeln von Blaubeeren. Wenn es „in die Blaubeeren ging" sackte die Stimmung rapide in den Keller. Es dauert ewig, bis man ein kleines Töpfchen mit den kleinen Beeren gefüllt hatte; der Tagesertrag der ganzen Familie bestand dann aus einem Wassereimer mit Beeren. Und diesem Ertrag drohte auch noch Gefahr, wenn sowjetische Soldaten als Kontrolleure auftauchten und den Inhalt des Eimers wegschütteten.

Schmalhans war also Küchenmeister, kein Weg zu lang, um an auch nur geringe Mengen an Lebensmittel zu gelangen. Ich erinnere mich an Tage, an denen ich als Sechsjähriger wegen eines (!) versprochenen Eies in ein fünf Kilometer entferntes Dorf laufen musste und auf dem Rückweg Todesängste ausstand, dass dieses eine kostbare Ei zerbrechen könnte. Als noch unangenehmer und z. T. gefährlich erwies sich das Holzmachen. Hierunter hatte vor allem mein Bruder zu leiden, der als Älterer kräftig mit anpacken musste. Die Familie zog mit Axt und Säge in den Wald, um dort Baumwurzeln zu roden und einige vom Förster freigegebene Bäume zu fällen, eine überaus mühselige, für das Überleben im Winter aber unverzichtbare Arbeit, insbesondere in dem sehr kalten Winter 1947. Die gefällten Stämme wurden vor Ort in zwei Meter lange Stücke zersägt und mit einer Handkarre kilometerweit nach Hause gefahren. Dort haben wir sie dann nochmals in kleinere Klötze zerteilt und dann in wochenlanger Arbeit in ofengerechte Scheite zerhackt. Anderes Brennmaterial, wie z. B. Kohle, war schwer zu bekommen und musste deshalb nicht selten auf illegale Weise beschafft werden. Mein Onkel Wilhelm hatte eine Stelle als Verladearbeiter am Bahnhof ergattert und wusste, wann Kohle geliefert wurde. Ich brachte ihm täglich das Essen, Arbeiter und Aufsichtspersonen kannten mich, und deshalb achtete niemand auf mich. Während des gemeinsamen Essens lenkte „Lapuli“ seine Kollegen zusätzlich ab, was mir dann die Möglichkeit eröffnete, so viel wie möglich Briketts in meinen Beutel zu stopfen und abzuhauen. Einmal ging das jedoch beinahe schief; ich wurde gesehen und rannte auf nicht ungefährlichem Weg über die Gleise in panischer Flucht davon. Da ich fürchtete, bestraft zu werden, erhielt mein Bruder den Auftrag, dem Onkel das Essen zu bringen, was ihm nicht sehr geschmeckt hatte. Zu einer nicht unwesentlichen Vermehrung des Familieneinkommens führten Arbeiten bei Bauern in benachbarten Dörfern, u. a. das Kartoffelaufsammeln im Herbst, eine für mich siebenjährigen Knirps mühselige Arbeit, für die es aber ein oder zwei Wochen lang freie Kost und sechs Mark am Tag für die Familienkasse gab. Von Taschengeld konnte natürlich unter diesen Umständen keine Rede sein, das mussten wir uns mit anderen kleineren Tätigkeiten selbst verdienen. Im Herbst legte die Familie in gemeinsamer Arbeit Vorräte für den Winter an. Auch wir Kinder waren angehalten, Ähren zu lesen, Kartoffeln zu stoppeln, Zuckerrüben zu sammeln, aus denen dann Sirup als morgendlicher Brotaufstrich für die kommenden Monate gewonnen wurde. Weißkohl verarbeitete die gesamte Familie während abendlicher Sitzungen, begleitet vom Singen und Erzählen, zu Sauerkraut, wobei mir als Kleinstem die Aufgabe zufiel, den Kohl in einem großen Bottich mit meinen kleinen Füßen weich zu stampfen. Bei all dem kamen uns die Erfahrungen meiner Mutter in der Landwirtschaft zugute. Sie vermochte es, aus den armseligsten Resten eine akzeptable Mahlzeit zu zaubern, getreu ihrer bis ins hohe Alter gern formulierten Devise „Man muss dem lieben Gott für alles danken".

Zum Überleben trug auch das erwähnte außergewöhnliche handwerkliche Geschick meines Vaters bei. Er nähte aus Stoffresten und Wehrmachtsklamotten Bekleidung für die ganze Familie, schnitzte Küchengerät, verwandelte Stahlhelme zu Kochgeschirr, betätigte sich mit Lötkolben als Kesselflicker, bastelte für uns Spielzeug, fertigte mithilfe von selbst gebastelten kleinen Holznägeln Schuhwerk; letzteres wurde dann etwas später durch Schuhe aus Igelit ersetzt, einem gummiartigen Kunststoff, die man aber nicht gern trug, weil sie hart und ungesund waren, im Winter kalt und im Sommer schweißtreibend; ihre Produktion ist dann anfangs der 1950er Jahre aus medizinischen Gründen eingestellt worden. In allen Bereichen war Material knapp, jeden Nagel und jeden Knopf hüteten wir wie eine Kostbarkeit, auch den krummsten Nagel klopfte mein Vater auf einem kleinen Amboss wieder gerade. Noch im Jahre 1949 rief der Landrat des Kreises Zauch-Belzig zu Nagel-Sammlungen und -Spenden auf; pro Kopf sollten mindestens sechs Nägel abgegeben werden.

Trotz all dieser Aktivitäten besserte sich die Versorgungslage zwischen 1946 und 1948 bei uns nur unwesentlich. Die Essenportionen waren streng rationiert, und so sind mir wohl deshalb tägliche Überlegungen darüber im Gedächtnis geblieben, was von den zugeteilten Schnitten Brot mehr wert ist: zwei aus der Mitte geschnittene größere oder drei vom Ende des Brotlaibs geschnittene kleinere Stullen. Entsprechend einfach, strapazierfähig, der rauen Wirklichkeit angemessen war die Kleidung. Selbst die vom Vater aus alten Stoffresten geschneiderten Klamotten wurden immer wieder geflickt bzw. gestopft, wenn sie zerrissen waren, Pullover und Strümpfe strickte meine Mutter. Auch später achteten die Eltern darauf, nicht so sehr gut aussehende, sondern strapazierbare Sachen zu kaufen, z. B. Lederhosen, die Jeans dieser Jahre. Die Sorge um das tägliche Überleben bestimmte den Alltag und die Gespräche. Man lebte von einem Tag zum anderen, in Ungewissheit und Furcht bezüglich des Kommenden, sprachlich artikuliert durch wiederkehrende pessimistische Sprüche meiner Mutter wie „Die Vögel, die morgens zu laut singen, holt abends die Katz“ oder, nach gerade überstandenen kleinen oder größeren Katastrophen, das ironisch gemeinte „Noch lässt der Herr uns leben“. All das blieb nicht ohne Auswirkungen auf die kindliche Psyche, führte zu Angstgefühlen und Verunsicherung, zu negativen Erwartungen hinsichtlich des Kommenden. Einige der daraus resultierenden Verhaltensformen haben auch mein späteres Leben in nicht unwesentlicher Weise geprägt: aufmerksam sein, Vorsicht üben, Selbstdisziplin wahren, Zukünftiges antizipieren, um möglichen Schaden von mir und meiner Familie abzuwenden.

Zu der materiellen Not kamen die daraus resultierenden Krankheiten. Mit Grausen erinnere ich mich an Hungerödeme, die dann im Belziger Krankenhaus mit einer widerlichen blauen Salbe behandelt wurden und uns vor Spiel- und Schulkameraden wie Aussätzige erscheinen ließen. Meine Mutter fiel mehrfach vor Schwäche um und wurde dann von uns mit einem kleinen Handkarren ins Krankenhaus gefahren. Bruder Klaus erkrankte aufgrund der Mangelernährung an einer, glücklicherweise nur leichten, Lungentuberkulose und kam für einige Monate in ein Sanatorium. Im Alter von elf Jahren diagnostizierte man bei mir einen doppelten Bauchnabelbruch, der dann im Belziger Krankenhaus unter schwierigen Bedingungen operiert wurde. Als Narkosegerät diente ein mit Chloroform beträufeltes Tuch auf dem Gesicht, ich musste laut zählen, was mich bei schwindendem Bewusstsein in große Angst versetzte. Als ausreichend betäubt galt der Patient, wenn er nicht mehr zählen konnte. Nach der letztlich erfolgreichen Operation verlegte man mich aus Platznot in ein Sechs-Bett-Zimmer mit alten Männern, von denen der eine im Sterben lag, dessen Luftnot, Stöhnen und Schreien mir bis heute im Gedächtnis geblieben sind. Noch schlimmer traf es Tante Grete und ihre Familie. Diese bestand 1946 nach Geburt meiner Cousine Margit aus fünf Personen, neben Margit gab es noch die Brüder Wolfram und Hansi. Letzterer war der unbestrittene Star und Liebling der Familie. Der hübsche, aufgeweckte und kluge Junge wurde geradezu vergöttert, während der ältere Bruder Wolfram permanent in seinem Schatten stand, sich ungeliebt fühlte und entsprechend reagierte. Hansis Kunst des Topfausleckens galt ebenso als Ruhmestat wie seine Versuche, es dem gerade eingeschulten Wolfram bei den ersten Versuchen des Lesens und Schreibens gleichzutun, ja man sprach sogar davon, dass er es besser könne als der ältere Bruder, was natürlich völliger Unsinn war. Dieser ältere Bruder Wolfram hat später unter schwierigsten Bedingungen Hochschulreife erlangt, erfolgreich promoviert und eine Laufbahn als Hochschullehrer in der DDR eingeschlagen. Leider bewahrheitete sich auch hier der Spruch, dass die Lieblinge der Menschen und der Götter häufig besonders früh die Erde verlassen müssen – im Herbst 1947 starb Hansi im Alter von nur vier Jahren an Typhus, was die gesamte Großfamilie, also auch uns, in tiefe Trauer stürzte. Völlig verzweifelt reagierte Tante Grete, insbesondere am Tag der Beerdigung, einem trüben Novembertag, als wir in der primitiven Wohnung am Belziger Turnplatz zusammenkamen. Sie hat den Tod dieses Kindes lange nicht verwunden. Leider war dies nicht der einzige Todesfall im Jahre 1947. Nicht zuletzt aufgrund der prekären Gesundheitsversorgung starb im Sommer des gleichen Jahres unsere geliebte Tante Scholz unerwartet nach einer Routineoperation, von uns allen tief und aufrichtig betrauert. Mutter und ich überlegten, ob wir bei der Beerdigung nicht zweistimmig den Choral „Wo findet die Seele die Heimat, die Ruh" singen sollten, haben uns dann aber, trotz eindringlichen Zuredens von Tante Grete, nicht getraut, vor so vielen Menschen zu singen. Und es waren sehr viele gekommen, um Frau Scholz die letzte Ehre zu erweisen. Vor der überfüllten Gertraudenkapelle stand eine große Menge Trauernder – Zeichen dafür, dass die Verstorbene nicht nur uns Gutes getan hatte.

Zu den wenigen erfreulichen Begleitumständen von Krankheit und Tod gehörte die Begegnung mit der am Belziger Krankenhaus tätigen Schwester Martha Jander, aus der sich eine viele Jahre währende Freundschaft entwickeln sollte. Die Diakonissin betreute meine Mutter bei einem der erwähnten Krankenhausaufenthalte, und dabei stellte sich heraus, dass sie aus einem kleinen Dorf in der Nähe von Schwiebus stammte. Ihr liebevoller und ruhiger Umgang mit Menschen hat uns gutgetan, ihr Gottvertrauen Hoffnung vermittelt. Seitdem gehörte sie zur Familie, auch noch in späterer Zeit, als wir in Werder an der Havel wohnten und sie im benachbarten Kloster Lehnin ihren Lebensabend verbrachte. Die genannten Todesfälle waren übrigens traurige Belege für eine in allen Bereichen und auch im Gesundheitswesen grassierende Not, für eine erschreckend mangelhafte medizinische Ausrüstung. Es fehlte an Betten, an Medikamenten und an ausreichender Nahrung für die Kranken; noch im Sommer 1946 gab es für sie im Belziger Tuberkulose-Krankenhaus zum Mittagessen drei bis vier Kartoffeln und nur an jedem zweiten Tag ein Abendbrot, und im Juli des gleichen Jahres beschlagnahmte das Landratsamt des Kreises Belzig bei der Bevölkerung Bettgestelle, Bettzeug, Kissen, Laken, Handtücher und andere Dinge für die Versorgung von Krankenhäusern und Kinderheimen.

Was das erwähnte Singen angeht, so geriet es zum festen Bestandteil unserer Abende, ähnlich wie das Pflanzen der Blumen Ausdruck des Wunsches, in all der Misere der pessimistischen Grundstimmung wenigstens für Augenblicke zu entfliehen, den Glauben an die Existenz des Schönen nicht ganz zu verlieren. Oft zur Untätigkeit wegen Stromsperren verurteilt saßen wir im Dunkeln zusammen und sangen Volkslieder, vertonte Balladen, Kanons u. a. m. Vater und Mutter besaßen schöne Stimmen und sangen zweistimmig Liebeslieder wie „Horch wie der Tauber ruft, oh Du, oh Du, oh Du“ oder „Still wie die Nacht und tief wie das Meer soll unsere Liebe sein“. Besonders gern sang ich mit ihnen das alte Liebeslied „Ännchen von Tharau“, dessen einfache Verse und Melodie mich seltsam berührten, mir auch noch zehn Jahre später, nach der zweiten Flucht in Richtung Westen, in einer Phase tiefer Hoffnungs- und Orientierungslosigkeit Trost bescherte. Selbst bei den der Suche von Pilzen und dem Sammeln von Beeren gewidmeten Wanderungen sang mein atheistischer Vater aus vollem Herzen „Wem Gott will rechte Gunst erweisen“ und andere Lieder. Als wir ab 1949 mit anderen Personen in einer Drei-Zimmer-Wohnung hausen mussten, konnte diese schöne Tradition des gemeinsamen Singens allerdings nicht mehr gepflegt werden. Darüber hinaus wurde erzählt, Grimm’sche Märchen und Sagen, vor allem aber von Schwiebus und wie es früher so schön war, von den Familien und ihrer Geschichte, von beeindruckenden Vorfahren und ihren Taten, familienspezifischen Riten und Gebräuchen. Nach den existenziellen Verlusten durch den Krieg gehörte solch kollektives Erinnern einerseits zur Trauerarbeit, diente andererseits auch der Selbstvergewisserung, einer familiären Identitätspflege, dem Nachweis gegenüber einem feindlichen Umfeld, dass man auch „wer sei". Ein solcher Anspruch auf Wertschätzung bestimmte auch die Erziehungsprinzipien meiner Mutter; trotz der widrigen Lebensumstände sollten wir wissen und es den Einheimischen zeigen, dass wir kein „Pollackenpack", keine „Zigeuner" sind. Geleitet von diesem Bestreben gerieten insbesondere die Erzählungen meiner Mutter bisweilen zu umfänglichen, mit zahlreichen Anekdoten gewürzten Familiengeschichten, deren Protagonisten, also Eltern und andere Vorfahren, nostalgisch-liebevoll zu angesehenen Vorbildern stilisiert wurden. Trotz der widrigen Lebensumstände habe ich dieses abendliche Singen und Erzählen in guter Erinnerung, denn es festigte ungemein den familiären Zusammenhalt, ließ einen geistig-seelischen Raum entstehen, der in dieser feindlichen äußeren Welt Geborgenheit vermittelte.

Häufig verbreitete das abendliche Erzählen aber auch eine mir bis heute unvergessliche Atmosphäre von Bedrückung und nachwirkender Angst, und zwar immer dann, wenn es um kurz zurückliegende Zeiten ging, als es nicht so schön war, also um die Flucht und ihre Begleiterscheinungen, z. B. die Erlebnisse der Eltern in Lagow, wo die Eltern nach der gescheiterten Flucht interniert worden waren. Dabei tauchte immer wieder ein Wort auf, das ich nicht verstand: das Wort „Vergewaltigung"; wie eine dunkle Wolke füllte es jedes Mal so furchterregend den Raum, dass ich es nicht wagte, nach seiner Bedeutung zu fragen. Und im Verlauf solcher Gespräche wurde dann nach und nach deutlich, was meine allein in Lagow verbliebene Mutter dort erduldet hatte. Denn die Erzählungen von den vornehmlich während der Nächte zu hörenden Schreien der Frauen, von dem Gegröhle betrunkener Sowjetsoldaten betrafen ja auch sie, auch wenn sie das nie direkt gesagt hat. Indiz dafür war eine extreme Scheu vor fremder körperlicher Berührung – und das betraf wohl auch das Eheleben meiner Eltern, an Momente intensiver körperlicher Nähe kann ich mich kaum erinnern. Noch 60 Jahre später schrie meine über neunzigjährige demente Mutter das ganze Pflegeheim zusammen, wenn sie gewaschen werden sollte. Wie so viele Frauen wollte sie sich das Leben nehmen und sich im Lagower See ertränken. Als sie – so ihre Erzählung – bereits mit den Knien im Wasser stand, ertönte die Stimme eines alten Mannes „Mädchen, das ist auch keine Lösung", was sie zur Umkehr bewog. Wie meinen Vater hatte die sowjetische Militärverwaltung in Lagow auch sie zur Zwangsarbeit in der Sowjetunion bestimmt, sie verdankte aber der sprichwörtlichen Kinderliebe der russischen Soldaten ihre Rettung. Als sie registriert werden sollte, stürmten plötzlich zwei kleine Kinder in den Raum, worauf der diensthabende Sowjetsoldat fragte, ob sie Kinder habe. Als sie das bejahte, kam die Antwort „dann du noch einmal kannst gehen", so die Erzählung meiner Mutter. Sie hat dann nach inständigem Betteln einen Passierschein zur Weiterreise nach Potsdam bekommen, der noch heute in meinem Besitz ist. Von dort ist sie dann wie berichtet nach Belzig gelangt.

Da wir ja nur einen Wohnraum zu Verfügung hatten, geschah das Erzählen fast immer in Gegenwart der Kinder, und so bekamen wir natürlich auch viel von den intensiv geführten politischen Diskussionen mit, was sicher mein frühes und ein ganzes Leben andauerndes Interesse an politischen Problemen geprägt hat. Die Gespräche über gegenwärtige politische Entwicklungen waren begleitet vom Räsonieren über den Krieg und die Kriegsfolgen. Ausgemacht als wesentliche Ursache war natürlich der den Franzosen und Engländern geschuldete Friedensvertrag von Versailles, der von Hass diktierte Umgang mit Deutschland danach etc. Ich erinnere mich noch daran, mit welch grimmiger Freude mein Vater die Nachricht vom Ableben Winston Churchills aufgenommen hat. Der 8. Mai galt folglich als der Tag der endgültigen Niederlage, nicht als der Tag der Befreiung. Von irgendwelchen Schuldgefühlen in Bezug auf die Auslöser des Krieges war nicht die Rede. Vielmehr sah man sich als Opfer und bejammerte ständig den Verlust der Heimat, der besonders schmerzte, weil es die zuvor immer verachteten „Pollacken“ waren, die nun vom angestammten Lebensbereich Besitz ergriffen hatten; besonders betraf dies die Familie Lehmann, die ja bereits nach 1918 gezwungen worden war, ihre Besitztümer dem neuen polnischen Staat zu überlassen, und diese Erfahrung nun ein zweites Mal machen musste. Und so erhofften noch Ende der vierziger Jahre nicht wenige Angehörige der Großfamilie in gerade erschreckender Borniertheit und Naivität die Rückgabe der verlorenen Ostgebiete.

Mein Vater gehörte zu den Wenigen, die diesen Spekulationen skeptisch begegneten und sich auf eine neue Existenz im von den Sowjets beherrschten Teil Deutschlands einstellten. Das fiel ihm umso leichter als er, trotz seiner schrecklichen Gefangenschaft, die Russen differenziert zu sehen versuchte, eine Haltung, die nicht ohne Wirkung auf mein Russland-Bild geblieben ist, indirekt vielleicht auch dazu beigetragen hat, dass ich später Slawistik als Studienfach gewählt habe. So unterschied er im Erzählen seiner Russland-Erfahrungen immer zwischen kommunistischer Führung und den einzelnen russischen Menschen, z. B., wenn er davon berichtete, dass bei Arbeitseinsätzen außerhalb des Gefangenenlagers russische Frauen auftauchten und trotz strengem Verbot den deutschen Gefangenen gekochte Rüben und Kartoffeln vor die Füße schütteten, eine direkte Übergabe war nicht gestattet. Dass hier etwas zusammenkam, was eigentlich streng voneinander geschieden sein musste, nämlich das aus den deutschen Kriegsverbrechen resultierende tiefe Leid und eine aus ebenso tiefem Mitleid mit den Gefangenen erwachsene Großherzigkeit, hat ihn sehr beeindruckt; in dieser Verbindung so gegensätzlicher Gefühle sah er das eigentliche Geheimnis der russischen Mentalität, womit er sicher nicht unrecht hatte. Die spätere Aufnahme des Russisch-Studiums durch mich hat er ausdrücklich begrüßt. Trotz seiner erklärten Ablehnung des Sowjetstaates monierte er in einer Anwandlung von politischem Gerechtigkeitsempfinden, dass ein Land wie Frankreich, das am Sieg über Nazi-Deutschland kaum beteiligt war, die gleichen Rechte als Besatzungsmacht besaß wie die Sowjetunion, die ja mit 27 Millionen Toten die Hauptlast des Krieges gegen Deutschland getragen, den entscheidenden Beitrag zur Vernichtung des NS-Staates geleistet hatte. Diese Haltung hat ihn auch befähigt, pragmatisch und z. T. vertrauensvoll mit Vertretern der sowjetischen Besatzungsmacht umzugehen, als er in gehobener Position, als Kreismaschinenbeauftragter, eine Art technischer Landrat, für kurze Zeit im Spreewald tätig war. So berichtete er mehrfach von erstaunlich offenen Gesprächen mit sowjetischen Offizieren, während derer einmal sogar die beim Einmarsch in Deutschland verübten Verbrechen der Sowjetarmee, vor allem die Vergewaltigungen, zur Sprache kamen. Dabei sei ihm gesagt worden, dass dies auf einen Befehl von Stalin zurückzuführen sei. Viele Soldaten seien nach der Befreiung ihres Landes kriegsmüde gewesen, sie wollten einfach nur nach Hause zurückkehren, es sei sogar zu Meutereien gekommen. Um einen Anreiz zum Weitermarschieren zu schaffen, habe Stalin die Devise ausgegeben „Alles ist erlaubt“, alles dürfe genommen werden, materielle Güter ebenso wie Frauen und Mädchen. Beeindruckt hat meinen Vater bei solchen Gesprächen besonders die Erfahrung, dass er bei vielen dieser Offiziere neben dem Gefühl der Rache auch das Entsetzen darüber spürte, dass ein solch kultiviertes Volk wie die Deutschen derart unmenschliche Verbrechen begehen konnte, wie sie SS, Waffen-SS und auch Teile der Wehrmacht in der Sowjetunion verübt hatten. Man darf dabei eben nicht vergessen, dass viele von ihnen vor 1939 mit deutscher Kultur und Literatur in Schulen und Universitäten groß geworden waren, diese Kultur eigentlich bewunderten und achteten. Dieses positive Deutschland-Bild war durch den NS-Staat vernichtet worden – eine nicht weniger gravierende und lange Zeit anhaltende Zerstörung der deutsch-russischen Beziehungen wie die der sowjetischen Menschen, Städte und Dörfer.

Nachdem es meinem Vater nach mehr als einem Jahr gesundheitlich etwas besser ging, hielt er nach neuen beruflichen Perspektiven Ausschau. Als ehemaliges Mitglied der NSDAP besaß er keine Chance, wieder bei der Deutschen Reichsbahn arbeiten zu dürfen, es sei denn, er wäre sofort in die SED eingetreten, was für ihn nicht in Frage kam. Mein Vater war überzeugter Nationalsozialist, und zwar im wörtlichen Sinne dieses Begriffs. Er dachte und argumentierte nationalistisch, ohne chauvinistisch zu sein, betrachtete wie viele seiner Generation den Versailler Friedensvertrag als tiefe Demütigung Deutschlands und verteidigte vehement die frühen NS-Versuche, dies rückgängig zu machen (z. B. die Besetzung und Wiedereingliederung des Saarlands nach Hitlers Machtergreifung). Den Überfall auf Polen und den Eintritt in den Zweiten Weltkrieg hielt er für einen Fehler, machte aber auch die Westmächte und Stalin dafür mitverantwortlich. Zugleich verhielt er sich in allen Lebenslagen als ein ungemein sozial denkender und handelnder Mensch; ohne seine nationalistische Ader und seine Begeisterung für eine solidarische deutsche Volksgemeinschaft hätte er wohl auch bei den Sozialdemokraten eine weltanschauliche Heimat gefunden. Er verehrte Hitler und mochte auch nach dem Krieg bestenfalls von dessen Fehlern, aber nicht von Verbrechen sprechen, was meine ja eigentlich unpolitische Mutter dann mit dem Hinweis konterte, dass dieser Führer doch wohl alle Deutschen ins Unglück gestürzt habe. Als „fehlerhaft“ charakterisierte er auch das brutale Verhalten der Deutschen beim Einmarsch in den ukrainischen Teil der Sowjetunion, allerdings im Rahmen einer merkwürdigen, das Moralische zugunsten des Machtpolitischen vernachlässigenden Argumentation. Er habe erlebt, dass die Ukrainer den Deutschen zu Beginn des Feldzuges durchaus freundlich gesinnt gewesen seien, weil sie sich von diesen die Befreiung vom Stalinismus erhofften; schließlich lagen die ja gerade auch die Ukraine betreffenden Kulakenverfolgungen, also die planvolle Vernichtung eines selbständigen Bauerntums während der 1930er Jahre, erst ein Jahrzehnt zurück. Man hätte die Ukrainer als Verbündete gewinnen können. Es ist mir heute noch schleierhaft, dass sich ein sozial denkender, intelligenter und politisch ungemein interessierter Mensch nach dem Zusammenbruch nur schwer und langsam von der Gedankenwelt und der dämonischen Aura des Diktators Hitler lösen konnte, insbesondere auch deshalb, weil er dem NS-Staat, seiner Ideologie und seinen Repräsentanten in Teilen durchaus distanziert gegenüberstand. Göring betrachtete er als Angeber, Himmler fürchtete er als unheilvollen Ratgeber der Lichtgestalt Hitler, Goebbels hatte er misstraut, was aber nicht verhinderte, dass er doch immer wieder auf dessen Propaganda hereingefallen war. Diese Distanz erklärt wohl auch, dass er im Gegensatz zu seinen Brüdern keiner der NS-Organisationen angehört hat und der Partei erst Ende der 1930er Jahre beigetreten ist, in seiner Eigenschaft als Beamter auf Drängen seines Vorgesetzten. Seine anfänglichen, dem katholischen Elternhaus geschuldeten Vorbehalte gegenüber dem Judentum hatte er laut eigener Erzählung Anfang der 1930er Jahre aufgegeben, nach der Belehrung durch einen ehemaligen Studienkollegen über die Geschichte der Juden in Deutschland, z. B. darüber, dass die von den Nazis behauptete Dominanz der Juden im Finanzsektor darauf beruhte, dass man ihnen über Jahrhunderte hinweg den Zugang zu anderen Berufen verwehrt hatte. Das war wie gesagt seine Erzählung; sie wirkt für mich aber glaubhaft, weil ich auch während unserer hitzigsten und meist kontrovers verlaufenden politischen Diskussionen in späteren Jahren niemals eine antisemitische Äußerung von ihm gehört habe; die Gründung des Staates Israel hat er ausdrücklich begrüßt, den Sieg der israelischen Armee im Sechs-Tage-Krieg über die Araber im Jahre 1967 bewundernd zur Kenntnis genommen. Dazu passt auch, dass meine Eltern im Gegensatz zu ihrem sozialen Umfeld in der Belziger Zeit gute Kontakte zu einem in der Nachbarstadt Niemegk lebenden jüdischen Ehepaar unterhielten. Einzelheiten sind mir entfallen; ich erinnere mich an zwei zurückgezogen lebende, von der NS-Herrschaft offenkundig gezeichnete ängstliche und zugleich fürsorgliche Menschen, zu denen wir Kinder aber trotz einiger Einladungen keinen Kontakt fanden.

Trotz dieser ambivalenten Haltung gegenüber der NS-Ideologie hat es mein Vater nicht geschafft, sich von ihr deutlich und endgültig zu distanzieren. Diskussionen über eine Mitwisserschaft an Judenpogromen (Kristallnacht) sind er und auch meine Politik für Teufelszeug haltende Mutter immer ausgewichen, die alleinige Schuld Deutschlands am Zweiten Weltkrieg und an der sich daraus ergebenden Katastrophe konnte er nicht akzeptieren. Von daher waren auch Informationen über die NS-Hinterlassenschaften in Belzig kein Thema, merkwürdigerweise auch nicht in der Schule; so habe ich erst viel später erfahren, dass es in Belzig ein Nebenlager des KZs Ravensbrück gab, wo Frauen, vor allem aus Osteuropa, unter unmenschlichen Bedingungen für die deutsche Rüstung arbeiten mussten. Fragen über den Widerstand gegen das NS-Regime begegneten der Vater und die anderen erwachsenen Mitglieder der Großfamilie mit ablehnender Gleichgültigkeit; das betraf nicht nur die in der DDR permanent gefeierten Kommunisten, sondern auch Widerstandskämpfer wie die Gruppe Scholl. Die Belziger Schule war in Anwesenheit von Inge Scholl nach den Geschwistern Scholl benannt worden, und als ich zu Hause nach Einzelheiten dieses studentischen Widerstands fragte, erntete ich nur eine abwehrende Handbewegung.

Aufgrund dieser weltanschaulichen Prägung sowie der Fluchterfahrungen stand der Vater dem neuen Staatsgebilde in der Sowjetischen

Besatzungszone ausgesprochen kritisch gegenüber. Er zeigte sich aber bereit, an dessen Aufbau mitzuarbeiten, weil er einige Veränderungen durchaus positiv bewertete, z. B. die Enteignung feudalen Landbesitzes zugunsten von Kleinbauern im Rahmen der Bodenreform. Ich erinnere mich an diesbezügliche Gespräche zwischen ihm und einem Kommunisten und ehemaligen KZ-Häftling, also zwischen zwei von den Ereignissen der jüngsten Vergangenheit unterschiedlich schwer gezeichneten Menschen, der eine als Opfer der Nazi-Herrschaft, der andere als Nationalsozialist, der seine Überzeugung in russischer Gefangenschaft fast mit dem Leben bezahlt hätte. Da saßen diese zwei so verschiedenen Männer vor unserem Behelfsheim bei einer Tasse Kaffeeersatz, „Muckefuck" genannt, und redeten über die Zukunft des deutschen sozialistischen Staates, intensiv, auch kontrovers, aber immer mit großem Respekt voreinander. Den nur wenig später erfolgten, wahrscheinlich der KZ-Haft geschuldeten Tod seines Gesprächspartners hat mein Vater sehr bedauert. Zu den zeitweiligen Gesprächspartnern gehörte auch der Pädagoge Dr. Mischkowski, der trotz distanzierter Haltung gegenüber marxistisch-leninistischer Ideologie ebenfalls bereit war, am Aufbau dieses Staates mitzuarbeiten, was er jahrelang auch getan hat, als Ausbilder von Lehrern und als Leiter der Belziger Oberschule. Diese Distanz hat ihn aber letztlich doch sein Amt gekostet, u. a., weil er die ungemessene und nicht leistungsgerechte Bevorzugung von Arbeiter- und Bauernkindern bei der Zulassung zur Oberschule nicht akzeptieren konnte.

Trotz diesbezüglicher Interessen und einiger Angebote hat sich mein Vater politisch nicht engagiert; dazu waren die von der sowjetischen Militärverwaltung verordneten Vorgaben zu restriktiv, die politische Atmosphäre auch zu unübersichtlich und in Teilen bedrohlich. Die Sowjetarmee bestimmte zunächst nach der Kapitulation unübersehbar das Belziger Stadtgeschehen, auch das Stadtbild. Neben den in russischer und deutscher Sprache aufgestellten Verkehrsschildern demonstrierten dies vor allem die auf sowjetischen Befehl an wichtigen Ausfallstraßen errichteten Triumphbögen, geschmückt mit Ruhmesparolen und dem Bild Stalins. Als diese Manifeste des Sieges über Hitler-Deutschland ihre Schönheit einbüßten, sollten sie von den Deutschen neu gestrichen werden, was sich aber aus Mangel an Farbe als nicht durchführbar erwies und zu schweren Auseinandersetzungen zwischen städtischer Verwaltung und sowjetischer Militäradministration führte. Letztere requirierte anfangs für den Eigenbedarf gnadenlos Lebensmittel, Kohle, medizinische Geräte aus dem Krankenhaus und ganze Straßenzüge für die Unterbringung ihrer Soldaten, was die ohnehin bedrückende Wohnungsnot noch verschlimmerte. Das betraf natürlich nicht nur Belzig, sondern die gesamte Sowjetische Besatzungszone. Ich erinnere mich an von uns Kindern beobachtete Güterzüge, in denen in z. T. offenen Güterwagen alles Mögliche, von Maschinen bis zu Möbeln und Hausrat in Richtung Osten transportiert wurde. Der sowjetische Stadtkommandant residierte im Rathaus, die Burg Eisenhardt sowie die zentral gelegene Knaben-Grundschule dienten bis 1950 als Kaserne. Im April 1945 wurde die Moskauer Zeit (1. Stunde früher) eingeführt. Nach ca. eineinhalb Jahren nahm die sichtbare Präsenz allerdings ab, bestimmend und gefürchtet blieben die Sowjets aber trotzdem. Man hörte immer wieder von Verhaftungen; das Wort „Abholen" gewann in diesem Zusammenhang eine zusätzliche, negative Bedeutung. Das betraf übrigens nicht nur Erwachsene, sondern auch Jugendliche ab 15 Jahren. In ihrem verbrecherischen Wahn hatte die NS-Regierung zur Sicherung des „Endsiegs" Mitglieder der Hitler-Jugend durch Agitation in der Schule, z. T. mit Gewalt, dazu aufgerufen, als „Werwölfe" einen Partisanenkrieg gegen die Alliierten zu führen, auch in Belzig. Das Ganze erwies sich recht bald als eine reine Propagandaaktion von Goebbels ohne irgendeinen militärischen Nutzen, doch die Sowjetische Militärverwaltung nahm die Werwolf-Aktion ernst und verhaftete immer wieder ihr verdächtige Jugendliche. Rechtssicherheit gab es bestenfalls in Ansätzen, jeder hatte Angst vor dem alles bestimmenden NKWD, dem sowjetischen Geheimdienst, der nicht nur ehemalige NS-Funktionäre, sondern nicht selten auch fälschlich als solche denunzierte Mitbürger in umfunktionierte ehemalige Konzentrations- und Kriegsgefangenenlager verfrachtete. Und so lernte man bereits als Kind, auf der Hut zu sein, die Zunge im Zaum zu halten, Berichte in der Schule über politische Gespräche in der Familie zu vermeiden, das Hören von Westsendern wie dem RIAS-Berlin zu verschweigen. Fairerweise muss aber angemerkt werden, dass diese restriktive Besatzungspolitik auch vom Wissen darüber geprägt war, dass die NS-Herrschaft und ihre Propaganda noch tief im Bewusstsein vieler Deutscher verankert waren. Das betraf nicht nur das Beschwören von Erfolgen wie Autobahnbau, Reduzierung der Arbeitslosenzahlen oder Ferien durch das NS-Programm „Kraft durch Freude"; viel schlimmer wirkte die NS-Propaganda in den Köpfen und auch in der Sprache nach. Wendungen wie „das ist ja zum Vergasen" gehörten zum „Sprachschatz" und fanden sogar Eingang in die Kindersprache. Darüber hinaus reagierten die Sowjets auf in ihren Augen bedrohliche, immer wieder auftauchende Zeichen eines von Westberlin beeinflussten Widerstands, auf von Ballons abgeworfene Propaganda-Flugblätter der Amerikaner, auf an Hauswänden erscheinende Parolen wie „Freiheit", auf heimlich verteilte Westberliner Zeitungen wie „Der kleine Telegraf" u. a.

In den ersten Monaten des Jahres 1947 erreichte meine Eltern ein Brief von Verwandten, von der Familie Rolf aus Düsseldorf. Tante Else war eine Cousine meiner Mutter, ihr Mann, Onkel Anton, mein Patenonkel. Beide lebten in großbürgerlichen Verhältnissen. Onkel Anton hatte zunächst Philosophie studiert und in diesem Fach auch promoviert. Im Wissen, dass eine solche Ausbildung nicht unbedingt ein auskömmliches und angenehmes Leben in der rauen Lebenswelt garantiert, hatte er dann aber in Düsseldorf eine florierende Fabrik für Kräne aufgebaut, freilich ohne seine geistigen und künstlerischen Interessen zu vernachlässigen. Onkel Toni erwies sich später in den wenigen Gesprächen mit mir als ein überaus gebildeter, kunstsinniger Mann, befreundet mit zahlreichen Künstlern der renommierten Düsseldorfer Kunstakademie, von denen nicht wenige Werke das großzügige Domizil der Rolfs schmückten. Tante Else und meine Mutter verband eine enge freundschaftliche Beziehung, die bis zum Tode der beiden gehalten hat; noch als knapp Neunzigjährige haben die alten Damen jeden Samstag pünktlich um 18 Uhr eine halbe Stunde miteinander telefoniert. Die Rolfs wahrten aufgrund ihrer herausgehobenen sozialen Position eine gewisse Distanz zur übrigen Verwandtschaft, zeigten in Notlagen aber immer große Hilfsbereitschaft. Und so geschah es auch diesmal. Onkel Toni empfahl meinem Vater in besagtem Brief, in den Westen, nach Düsseldorf, zu übersiedeln, weil uns dort seiner Ansicht nach ein besseres Leben erwarten würde als in der Sowjetischen Besatzungszone. Er hat dies mit Hilfsangeboten und klugen, vorausschauenden Argumenten begründet, auf die meine Eltern aber leider nicht eingegangen sind. Verantwortlich dafür war wohl meine Mutter, die aus Angst vor erneuten Veränderungen im Belziger Familienverband bleiben wollte, vielleicht auch in der irrigen Hoffnung, doch noch einmal nach Schwiebus zurückkehren zu können. Das hat sich dann als eine folgenreiche Fehlentscheidung erwiesen; zehn Jahre später mussten wir im Rahmen unserer zweiten Flucht dann doch einen bitteren Weg nach Nordrhein-Westfalen zu den Rolfs antreten.

Anfang 1948 schien sich allerdings auch im Osten alles zum Besseren zu wenden. Im Rahmen der Bodenreform war landwirtschaftlich genutzter Besitz von über 100 Hektar enteignet und in kleinen Parzellen (fünf bis zehn Hektar) an Landarbeiter und Flüchtlinge verteilt worden. Um die Bewirtschaftung der Felder zu ermöglichen, veranlasste die Ostberliner Regierung die Einrichtung von nach sowjetischem Vorbild konzipierten Maschinen-Ausleih-Stationen (MAS), bei denen die Neubauern Traktoren und Landmaschinen ausleihen konnten. Meinem Vater bot man an, als Spezialist für Landmaschinen den Aufbau und die Organisation solcher Stationen im Spreewald-Kreis zu übernehmen. Er hat das als eine Art technischer Landrat mit viel Elan und so gutem Erfolg getan, dass ihm nach kurzer Zeit eine Stelle im Berliner Ministerium für Landwirtschaft in Aussicht gestellt wurde. Leider blieb es bei Letzterem. Denn die Übernahme solcher Funktionen erforderte die Mitgliedschaft in der gerade gegründeten Sozialistischen Einheitspartei Deutschlands (SED), was für meinen Vater nicht infrage kam. Er hatte sich nach dem Zusammenbruch des NS-Staates geschworen, nie wieder in eine Staatspartei einzutreten, und dabei blieb er auch. Trotz mehrfacher Aufforderungen lehnte er eine Mitgliedschaft in der SED ab und wurde prompt entlassen. Um den Unterhalt der Familie zu gewährleisten, hat er dann mehrere Jahre als Dreher, also als Metallarbeiter, in einer Potsdamer Fabrik gearbeitet, ein für den erst langsam Genesenden anstrengender Job, allein die tägliche Hin- und Rückfahrt zur Arbeitsstelle dauerte drei Stunden.

Im gleichen Jahr verbesserten sich unsere Wohnverhältnisse. Wir erhielten das neben uns befindliche kleine „Apartment" und hatten nun die doppelte Wohnfläche zur Verfügung. Das Alltagsleben gestaltete sich freundlicher, weniger eintönig, wozu auch meine Mutter erfindungsreich beitrug. In allen schwierigen Zeiten hat sie es immer wieder verstanden, Geburtstage und kirchliche Feste als aus dem tristen Alltag herausgehobene Momente zu gestalten. Aufgrund ihrer großen hauswirtschaftlichen Erfahrung vermochte sie es, mit klugem Management anlässlich besonderer Tage und Ereignisse noch aus geringen Ressourcen Erfreuliches zu zaubern. So baute die gesamte Familie vor Weihnachten Pfefferkuchenhäuser aus einfachem Mehl und

Rübensirup, verziert mit Zuckerguss und Sonnenblumenkernen aus unsrem Garten, wurden bereits früher gemachte Geschenke noch einmal geschenkt, z. B. eine kleine elektrische Eisenbahn, die mein Bruder Klaus Weihnachten 1943 erhalten hatte. Sie war von den Plünderern unserer Wohnung in Potsdam übersehen worden und wurde nach dem Krieg nur zu Weihnachten als Geschenk aufgebaut, an dem ich mich immer wieder besonders erfreute. Ähnlich verhielt es sich mit einem Advents- und Weihnachtsbuch mit dem Titel „Wenn's wieder schneit. Dann hat der Winter seinen Einzug gehalten und Weihnachten steht vor der Tür", das in der Adventszeit wieder herausgeholt und aus dem abends vorgelesen wurde. Die tägliche Lektüre des kleinen Buches hat mir jahrelang eine große Vorfreude auf das Weihnachtsfest vermittelt.

Neben den vielen den Lebensunterhalt der Familie unterstützenden Tätigkeiten blieb für uns Kinder aber auch Zeit zum Spielen und Herumstromern. Im ersten Jahr nach Kriegsende führte das zu vielen, z. T. wenig angenehmen Entdeckungen. Wie bereits erwähnt hatten vor der Kapitulation südlich von Berlin, also auch in der Umgebung von Belzig, Kriegshandlungen stattgefunden, auf deren traurige Überbleibsel wir immer wieder stießen. Es berührte uns immer wieder seltsam, wenn wir auf den Feldern zwischen gelben Ähren, rotem Mohn und blauen Kornblumen (die gab es damals noch in Hülle und Fülle) mit offenkundig von Bauern aufgestellten kleinen Holzkreuzen mit der Inschrift „Hier ruht ein unbekannter deutscher Soldat" konfrontiert wurden, böse zugerichtete Stahlhelme und andere Ausrüstungsgegenstände erblickten. Auf Müllkippen fanden wir stapelweise Briefmarkenblöcke der NS-Post mit Hitler-Porträts, Akten und andere Hinterlassenschaften des NS-Staates. Als ich einige dieser Sachen nach Hause schleppte, gab es großen Ärger, weil meine Eltern nicht zu Unrecht fürchteten, dass sie bei Entdeckung dieser Dinge als Nazi-Sympathisanten verhaftet werden könnten. Von den Siegern, also den Sowjetsoldaten, offiziell als „Freunde und Befreier" gefeiert, war zur Erleichterung der Bevölkerung übrigens bald nicht mehr viel zu sehen. Sie galten den meisten Deutschen nicht als Befreier, sondern als Barbaren, Vergewaltiger und Räuber von Wertsachen und Uhren. Letztere waren besonders beliebt, das Fordernde „Uri ‚Uri!" habe ich noch jetzt im Ohr. Viele der jungen Soldaten hatten in der Tat wenig Ahnung von den Errungenschaften westlicher Zivilisation wie Klospülung etc. Daraus resultierendes Fehlverhalten fand seinen Niederschlag dann in zahlreichen Anekdoten. So hätten Soldaten in einer Kloschüssel Kirschen waschen wollen, die Spülung betätigt und als das Obst verschwunden war, „Sabotage, Sabotage" gerufen u. a. m. Solche Geschichten wurden lustvoll und hämisch kolportiert, wobei sich bereits bestehende Vorurteile mit Erlebtem und Erfundenem in unguter Weise vermengten. Solcherart Erzählen gehörte zu den kläglichen Versuchen von besiegten und gedemütigten Deutschen, die katastrophale Niederlage und ihre Folgen zu verdrängen, völlig unangemessene Überlegenheitsgefühle zu artikulieren und so das ganze Ausmaß des eigenen Versagens zu bagatellisieren. Anfangs waren die sowjetischen Soldaten im Stadtbild noch präsent, weil ihnen die zentral gelegene Grundschule als Kaserne diente, doch später erfolgte eine Stationierung außerhalb der Stadt. Man sah sie dann hin und wieder am Bahnhof beim Verladen von Truppen und Kriegsgerät, was wir Jungen mit großem Interesse verfolgten. Einmal lud mich ein junger Soldat ein, in einem Schwimmpanzer mitzufahren. Sehr geneigt dieser Einladung zu folgen, fiel mir glücklicherweise rechtzeitig ein, dass in einer Stunde der Schulunterricht beginnen sollte. Die Absage hat sicher sowohl mich als auch den jungen Soldaten vor großem Ärger bewahrt. Fasziniert haben uns die Schießübungen sowjetischer Flugzeuge: Dabei zog eine große Maschine einen sackartigen Gegenstand hinter sich her, auf den dann von Jagdflugzeugen intensiv geschossen wurde. Ansonsten gab es Begegnungen nur im Rahmen offizieller Veranstaltungen anlässlich der Feiern zum 1. Mai, zum „Tag der Befreiung“ am 8./9. Mai oder zum „Tag der Oktoberrevolution“ am 9. November, wo uns die bestens trainierten sowjetischen Kulturtruppen mit wunderschönem Gesang und akrobatischen Tänzen begeisterten.

Meine eigene kindliche Haltung gegenüber den Sowjets während dieser Belziger Jahre habe ich als ambivalent in Erinnerung. Einerseits war ich aufgrund der für meine Familie so schrecklichen Kriegsfolgen eindeutig negativ eingestellt, betrachtete die Russen mit den Augen der Eltern als Besatzer, die mithilfe ihrer deutschen Erfüllungsgehilfen in Ostberlin das deutsche Volk ausbeuteten und drangsalierten. Beeinflusst durch die erwähnte positive Einstellung meines Vaters zu den einfachen russischen Menschen begann ich mich andererseits für dieses Land zu interessieren, wozu natürlich auch die massive Sowjetisierung im Bereich der Kulturpolitik nicht wenig beitrug. Da gab es z. B. sehr spannende Filme, wie „Tschapajew“ über den Bürgerkrieg zwischen den Roten und den Weißen nach der Revolution von 1917, die ich mit Freunden trotz eines anfänglich bestehenden elterlichen Verbots anschaute, und als ich dann lesen konnte, gehörten viele der sofort nach 1945 in Massen übersetzten russischen Texte zu meinem Lektüreprogramm, Kinder- und Jugendliteratur, wie Arkadij Gajdars „Timur und sein Trupp“, Valentin Katajews „Es blinkt ein einsam Segel“, Valentina Oseevas „Vasek Trubatschov und seine Freunde“ ebenso wie auch Kinder ansprechende klassische russische Erzählungen von Alexander Puschkin („Der Postmeister“, „Die Hauptmannstochter“), Nikolai Gogol („Taras Bulba“), Iwan Turgenjews „Mumu“, Maxim Gorkis frühe „Barfüßergeschichten“, Gorkis und Tolstois Kindheitsautobiografien u. a. Diese ambivalente Haltung hat auch meine späteren Beziehungen zu Russland maßgeblich geprägt. Aufgrund meiner beruflichen Kontakte als Slawist waren sie zum einen bestimmt von intensivem Interesse an diesem Land, an seiner Geschichte, Kultur und speziell Literatur, vertieft durch enge, auch noch in der Gegenwart anhaltende enge freundschaftliche Verbindungen. Zum anderen bin ich dem russischen Staat und seinen Organen, mit Ausnahme der Gorbatschow-Ära, immer mit Misstrauen begegnet.

Im Herbst 1947 begann für mich ein neuer Lebensabschnitt – die Schulzeit. Trotz der aufgrund unserer Armut nur spärlich mit etwas Gebäck, einem sauren Apfel und etwas Schulkreide ausgestatteten Schultüte erwartete ich gespannt und neugierig den Schulbetrieb, freute mich auf neue Freunde und auf die Aussicht, die bislang nur gehörten Märchen und Geschichten in absehbarer Zeit auch lesen zu können, was ich dann auch ausgiebig getan habe. Die hohen Erwartungen an die Schule wichen allerdings zunächst tiefer Enttäuschung. Es fehlte auch hier an allem, an Lehrern (viele durften ja aufgrund ihrer NS-Vergangenheit nicht wieder unterrichten, u. a. mein Onkel Albert), an Unterrichtsmaterial und an Räumen. Das im Zentrum der Stadt befindliche große Schulgebäude wurde wie erwähnt anfangs von der Sowjetarmee als Kaserne genutzt, und so verteilte man die Klassen auf immer neue Weise auf die restlichen Gebäude, vor allem auf die der Oberschule in der Näher des Freibades. Nicht selten begann der Unterricht auch für Erst- und Zweitklässler erst gegen Abend, was Lernbereitschaft und Konzentration nicht gerade förderte. Ich erinnere mich an abendliche Schulstunden, bei denen wir völlig verdreckt in die Klasse kamen, weil wir zuvor auf einem mit schmutzigen Pfützen übersäten Schulhof Fußball gespielt hatten. Unterricht erhielten wir von sehr verschiedenen Lehrertypen. Da gab es zum einen alte, nicht NS-belastete, aber einem überkommenen autoritären Erziehungsstil (getreu dem Prinzip: „Weiße Weste – gerader Weg“) verpflichtete Lehrer, zu deren Disziplinierungsmaßnahmen das In-die-Ecke-Stellen und stundenlanges Nachsitzen gehörte, und zum anderen die rasch und fachlich unzureichend ausgebildeten Junglehrer, die das zu vermittelnde Wissen nicht selten am Abend zuvor aus irgendwelchen Büchern exzerpiert hatten. Keiner von ihnen hat Eindruck hinterlassen, keinem von ihnen verdanke ich irgendeine geistige oder kulturelle Prägung – mit einer Ausnahme, und das war unsere erste Klassenlehrerin Fräulein Hellwig, eine bei Schülern und Eltern gleichermaßen beliebte und respektierte junge Frau. Sie unterrichtete so ganz anders als große Teile des noch im NS-Staat ausgebildeten Lehrpersonals, zu dem übrigens auch meine ältere Cousine Felicitas gehörte, Tochter des erwähnten Onkel Albert. Fräulein Hellwig verzichtete so weit wie möglich auf Druck und auf Strafen, schrieb bei schlechter Schrift nicht „Pfui!" an den Heftrand, stellte uns nicht in die Ecke, sondern regte unsere Fantasie an, arbeitete mit spielerischen Elementen, versuchte, uns Abstraktes mithilfe von eingängigen Bildern verständlich und einprägsam nahezubringen, so, wenn sich die Zahl 2 zeichnerisch zur Silhouette eines Schwans verwandelte, wenn sich ein Buchstabe zu einem Laut und dann in Verbindung mit anderen zu einem Sprechgesang entwickelte u. a. In der unwirtlichen äußeren Umgebung fühlten wir uns bei ihr irgendwie geborgen und reagierten tief betroffen, als sie aus familiären Gründen nach zwei Jahren die Schule verließ. Was das Equipment angeht, so bestand es aus wenigen Heften, einfachem Schreibgerät und Lesebuch. Besonders ungern erinnere ich mich an die anfänglich benutzte Schiefertafel, die mangels echter Schieferplatten aus irgendeiner schwarzen, schwer zu beschreibenden Folie bestand, was meine ohnehin nicht sehr ausgeprägte Lust am Schönschreiben noch weiter verringerte. Das änderte sich auch nicht, als es an das Schreiben mit Feder und Tinte ging; ich hatte große Schwierigkeiten, die Buchstaben mit der Stahlfeder sauber und verständlich zu Papier zu bringen, garniert nicht selten mit fetten Tintenklecksen.

Wie mein Bruder galt auch ich ansonsten als ein guter Schüler, wofür neben einer gewissen Begabung auch die Eltern sorgten. Trotz der widrigen Lebensumstände wurde alles für eine gute Ausbildung und Bildung getan, unser Wissenshorizont durch viele Gespräche erweitert, vor allem mit meinem Vater. In deren Rahmen erfuhren dann die von der Schule vermittelten, häufig sowjetisch geprägten Informationen über Geschichte, Religion und andere geistesgeschichtliche Themen Korrekturen und Ergänzungen. „Väterchen Stalin", der „Falke der Revolution", dominierte ja völlig das offizielle gesellschaftliche Leben, überall hingen seine Porträts, häufig garniert mit dem ihm zugesprochenen Satz „Die Hitler kommen und gehen, das deutsche Volk aber bleibt". Im Rahmen solcher Pädagogik lernten wir den „Woschd", den Führer Stalin, nicht nur als heldenhaften Befreier und gütigen Staatsmann, sondern auch als bedeutenden Sprachwissenschaftler kennen, was dann zu Hause mit beißendem Spott kommentiert wurde, begleitet von ironischen Bemerkungen darüber, dass die Sowjets ihren Diktator mit dem gleichen Titel beehrten wie die deutschen ihren „Führer" Adolf Hitler. Nicht selten verknüpfte die Regierung solcherart Propaganda mit Aufrufen zu unentgeltlicher Arbeit, z. B. im Rahmen einer zu Ehren Stalins angeordneten werktätigen „Stalinspende". Solche Formen sozialistischer Ausbeutung waren übrigens an der Tagesordnung. Es gab ständig Aufrufe: zum Tag der Solidarität, zum Einsatz gegen den Kartoffelkäfer, zum Sammeln von Schrott, Buntmetall, Flaschen und Lebensmitteln.

Zu der im Sinne des Marxismus-Leninismus ideologisch ausgerichteten Schulerziehung gehörte auch das Erlernen von Liedern der Arbeiterklasse, die in unserer Familie unbekannt waren. Dazu zählte auch das alte Arbeiterlied von der jungen Garde des Proletariats mit dem Refrain „Wir sind die junge Garde des Proletariats". Ich sang auch dieses Lied immer tapfer mit, da mir das Wort „Proletariat" aber fremd war, sang ich statt „Proletariat" jedes Mal „Wir sind die junge Garde des Polen Tariat", bis mich ein empörter junger Lehrer entsprechend aufklärte. Die intensive Pflege des sozialistischen Liedgutes halte ich noch heute für eines der wirksamsten Mittel propagandistischer Erziehung in der SBZ und in der DDR. Es waren häufig Lieder, mit deren Inhalt man sich als junger Mensch durchaus identifizieren konnte, z. B. mit dem Aufbaupathos solcher Verse wie „Allen die Welt, und jedem die Sonne, glühende Herzen, strahlender Blick". Da sie auch musikalisch ansprechend und gut sangbar vertont waren, hafteten sie entschieden besser im Gedächtnis als alle Parteimanifeste; viele von ihnen kann ich noch heute auswendig singen. Das ist mir viele Jahre später übrigens von prominenter Seite bestätigt worden: Gisèle Celan-Lestrange hat mir während eines Besuchs in Paris erzählt, dass ihr Mann, der Lyriker Paul Celan, zu vorgerückter Stunde bisweilen auswendig und hingebungsvoll in der Jugend erlernte Arbeiter- und Revolutionslieder gesungen hat. Beim abendlichen Singen in unserem Familienkreis spielte solcherart Liedgut natürlich keine Rolle; insbesondere mein Vater spottete über das ihn an die NS-Zeit erinnernde Pathos vieler Texte, verbunden mit Hinweisen auf sprachliche Mängel, wie schiefe Metaphern („Bau auf, bau auf, die werkende Hand zu uns spricht") u. ä.

Begleitet wurde solcherart schulische Erziehung durch eine zunehmende Einschränkung individueller, parteiunabhängiger Initiativen im kulturellen Bereich. So gab es bis Ende der vierziger Jahre an der Belziger Oberschule von Lehrern, Schülern und Eltern getragene mehrtägige Weihnachtsfeiern mit Schüleraufführungen, einem kleinen Weihnachtsmarkt, dem Verkauf von selbstgebackenen Kuchen u. a. m. Das brachte Lehrer, Schüler und Eltern abseits offizieller Veranstaltungen wie Elternabende etc. in zwanglosen Gesprächen zusammen, eröffnete den Schülerinnen und Schülern kleine Freiräume zur Entfaltung individueller Begabungen, wovon gerade auch mein künstlerisch begabter Bruder profitierte; er agierte als Schauspieler, malte Plakate u. a. Doch solcherart Eigeninitiativen erregten bald das Missfallen der sozialistischen Obrigkeit. Getreu dem Leninschen Wahlspruch „Vertrauen ist gut, Kontrolle ist besser“ wurden diese Initiativen zum großen Bedauern aller Beteiligten nach wenigen Jahren zu kleinbürgerlichen und mit dem neuen sozialistischen Geist nicht vereinbaren Veranstaltungen erklärt und verboten.

Ideologische Indoktrination prägte natürlich auch den Lehrplan, hinsichtlich Literatur- und Geschichtsunterricht besonders stark orientiert an den von der Sowjetischen Militäradministration vorgeschriebenen Leitlinien; der Leitspruch „Von der Sowjetunion lernen, heißt siegen lernen“ erklärte die Sowjetunion auch hier als nicht zu hinterfragendes Vorbild. Folglich gehörten Texte wie Maxim Gorkis „Meine Universitäten“, die erwähnten Werke von Arkadi Gaidar und Valentin Katajew sowie sowjetische Erziehungs- und Aufbauromane wie Anton Makarenkos „Der Weg ins Leben“, Nikolai Ostrowskis „Wie der Stahl gehärtet wurde“ u. a. zum pädagogischen Lektürekanon, alles Texte, die ich trotz aller Vorbehalte gegenüber den Sowjets gern und mit großem Interesse gelesen habe. Russische und sowjetische Autoren erhielten bei jeder sich bietenden Gelegenheit z. T. bombastische Würdigungen; so wurde 1949 neben Goethes 200. Geburtstag vor allem der 150. Geburtstag von Alexander Puschkin im Rahmen zahlreicher Veranstaltungen gefeiert, nicht nur in der Schule, sondern auch in der Verwaltung, bei der Polizei etc. Erste und einzige Fremdsprache blieb zu dieser Zeit das Russische, dem wir natürlich aus familiären Gründen mit Vorbehalten begegneten. Geschuldet war diese Distanz aber auch einem schlecht ausgebildeten Lehrpersonal; bezeichnend dafür ist die Tatsache, dass ich, der an drei verschiedenen Orten der DDR (Belzig, Werder und Potsdam) Russischunterricht gehabt hat, nicht einen einzigen Russischlehrer im Gedächtnis behalten habe. Wenn mir damals jemand prophezeit hätte, dass ich einmal in Moskau und Leningrad gerade diese Sprache und Literatur studieren, Slawistik zu meinem Beruf machen, als Hochschullehrer fast vierzig Jahre intensiven Kontakt zu russischen Kollegen in Moskau und Leningrad bzw. St. Petersburg pflegen, mit bedeutenden sowjetischen Persönlichkeiten wie Lew Kopelew befreundet sein würde, hätte ich ihn wohl für verrückt erklärt. Ganz borniert und einseitig ideologisch war die Schulbildung während der ersten Jahre meiner Schulzeit übrigens nicht. Im Deutschunterricht wurde u. a. auch großen Wert auf die Vermittlung des gesamten deutschen literarischen Erbes gelegt. So erschienen im Verlag Volk und Wissen sorgfältig edierte, mit nützlichen Anmerkungen versehene Ausgaben von Novellen deutschsprachiger Realisten wie Gottfried Keller und Theodor Storm, das kleine der Novelle „Immensee" gewidmete Heft ist noch heute in meinem Besitz. Die im Schulunterricht verwendete, 1949 erschienene Gedicht-Anthologie „Das Tor" enthielt nicht nur Texte von Johannes R. Becher, Louis Fürnberg, Erich Weinert und anderen dem Sozialismus nahestehenden Schriftstellern, sondern neben bekannter Lyrik aus Klassik und Romantik auch Gedichte von Martin Luther, Matthias Claudius, Detlev von Liliencron, Ricarda Huch – eine Zusammenstellung deutschsprachiger Gedichte, die wir Schüler in dieser Form nur wenige Jahre später nicht mehr kennenlernten.

Gern erinnere ich mich an die während der Schulferien in der unmittelbaren Umgebung von Belzig veranstalteten Freizeitaktivitäten, z. B. an die Sommer-Ferienlager im Landhaus „Korns Garten". Da wurde gewandert, gesungen und gespielt, kleine Rollenspiele wurden inszeniert, man konnte das Sportabzeichen und das sehr begehrte, etwas anspruchsvollere Touristikabzeichen erwerben, Aktivitäten, in deren Rahmen man mit Kompass und Karte umzugehen lernte, Nachtwanderungen unternahm etc. Die Eltern begleiteten die schulische Ausbildung mit großem und in Teilen kritischem Engagement, überwachten die Hausaufgaben, korrigierten und ergänzten ihrer Ansicht nach einseitig ideologische Lerninhalte; meine Mutter fehlte bei keiner Elternversammlung.

Zu einer für meine geistige und seelische Entwicklung überaus bedeutsamen Institution entwickelte sich bereits zu dieser Zeit die evangelische Kirche. Meine Eltern suchten eigentlich kaum den Kontakt zur Kirche, mein Vater als erklärter Freigeist sowieso nicht, und auch meine eigentlich gläubige Mutter besuchte Gottesdienste nur zum Erntedankfest, zum Totensonntag und zum Heiligen Abend. Ich hingegen besaß als einziger in der Familie eine bis heute währende Affinität zu religiösen Fragen und unternahm recht früh entsprechende Annäherungsversuche. Möglichkeiten dazu ergaben sich im bis 1949 in der Schule noch geduldeten Religionsunterricht, bei Kindergottesdiensten, durch eine kurze Freundschaft mit dem Sohn des Superintendenten Wilde von Wildemann, vor allem aber im Rahmen einer kleinen verschworenen Gemeinschaft um den Kantor Stumpfe. Letzterer, aufgrund von Kriegsfolgen auf einem Auge erblindet, hat uns in vielen Gesprächen den Weg zum Christentum eröffnet, unsere geistige Entwicklung mit Lektüreempfehlungen gefördert, oft im Rahmen von Sitzungen, die in einem urigen Zimmer im Turm der Belziger Marienkirche stattfanden. Stumpfes Mentorat empfinde ich noch heute als einen vollwertigen, mich ungemein bereichernden Ersatz für den recht bald verbotenen Religionsunterricht in der Schule. Ihm verdanke ich meine guten Bibelkenntnisse und das mein Leben bis heute begleitende Verlangen, mich, auch kritisch, mit dem Christentum auseinanderzusetzen, das Nachdenken nicht nur darüber, was Gott ist, sondern was er sein kann, das Vermögen, auch in Momenten radikalen religiösen Zweifels letztlich doch nicht zu verzweifeln. Zu den Aktivitäten im Bereich der Kirche gehörten auch 14-tägige Freizeiten in einem Heim der evangelischen Kirche in Mötzow am Beetsee bei Brandenburg. Dort wurde gelesen, gesungen, gewandert, gebadet; Küchendienst war ebenso selbstverständlich wie andere nützliche Tätigkeit, z. B. das Sammeln von Brombeeren, die dann zusammen mit Grießbrei als Nachtisch serviert wurden.

Solcherart Freizeiten betrachteten die staatlichen Organe der DDR ab Beginn der fünfziger Jahre mit zunehmendem Argwohn, und so wurde das Heim am Beetsee, übrigens während einer solchen Freizeit, vom sozialistischen Staat konfisziert und der FDJ übergeben.

Und so hatte ich es mit Elternhaus, marxistischer Ideologie und Christentum bereits am Ende des ersten Lebensjahrzehnts gleich mit drei auf mich einwirkenden geistig-weltanschaulichen Bereichen zu tun, die ich nur schwer miteinander in Einklang bringen konnte. Da, wo die „Junge Gemeinde" der evangelischen Kirche mit Sätzen wie „Liebet eure Feinde" Nächstenliebe auch gegenüber dem Andersdenkenden predigte, forderte die marxistische Erziehung ideologische Kampfbereitschaft, diffamierte Religion als „Opium fürs Volk". Bestimmte von der Schule vermittelte, in meinen Augen durchaus gerechtfertigte Standpunkte und Ereignisse, z. B. die über die Emanzipation der Arbeiterklasse mithilfe kommunistischer Ideen oder die Aufklärungen über nationalsozialistische Verbrechen, stießen bei meinen Eltern, vor allem bei meinem Vater, als kommunistische Propaganda auf Vorbehalte. Er, der uns bereits im frühkindlichen Alter zu Gesprächen ermunterte, verweigerte hier Auskünfte und Diskussionen. Dies harte Aufeinandertreffen gegensätzlicher Standpunkte und Argumentationen stimmte mich Zehnjährigen immer wieder nachdenklich, verunsicherte mich, viele nicht oder wenig befriedigend beantwortete Fragen machten mich schweigsam und förderten bereits zu dieser Zeit eine sowohl problematische als auch bereichernde Flucht in die Welt der Bücher, problematisch, weil sie zu vorschnellen Identifizierungen mit imaginären Räumen und Personen führte, bereichernd, weil ich hier erstmals auf den Reichtum der Sprache aufmerksam wurde und darüber hinaus ansatzweise erfuhr, dass Wirklichkeit auf ganz andere Weise bekannt und erkennbar gemacht werden kann.

Das Jahr 1949 brachte wieder eine tiefgreifende Veränderung. Der Besitzer des Behelfsheims gedachte das Anwesen selbst zu nutzen, und kündigte. Für uns, die wir mit dem Doppelapartment endlich etwas mehr Wohnraum erhalten hatten, war das eine sehr traurige Nachricht. Denn mit dieser Kündigung endete das Wohnen in den eigenen, wenn auch sehr einfachen Wänden. Uns wurde eine Dreizimmer-Wohnung in der Karl-Marx-Straße zugewiesen, die wir aufgrund der weiterhin gravierenden Wohnungsnot gemeinsam mit der ebenfalls gekündigten Familie Herma aus dem Behelfsheim beziehen sollten, also pro Familie ein Zimmer und ein gemeinsam zu nutzendes Wohnzimmer. Für unser intensives, von viel Zuwendung begleitetes Familienleben bedeutete dies das Ende. Auch wenn der Wohnraum im Behelfsheim sehr beschränkt gewesen war, hatten wir doch dort allein, für uns, ohne die ständige Anwesenheit anderer Personen gelebt. Mit der Einweisung von zwei Familien in eine Dreizimmerwohnung war diese familiäre Intimität nicht mehr gegeben, die Gespräche, das gemeinsame abendliche Singen, all das für den geistigen und seelischen Zusammenhalt der Familie so wichtige Tun geriet in den Hintergrund, und so habe ich die dreieinhalb Jahre in dieser Wohnung in viel schlechterer Erinnerung als die entbehrungsreiche Zeit im Behelfsheim, als eine übrigens auch von meinem Bruder empfundene „bleierne Zeit“. Geäußert hat sich der Verlust eines, wenn auch noch so primitiven, aber abgeschlossenen, familiäre Geborgenheit sichernden Raumes bei mir zu dieser Zeit im Entwerfen von physischen und mentalen Fluchträumen: zum einen in einem fast manischen Erbauen von „Buden“, aus Brettern und anderem Holz errichteten kleinen Verschlägen, im Graben von dem märkischen Sand abgerungenen Höhlen, im Errichten von Baumhäusern u. a. Zum anderen verstärkte er meinen Lesehunger, führte zu einer Flucht in die Welten von Seefahrern und anderen Eroberern, von Romanhelden verschiedenster Herkunft u. a.

Da meine Eltern nicht zu Unrecht erwartbare Konflikte mit dem Ehepaar Herma fürchteten, kamen sie auf die Idee, dass es doch besser wäre, mit Tante Gretes Familie zusammenzuziehen. Das war gut gemeint, sollte sich aber als katastrophaler Fehler erweisen. Die Hermas stimmten zu und zogen in die ja nicht sehr attraktive Wohnung von Onkel Max und Tante Grete, weil sie dort allein leben konnten. Vom Umzug habe ich nichts mitbekommen, denn man schickte mich für drei Monate nach Wintersdorf in Thüringen. Dorthin hatte es die bereits erwähnten Onkel Albert, Tante Hete und die Cousine Felicitas, Fee genannt, von Stettin nach Kriegsende verschlagen. Fee arbeitete dort als Lehrerin, Onkel Albert als Angestellter im Tagebau; als Lehrer durfte er wegen seiner NS-Vergangenheit erst Jahre später wieder tätig sein. Wintersdorf, in der Nähe von Altenburg gelegen, empfand ich zunächst als ein hässliches Kaff, umgeben von einer durch Braunkohletagebau zerstörten Landschaft, habe mich dort aber bald sehr wohl gefühlt. Onkel und Tante, ruhige und freundliche Menschen, empfingen mich herzlich, vermittelten eine Atmosphäre der Geborgenheit. Für Fee traf das weniger zu. Sie konnte ihre BDM-Sozialisation nicht verleugnen, trat sehr bestimmend auf, schreckte bei Strafmaßnahmen auch vor hart geschlagenen Ohrfeigen nicht zurück. Zu ihren unbestreitbaren Verdiensten gehört es allerdings, dass sie mich so in die mir fremde Wintersdorfer Schule einführte, dass ich dort ohne Berührungsängste lernen konnte, sogar Freunde fand, und dass sie mich später mit unseren russischen Freunden Inga und Erik bekanntmachte; von ihnen wird noch ausführlich die Rede sein.

Ende 1949 nach Belzig zurückgekehrt, fand ich eine nun in einer Dreizimmerwohnung versammelte Großfamilie vor, die sich bemühte, mit der prekären Raumsituation zurechtzukommen. Tante Grete erwartete ein weiteres Kind, meine Cousine Rosel, und so lebten auf engstem Raum fünf Erwachsene und fünf Kinder, darunter zwei Kleinkinder.

Das konnte auf die Dauer nicht gut gehen, und es ging auch nicht gut, trauriges Beispiel dafür, dass das zerstörerische Potenzial des Krieges auch noch Jahre nach dessen Ende fatale mentale und soziale Veränderungen selbst innerhalb zuvor harmonierender Familienverbände bewirken konnte. Das erste Jahr des Zusammenlebens verlief dank des Bemühens aller noch recht harmonisch. Weihnachten 1949 saßen wir gemeinsam vorm Tannenbaum und sangen Weihnachtslieder, man genoss gemeinsam das obligate Heiligabend-Essen (Kartoffelsalat und Würstchen), und ich bekam einen Gummifußball, weshalb ich dieses Weihnachtsfest nicht vergessen habe. Aus Kostengründen sollte ein solcher Ball eigentlich nicht zu den Weihnachtsgeschenken gehören, aber als meine Mutter erfuhr, dass mein Cousin Wolfram einen Lederfußball zu Weihnachten bekommen würde, war ihr klar, dass ich das mental nicht überleben würde. Um dies zu verhindern, kratzte sie das letzte Geld für dieses Spielgerät zusammen, und sie hatte recht getan. Denn als wir Kinder uns unserem Geschenketisch näherten, sah ich nur eines: Da lag ein Fußball, und der würde nicht mir, sondern Wolfram gehören, der ihn wohl nur selten rausrücken würde. Den Tränen nahe wollte ich schon das Zimmer verlassen, als mir plötzlich der besagte Gummifußball entgegenhüpfte, und Weihnachten war gerettet. Wir haben dann natürlich später mit beiden Bällen gespielt, allerdings nicht allzu oft. Denn Wolfram war mehr ein Einzelgänger, ich hingegen hatte mehrere und auch sehr verschiedene Freunde.

Dazu gehörte u. a. der etwas ältere Nachbarsjunge Klaus Greiner, ein ruhiger und zugleich selbstbewusster Knabe, mit dem man gut reden und Schach und Murmel spielen konnte. Meist gewann er und dezimierte meinen Murmelbestand oft recht erheblich, was aber unserer Freundschaft keinen Abbruch tat. Verbindend wirkte vor allem die Begeisterung für den Beruf des Försters und für das Schachspielen. Bei letzterem waren wir zunächst gleichwertig, aber bald überflügelte er mich dank der Hilfe seines ehrgeizigen Vaters, und nach wenigen Monaten musste ich mich als schachmatt erklären und empfahl ihm stärkere Gegner. Die Begeisterung für den Beruf des Försters resultierte aus der intensiven Lektüre von Hermann Löns-Geschichten, von Naturschilderungen bei russischen Schriftstellern wie Iwan Turgenjew und Michail Prischwin, insbesondere aber aus meinen vielen Streifzügen in Wald und Flur, die mehr und mehr nicht nur der Beschaffung von Nahrung dienten, sondern auch einem echten Interesse an Fauna und Flora geschuldet waren. Die eigentlich karge, von Kiefernwäldern und Sandböden geprägte Landschaft des märkischen Fläming faszinierte mich damals durch ihren bemerkenswerten Reichtum an Blumen und Kleintieren, die ich bisweilen ganze Nachmittage beobachtete, Käfer, Eidechsen, Rebhühner und andere Vögel, Kaninchen etc. Als ich zwei Jahrzehnte später, nach langer Abwesenheit, wieder einmal Belzig besuchte, suchte ich vergebens nach dieser Vielfalt; statt Kornblumen, Mohn und Kleingetier erblickte ich eine eintönige, von riesigen Roggenfeldern geprägte Landschaft im Gefolge der staatlich verordneten Kollektivierung der Landwirtschaft, deren Ergebnisse der DDR-Autor Martin Stade in seinen Dorfgeschichten „Der Windsucher" durch Bauern mit folgenden Worten ironisch kommentieren lässt:

> „Willst du bestreiten, dass die Vögel nunmehr umso freier fliegen können. Sie stoßen nirgends mehr an, sie lassen sich auch nirgendwo nieder. Es gibt mehr Übersicht […] da das Auge nicht mehr verweilen muß an solch profanen Dingen wie Baum und Gebüsch und Rebhuhn und Hase […] Ist unser Land somit nicht überschaubarer und übersichtlicher geworden? Man muss über alles eine Übersicht und alles unter Kontrolle haben".

Meine Begeisterung für den Försterberuf ließ schließlich nach; auch hier zeigte mein Freund Klaus größere Zielstrebigkeit; er ist wirklich Förster geworden. Denn mich hatte die Seefahrt gepackt, die Sehnsucht nach anderen Welten, die wissenschaftliche Eroberung der Meere. Diese geistige Neuorientierung resultierte aus der erwähnten Lesewut; ich hatte mich zu einem geradezu manischen Leser entwickelt und nervte nicht selten die Mitarbeiterinnen der Stadtbibliothek, weil ich immer mehr Bücher ausleihen wollte als erlaubt. Zu den bevorzugten Gegenständen dieses Suchtverhaltens gehörten zu Beginn der 1950er Jahre Berichte über berühmte Seefahrer des 18. und 19. Jahrhunderts wie James Cook, Dumont d'Urville, Iwan Krustenstern u. a. Sie erwählte ich für längere Zeit zu Identifikationsfiguren, denen ich fantasievoll nachzueifern suchte. Ausgehend davon studierte ich hingebungsvoll Karten und Atlanten und begann Weltkarten abzuzeichnen; zum bevorzugten Gebiet geriet dabei Südamerika, das ich unzählige Male zu Papier brachte. Darüber hinaus führte diese Lektüre zu einem intensiven und beharrlichen Schnitzen von kleinen Segelschiffen aus Kiefernborke, die ich dann, mit Papiersegeln versehen, auf großen Pfützen, kleinen Teichen und Baggerseen östlich der Stadt in der Nähe des Dorfes Preußnitz zu Wasser brachte, begleitet von imaginären Routenplanungen und Logbucheintragungen. Das war damals kindliches Spiel, ist in seiner Intensität für mich aber noch heute Indiz für das erwähnte Fluchtverhalten, konkretes Ergebnis des Wunsches, aus der sowohl materiell als auch ideologisch bedingten Enge des DDR-Alltags ausbrechen zu wollen, Zeichen einer bereits zu dieser Zeit vorhandenen tief verwurzelten Sehnsucht nach dem ganz Anderen, Ausdruck der mein ganzes Leben prägenden Neugierde auf das Fremde und einer damit verbundenen Reiselust.

Ein dritter, recht gegensätzlicher Berufswunsch ergab sich für kurze Zeit aus meiner Freundschaft mit dem Bäckermeister Horst am Marktplatz. Dessen Sohn gehörte zum Freundeskreis meines Bruders, was dazu führte, dass ich mich öfter in der Bäckerei aufhielt, Brotteig kneten und die Laibe in den Ofen schieben durfte, in der Backstube ganze Nachmittage mit dem gutmütigen Herrn Horst über Gott und die Welt räsonierte. Meine Überlegungen hinsichtlich einer Karriere als Bäckermeister quittierte er stets mit einem verständnisvollen und nachsichtigen Lächeln, wohl wissend, dass diese Begeisterung für seinen Beruf nicht lange anhalten würde.

Was die „Lesewut" betrifft, so habe ich, angeleitet durch den Schulunterricht, natürlich auch einiges aus dem Bereich der empfohlenen neuen sozialistischen Literatur gelesen, Gedichte von Johannes R. Becher, Kurt Barthel (Kuba) und Louis Fürnberg, Prosatexte von Anna Seghers („Das siebte Kreuz"), Bernhard Kellermann („Der Tunnel"), Otto Gotsches Landroman „Tiefe Furchen", Erwin Strittmatters Kinderbuch „Tinko", Eduard Claudius' Aufbau-Roman „Menschen an unserer Seite" u. a. Bei aller Ablehnung der ideologischen Indoktrinierung sind diese Bücher bei mir nicht ohne Wirkung geblieben; das in den Texten von Claudius und Gotsche zelebrierte Aufbau-Pathos beeindruckte mich ebenso wie der Fluchtweg des KZ-Häftlings Georg Heisler in Seghers „Das siebte Kreuz". Solcherart sozialistische Lektüre vermochte aber nicht zu verhindern, dass ich zu dieser Zeit – gleichsam als Gegenpol – auch westliche Groschenheftchen konsumierte. „Jerry Cotton", „Der Texaner" und andere den brutalen american way of life verherrlichende Schundliteratur kursierte trotz aller Restriktionen unter uns Jungen und war so verbreitet, dass sich DDR-Kulturpolitiker veranlasst sahen, eine literarische Gegenoffensive zu starten. Anfang der 1950er Jahre erschienen Groschenhefte sozialistischer Prägung mit spannenden Geschichten, die aber gegenüber den amerikanischen Produkten keine Chance hatten und dann auch bald wieder von der Bildfläche verschwanden. Erfolgreicher war die seit den frühen 1950er

Jahren erschienene Comic-Zeitschrift „Mosaik", die sogar die Wende 1989 überlebt hat. Mein Vater hat die Lektüre der amerikanischen Wildwestliteratur eine Zeit lang stirnrunzelnd geduldet, untersagte sie dann aber kategorisch, was mich aber nicht daran hinderte, die Hefte noch eine Weile heimlich weiterzulesen. Diplomatischer verfuhr mein großer Bruder Klaus, der mir zu meinem elften Geburtstag ein Abonnement der erwähnten DDR-Groschenhefte schenkte. Auch dies zeitigte keinen großen Erfolg, letztlich habe ich mich dann aber relativ rasch selbst vom „Texaner" und anderen Revolverhelden verabschiedet, weil sie mich zunehmend langweilten. An ihre Stelle traten für kurze Zeit Coopers „Lederstrumpf" und die Abenteuerromane von Karl May, die in der DDR offiziell verpönt, aber doch in Vorkriegsausgaben in Umlauf waren. Wie viele Kinder in diesem Alter identifizierte ich mich mit Old Shatterhand, betrauerte nach der Lektüre von „Winnetou III" tränenreich den Tod des Apatschenhäuptlings. Doch auch das fand zugunsten anderer, anspruchsvollerer Texte bald sein Ende, in Bezug auf die Indianer-Thematik waren es schöne, die Perspektive der Indianer berücksichtigende DDR-Jugendromane wie „Blauvogel" oder der sehr informative und einfühlsame Indianerroman „Die Söhne der großen Bärin" von Liselotte Welskopf-Henrich. Darüber hinaus verschlang ich aus der umfangreichen Bibliothek der Familie Kahlert in Potsdam historische Romane wie „Der Löwe von Flandern" des flämischen Schriftstellers Hendrik Conscience, Felix Dahns „Ein Kampf um Rom", Albert Brachvogels Friedemann Bach-Biografie, Reisebeschreibungen von Sven Hedin und auch mehr und mehr Erzählungen aus dem Bereich der klassischen realistischen Literatur, allerdings beschränkt auf den deutschsprachigen und russischen Bereich (Theodor Storm, Gottfried Keller, Ivan Turgenjew, Maxim Gorki, Lew Tolstoi u. a.); französische oder angelsächsische Literatur war uns damals aus ideologischen Gründen kaum zugänglich. In dieser Zeit begann auch meine schriftstellerische Phase mit dem

Abfassen von Gedichten, geschrieben anlässlich von Geburtstagen der Eltern oder Weihnachtsfesten, aber auch nach mich beeindruckenden Naturerlebnissen. Dieses Schreiben von Natur- und Widmungsgedichten währte einige Jahre; im Rahmen angemessener Selbstkritik habe ich sie alle zu Beginn der Pubertät vernichtet.

Mein zweiter wichtiger Freund war Manfred, „Manne", Wagner, mit dem ich bereits seit Schulbeginn im Jahre 1947 die Schulbank drückte. Er wohnte mit seinen Eltern und dem Bruder Bernd ganz in unserer Nähe; auch sie hatten Anfang 1945 fliehen müssen, trauerten ihrer schlesischen Heimat nach; auch sie lebten ähnlich wie wir äußerst beengt in einer kleinen Dreizimmerwohnung mit einer anderen Partei zusammen. Manfreds und meine Eltern hatten sich über uns bei Elternabenden in der Schule kennengelernt, woraus zwischen den Ehepaaren eine enge Freundschaft erwuchs, die auch noch andauerte, als beide Familien nicht mehr in Belzig, sondern in Ostberlin bzw. in Werder bei Potsdam lebten. „Manne" war der beste Schüler in unserer Klasse und zugleich ein ziemlich wilder Bursche, Mitglied einer Bande, die recht viel Unsinn anstellte, z. B. in nicht immer freundlicher Absicht die am Stadtrand befindlichen Kleingärten heimsuchte. Da auch mein lieber Onkel Wilhelm dort einen Garten besaß, fand ich das nicht so lustig und wollte mit diesen Freunden auch nichts zu tun haben. Gleichwohl hockten wir beide oft zusammen, diskutierten als begeisterte Leser Lektüreerfahrungen, spielten miteinander, tauschten Briefmarken und Murmeln u. a. m.

Einen nicht geringen Teil meiner Freizeit nahm damals schon das Fußballspiel ein, wobei das Equipment wechselte: Als Sportplatz fungierte meist die Straße, die Tore wurden mit Steinen oder abgelegten Klamotten markiert, als Fußball dienten leere Blechbüchsen, dann aus Lumpen zusammengenähte ballähnliche Gebilde und in besseren Zeiten echte Bälle. Intensiv verfolgt wurde die Fußball-Szene in der DDR, aber auch in der Bundesrepublik; bis zum Beginn der 1950er Jahre berichteten die Zeitungen auch über die Spiele der westdeutschen Oberligen. Im Sommer ging es fast jeden Nachmittag in die Badeanstalt. Belzig besaß ein für damalige Verhältnisse schönes, großes, gut ausgestattetes Freibad mit Planschbecken, großen Nichtschwimmer- und Schwimmerbecken, einem 5-Meter-Sprungturm, Liegewiesen und Sandstrand. Als Bademeister agierte ein Nachbar, Herr Moritz, der mich auch öfter ohne Eintrittsgeld passieren ließ. Hier traf sich im Sommer die Belziger Jugend aller Altersstufen, spielte, schwatzte, poussierte und lernte nebenbei auch das Schwimmen. Ich habe es mir selbst beigebracht, was meinem Vater sehr imponierte; für die ersten 50 Meter Schwimmen im tiefen Schwimmerbecken erhielt ich von ihm die stolze Summe von 50 Pfennigen. Zwei Jahre später, als wir bereits in Werder an der Havel wohnten, habe ich während eines Ferienaufenthaltes bei Onkel Wilhelm und Tante Gisela in Belzig unter Aufsicht von Herrn Moritz mein Fahrtenschwimmer-Zeugnis erworben, 45 Minuten im 17 Grad kalten Wasser, gemeinsam übrigens mit meinem Vetter Wolfram, dem ich zufällig im Bad begegnete, das letzte Mal für mehr als zwanzig Jahre.

Spätestens Ende 1950 verschlechterte sich die familiäre Situation in der gemeinsamen Wohnung rapide. Aufgrund der Enge kippte das zuvor liebevolle Verhältnis der elterlichen Geschwister, kam es zur Zerstörung der zuvor wunderbar harmonierenden Großfamilie, die emotionale Nähe verwandelte sich im Verlauf der erzwungenen physischen Nähe in ihr Gegenteil, für uns alle eine weitere schreckliche und folgenreiche Nachwirkung des Krieges. Die kleinen Zänkereien und Gemeinheiten nahmen zu, bei der Benutzung des gemeinsamen Wohnzimmers ebenso wie bei der des Bades oder der Küche. Es kam immer öfter zu lauten Streitereien zwischen den Brüdern und tränenreichen Auseinandersetzungen zwischen den Schwestern, unter denen wir Kinder sehr litten;

ich hing sehr an Tante Grete und meine kleine Cousine Margit ebenso an meiner Mutter.

Die Situation entspannte sich auch nicht nach dem Auszug von Onkel Wilhelm, der mit seinen inzwischen 42 Jahren endlich doch noch eine Frau gefunden hatte, die von uns allen sehr geschätzte Tante Gisela. Die Hochzeit der beiden im Juni 1951 war das letzte gemeinsame Familienfest. Das erste Mal nach 1945 und ein letztes Mal im großen Familienkreis feierten wir im besten Belziger Hotel ein Fest, das die Erwachsenen an die Atmosphäre festlicher Tage der Vorkriegszeit erinnerte, das als ein einsamer Nachklang gutbürgerlicher Festkultur inmitten des grauen sozialistischen Alltags im Gedächtnis geblieben ist. Noch einmal saßen die feindlichen Brüder gemeinsam an einer Tafel, sprachen die Schwestern freundlich miteinander. Begleitet von Onkel Oskar Friemel, einem hervorragenden Pianisten, wurden mehrstimmig die alten Lieder gesungen, tanzte man nach den Schlagern der 1920er und frühen 1930er Jahre Charleston, Slow Fox, Tango etc. Doch danach dominierte wieder die harte Wirklichkeit. Nur wenige Wochen später wurde das privat geführte schöne Hotel aus fadenscheinigen Gründen von staatlicher Seite geschlossen und konfisziert; die Eigentümerin entging nur knapp einer Verhaftung durch die Flucht nach Westberlin. Kurz darauf zogen Onkel Max und Tante Grete mit ihren Kindern in eine andere Wohnung. Die beiden Brüder sind sich nie wieder begegnet, die Schwestern haben sich erst knapp 20 Jahre später wiedergetroffen, waren dann aber noch eineinhalb Jahrzehnte einander in alter Zuneigung verbunden.

Als einzige Verwandte verblieben nun Onkel Wilhelm und Tante Gisela, die im Herbst die Geburt ihres ersten Sohnes feierten. An der Tauf-Feier selbst durfte ich nicht teilnehmen, was mich maßlos ärgerte, hoffte ich doch, auf der Feier meine Tischdame von der Hochzeit wiederzusehen, in die ich mich verliebt hatte. Stattdessen musste ich mich um die bei uns zu Gast weilende Oma Busch, die Mutter von Tante Dora kümmern, die das selbst eigentlich gar nicht wollte. Aber meine Mutter meinte, dass sich das so gehöre; sie konnte in solchen Dingen ungemein konventionell und zickig sein. Ich habe ihr diese Anweisung monatelang nicht verziehen; ein Wiedersehen mit meiner ersten Liebe gab es erst knapp 50 Jahre später, bei der Beerdigung von Tante Gisela.

Meine Wut richtete sich übrigens nicht gegen Oma Busch, dafür hatte ich sie und auch Tante Dora viel zu gern. Tante Dora, ihre Mutter und ihre Tochter waren kurz nach Beendigung des Krieges wieder mit unserer Familie zusammengetroffen, und aus der früheren Bekanntschaft entwickelte sich eine ungewöhnlich enge Freundschaft, welche die problematischen verwandtschaftlichen Beziehungen mehr als wettmachte. Tante Dora, ihre Tochter Renate und ihre Mutter bewohnten eine schöne Altbauwohnung, nicht weit entfernt von unserer früheren Potsdamer Wohnung in der Alten Königstraße. Krankheits- und kriegsbedingt bestand diese Familie aus drei Frauen, Oma Busch, Tante Dora und deren Tochter Renate. Tante Doras Mann war zu Beginn des Krieges während einer Operation gestorben, ihr Bruder kurz vor Kriegsende gefallen und ihr Vater aus Gram darüber wenige Monate nach Kriegsende verstorben. So musste sie wie viele Frauen im Nachkriegsdeutschland allein für die Familie sorgen, eine Pflicht, der sie sich mit Bravour unterwarf, auch wenn ihr das sicher nicht immer leicht gefallen ist. Ich habe diese Dora Kahlert als eine beeindruckende Persönlichkeit in Erinnerung, klug, gebildet, großzügig und offen, dazu auch noch attraktiv; mir ist bis heute schleierhaft, warum sie nicht wieder geheiratet hat; Anträge gab es genug. Denjenigen, den sie vielleicht erhört hätte, konnte sie nicht ehelichen, denn es war mein Vater. Beide verband eine tiefe Freundschaft, denn der Vater konnte mit ihr über viele Dinge reden und diskutieren, die meiner intellektuell weniger anspruchsvollen Mutter eher fremd waren, über politische Entwicklungen, kulturelle Ereignisse in Ost- und Westberlin etc. Meine Mutter hat dies gespürt, aber nie eifersüchtig reagiert – mit einer Ausnahme, gegen Ende eines eigentlich harmonischen Familienfestes. Die Gesellschaft befand sich, ein wenig weinselig, in guter Stimmung und mein Vater und Tante Dora erlaubten es sich, ansatzweise miteinander zu schmusen. Meine Mutter hatte gerade den Abschiedskaffee bereitet und kam mit dem Kaffeegeschirr – wir hatten nur eines – sah die beiden, nahm eine Tasse nach der anderen und zerschmetterte sie über den Köpfen der beiden an der Wand – wortlos, was aber völlig reichte. Die Situation war bereinigt, man verabschiedete sich herzlich wie immer, und es wurde nie wieder darüber gesprochen.

Für mich gestalteten sich die Besuche in Potsdam gerade während der Belziger Jahre immer zu einem Festtag. Einmal im Jahr musste ich mich wegen meiner schwachen Augen beim Augenarzt vorstellen. In Ermangelung einer Augenarztpraxis in Belzig führte das zu regelmäßigen Tagesreisen nach Potsdam, also bekam ich schulfrei. Die Bahnfahrten in überfüllten und unpünktlichen Zügen gestalteten sich während der ersten Jahre allerdings recht beschwerlich, weil die Sowjets das zweite Gleis der ursprünglich zweispurigen Hauptstrecke demontiert hatten. Ich erinnere mich an Reisen, während derer Fahrgäste auf Trittbrettern stehend und sich an irgendwelche Haltegriffe klammernd die mehr als eine Stunde währende Fahrt nach Potsdam-Rehbrücke bewältigten. Dort angelangt begaben wir uns zunächst zu Tante Dora und danach durch die völlig zerstörte Potsdamer Innenstadt zu einem angesehenen Augenarzt namens Dohm, der in meinem Fall aber völlig versagte. Obwohl ich auf meinem linken Auge nur 20 Prozent Sehvermögen besitze, verbot er mir aufgrund eines Nystagmus (Augenzittern), eine Brille zu tragen. Das hat mich viele Jahre sehr behindert und u. a. dazu geführt, dass ich in der Schule immer in der ersten Reihe sitzen musste und nie mitbekam, was sich hinter mir im Klassenraum abspielte. Das änderte sich erst nach unserer Flucht in den Westen, wo mir sofort nach der ersten Untersuchung eine Brille verschrieben worden ist. Den Nachmittag verbrachten wir dann in der gediegenen Altbauwohnung der Potsdamer, die für mich eine Fülle von Beschäftigungsmöglichkeiten bereit hielt. Da gab es wunderschönes Spielzeug aus dem Besitz des im Krieg gefallenen Bruders von Tante Dora, u. a. einen aus geschliffenen Sandsteinklötzen bestehenden Baukasten, den ich später als Geschenk erhielt, sowie eine von Tante Doras Vater aufgebaute umfangreiche Bibliothek, aus der mein Bruder und ich nach und nach mit zahlreichen Büchern beschenkt wurden, die zum Teil noch heute in meinem Besitz sind. Das betraf mehrbändige Darstellungen der deutschen Geschichte ebenso wie Reisebeschreibungen sowie verständlich geschriebene und gut bebilderte populärwissenschaftliche Schriften zur Naturkunde, z. B. die während der ersten drei Jahrzehnte des vergangenen Jahrhunderts in Stuttgart erschienene Kosmos-Reihe der Gesellschaft der Naturfreunde.

Andere Fahrten nach Potsdam galten Familienfeiern, bei denen meine Eltern mit Verwandten und Freunden der Familie Kahlert zusammenkamen. Hier gab es dann auch offene politische Diskussionen, die mein Vater in Belzig so vermisste, Gespräche über den desolaten Zustand der DDR-Wirtschaft, über die in Potsdam ja besonders bemerkbare, auch nach der russischen Blockade Berlins (1948) weitergehende Abschottung Westberlins durch die DDR-Behörden, über die damit verbundenen Schikanen (Kappung der Elektrizitätsversorgung, extreme Verknappung von Lebensmitteln und Heizmaterial etc.). Intensiv und kontrovers wurde die im Oktober 1949 erfolgte Gründung des Staates Deutsche Demokratische Republik erörtert, die nach Ansicht meines Vaters die deutsche Teilung endgültig besiegelte, obwohl die von Johannes R. Becher gedichtete Nationalhymne eigentlich das Gegenteil behauptete („Auferstanden aus Ruinen / und der Zukunft zugewandt, / laß uns dir zum Guten dienen, / Deutschland, einig Vaterland"). Beliebter Gegenstand intensiver Exegese und Erörterung waren vorsichtig Kritik übende Presseorgane der DDR wie die Zeitung „Frischer Wind“ oder die Satirezeitschrift „Ulenspiegel“, die akribisch nach systemkritischen Passagen durchforstet wurden. All diese politisch interessierten Menschen lebten in einer merkwürdigen mentalen Spannung, materiell gebunden an den sozialistischen Staat, den sie auch nicht verlassen wollten, und ideell ausgerichtet auf den Westen und auf die diesen gesellschaftlich prägenden Prinzipien der freien Wahl, der freien Meinungsäußerung etc., begleitet von der Hoffnung auf liberale Reformen; den während solcher Diskussionen wiederkehrenden Satz „wenn's mal anders kommt, dann …“ habe ich noch heute im Gedächtnis.

Im Belziger Alltag existierte ein solcher Austausch nur mit dem befreundeten Ehepaar Wagner. Da wir den Wahrheitsgehalt des DDR-Rundfunks und sozialistischer Presseorgane wie „Märkische Volksstimme“ und „Neues Deutschland“ zu Recht anzweifelten, blieb als wichtige Informationsquelle und Diskussionsgrundlage bereits um diese Zeit der „Rundfunk im amerikanischen Sektor“ (RIAS Berlin). Wir hörten regelmäßig dessen Kindersendungen („Die Sonntagskinder aus Berlin“), Nachrichten, Berichte und Kommentare, u. a. Egon Bahrs „Bericht aus Bonn“, seinen sonoren Ton habe ich ebenso noch heute im Ohr wie den pathetischen Ausruf des Westberliner Regierenden Bürgermeisters Ernst Reuter: „Völker dieser Welt! Schaut auf diese Stadt!“. Als ein „Muss“ galt die seit Weihnachten 1948 einmal im Monat ausgestrahlte Kabarettsendung der von Günter Neumann geleiteten Berliner „Insulaner“, mit Walter Gross als SED-„Funzionär“ und Bruno Fritz mit seinen „Pollowetzer“-Telefonaten, mit den das Westberliner Leben kommentierenden Klatschdamen Agnes Windeck und Tatjana Sais, mit dem ostdeutschen Parteijargon persiflierenden Joe Furtner (Professor Quatschnie) u. a. Die „Insulaner“ erfreuten sich in Berlin und in der DDR großer Beliebtheit, beackerten in Wort und Lied kritisch, bisweilen polemisch-propagandistisch die Zustände in der DDR, vermittelten darüber hinaus aber auch wertvolle Informationen über das schwierige und angstbesetzte „insulare" Leben der Westberliner („Seh'n Se, das ist Berlin – eine Stadt, die sich gewaschen hat"), nicht selten verbunden mit Melancholie, aber auch mit beißendem Spott über die Provinzialität der ehemaligen Reichshauptstadt, über die negativen Begleiterscheinungen des Wirtschaftswunders in der restaurativen Adenauerzeit. In Erinnerung geblieben sind mir neben den DDR-kritischen Chansons auch die wiederkehrenden Klagen der „Insulaner" über Relikte der NS-Ideologie im politischen Leben der Bundesrepublik und über die Weiterbeschäftigung von hohen Nazi-Funktionären im westdeutschen Beamtenapparat. Sie haben mich spätestens seit Beginn der Pubertät gelehrt, einige Aspekte der DDR-Propaganda differenzierter zu sehen: Wenn nicht nur das „Neue Deutschland" als Sprachrohr der SED, sondern auch ein Westberliner Kabarett regelmäßig auf solche Missstände aufmerksam machte, dann musste man einige Aspekte der DDR-Berichterstattung vielleicht doch ernst nehmen.

Unsere Wohnsituation verbesserte sich nach dem Auszug der Verwandten nur unwesentlich. Da Wohnraum in Belzig auch 1951 weiterhin knapp war, wies man uns wieder Mitbewohner zu, zwei ältere Schwestern, mit denen es dann prompt wieder Zoff wegen irgendwelcher Probleme in der gemeinsamen Küche gab. Das führte zu einem schweren Nervenzusammenbruch meiner Mutter, der mich zutiefst erschreckte, weil er alte Trennungsängste wieder aufleben ließ. Sie lief laut weinend und schreiend durch die Wohnung, mit der wiederholten Ankündigung, dass sie nun ganz weit weg gehen würde. In meiner Not rannte ich zu der erwähnten Mutter meines Freundes Manne, die dann einen Arzt rief, der sie mit Medikamenten beruhigte. Gravierende Probleme bereitete zwischenzeitlich auch mein Bruder Klaus, der 1951 fast von der Oberschule geflogen wäre, nicht wegen mangelnder Leistungen, sondern wegen ungebührlichen Verhaltens. Begleitet von einem hohen Lärmpegel hatte er gemeinsam mit Freunden versucht, einer Schulkameradin einen Besuch abzustatten, und zwar in einer Form, die man in Bayern als „Fensterln" bezeichnet, hier aber alles andere als geräuschlos verlief. Was heute wohl eher als Dummejungenstreich pubertierender Knaben gewertet würde, wuchs sich damals zu einer Affäre aus, welche die Schule und natürlich auch meine Eltern wochenlang beschäftigte. Allein den unermüdlichen und engagierten Bemühungen meines Vaters hatte es Klaus zu verdanken, dass er mit einem Verweis davonkam und nicht als Lehrling in die Produktion geschickt wurde. Aus heutiger Sicht sind solcherart Eskapaden verständlicher als damals, erklärbar aus pubertären Anwandlungen, vor allem aber auch aus Erfahrungen während der problematischen Jugendzeit. Ich glaube, dass mein 1936 geborener Bruder in diesen frühen 1950er Jahren in viel stärkerem Maße als ich durch die Folgen der widrigen Umstände der Kriegs- und Nachkriegszeit geprägt war, mehr als ich an den Entbehrungen und Demütigungen gelitten, sich in seiner Pubertät mental oft sehr allein gefühlt hat. Aufgrund des ständigen Existenzkampfes fehlte den Eltern während dieser Jahre die Zeit und vielleicht deshalb auch die erforderliche Sensibilität, sich um komplizierte psychische Probleme ihrer sich der Pubertät nähernden Söhne zu kümmern; wir sollten funktionieren, in der Schule ebenso wie im Alltag. Dazu kamen die weiterhin von Enge und permanenten Spannungen geprägte Wohnsituation sowie die in manchen Situationen immer noch demütigende Armut. So hatte Klaus 1950 anlässlich der gemeinsamen Konfirmation von seinem besten Freund einen schönen Freundschaftsring als Geschenk erhalten, den er dann auf Anweisung meiner ehrpusseligen Mutter zurückgeben musste, weil wir uns ein adäquates Gegengeschenk nicht leisten konnten. Man kann sich ausmalen, was das in der Seele eines knapp vierzehnjährigen Jungen angerichtet hat.

Glücklicherweise bahnten sich dann aber gegen Ende des Jahres 1951 positivere Entwicklungen an. Die DDR brauchte dringend qualifizierte Berufsschullehrer, insbesondere im Bereich der technischen Berufsausbildung. Mein Vater, der ja trotz seines Ingenieurdiploms immer noch als einfacher Dreher arbeitete, weil er nicht in die SED eintreten wollte, erhielt plötzlich das Angebot, als Berufsschullehrer zu arbeiten. Voraussetzung dafür war eine kurze, aber intensive pädagogische Ausbildung im Rahmen eines Fernstudiums, abzuschließen mit zwei Lehrerprüfungen. Der nun inzwischen 51-jähriger Vater stellte sich auch dieser Herausforderung, paukte nach einem elfstündigen Arbeitstag mithilfe meiner Mutter jeden Abend und jedes Wochenende und bestand ein Jahr später auch beide Prüfungen. Als erster Arbeitsort wurde ihm die in der Belziger Burg Eisenhardt angesiedelte Berufsschule zugewiesen. Doch auch hier – nomen est omen – zeigte sich das politische Umfeld nach kurzer Zeit wieder als „eisenhart". Er begann seine Tätigkeit mit viel Freude und großem Engagement, so groß, dass die Leiterin der Schule, eine überzeugte Kommunistin und fanatische Parteifunktionärin der SED, auf ihn aufmerksam wurde. Bereits nach kurzer Tätigkeit als Lehrer wollte sie ihn offenkundig auf höhere Aufgaben vorbereiten, bestand aber in ziemlich aggressiver Weise auf einer Mitgliedschaft in der SED. Wie vier Jahre zuvor zeichnete sich nun wieder die Gefahr ab, dass ein beruflicher Neuanfang aus politischen Gründen scheitern könnte. Als Rettung aus höchster Not erwies sich schließlich der Rat eines Kollegen: Der einzige Weg, den politischen, vielleicht auch den persönlichen Nachstellungen der Direktorin zu entgehen, sei die Mitgliedschaft in einer der sogenannten Blockparteien CDU, LDPD und NDPD, mit deren Hilfe sich die DDR als (Schein-) Demokratie präsentierte, die aber doch nur als verdecktes Sprachrohr der SED agierten. Mein Vater entschied sich für letztere, also für die National-Demokratische Partei Deutschlands, die als Sammelbecken der ehemaligen Nationalsozialisten und Angehörigen der Wehrmacht galt. Der Schachzug bescherte die erhoffte Wirkung, doch da das Verhältnis zur Schulleitung weiterhin gespannt blieb, wechselte mein Vater nach nur wenigen Monaten die Stelle und ging ins benachbarte Beelitz, wo er im dortigen Schulleiter einen verständnisvollen Kollegen und Freund fand.

Zu spüren bekamen wir den verstärkten politischen Druck auch im Alltagsleben. Im Jahre 1952 zeigten sich die wirtschaftlichen und sozialen Probleme der DDR immer offener, das gesellschaftliche Klima wurde rauer, die in Presse und Rundfunk, aber auch in der Schule betriebene Propaganda aggressiver. Das betraf das massiv betriebene Werben für ein Volksbegehren zur Wiederherstellung der deutschen Einheit nach Stalins Vorstellungen, in dessen Rahmen die später vom RIAS-Berlin frequentierte Floskel von den „Brüdern und Schwestern" im östlichen Teil Deutschlands verwendet wurde, es betraf die überschwengliche Feierei des „Helden der Arbeit" Adolf Henneke, der sein Bergarbeitersoll um fast 400% übererfüllt hatte – Legitimation für eine noch stärkere Ausbeutung der Arbeiter in den folgenden Jahren, es betraf Gedenkstunden anlässlich von Lenins Geburtstag am 24. April u. a. Die wenigen selbstständigen Betriebe erfuhren zunehmend demütigende Schikanen, die Bauern wurden unter massiven Druck in die Landwirtschaftlichen Produktionsgenossenschaften (LPG) gedrängt, die Arbeiter im Rahmen von Normerhöhungen zu höheren Arbeitsleistungen getrieben, die Mängel „Diversanten", „Boykotthetzern" und „Saboteuren" zugeschrieben. Aufgrund der auch uns immer wieder betreffenden Versorgungskrisen waren die meisten Lebensmittel im Gegensatz zum Westen weiterhin rationiert, dokumentiert durch die immer noch existierenden Lebensmittelkarten. Als Ausdruck der wachsenden Unzufriedenheit kursierten zahlreiche Witze und Spottlieder über die Lebensmittelläden von Konsum und Handelsorganisation (HO), wie z. B. das an einen damals populären Schlager anknüpfende „Tschio, tschio, tschio, tscho – Käse gibt's in der HO, lange muss man stehn, wenn du dran bist kriegste keen". Zugleich forcierte die DDR-Regierung die Abgrenzung zum kapitalistischen Westen, auch in der Schule, wo vermehrt ideologisch bestens getrimmte Junglehrer die weltanschauliche Diskussion bestimmten, mit dem Ergebnis, dass die Auseinandersetzung mit der Kirche mehr und mehr zum Kirchenkampf geriet. Der Religionsunterricht gehörte schon lange nicht mehr zum Schulunterricht und fand in Räumen der Kirche statt, betreut vor allem von dem erwähnten Kantor Stumpfe, argwöhnisch beobachtet von der Polizei, die bei Partei und Staatssicherheit regelmäßig darüber berichtete. Heimlich überwacht wurden auch bereits damals die Sonntagspredigten. Die z. T. kleinlichen restriktiven Maßnahmen gegen die Kirche nahmen ständig zu, beispielhaft demonstriert u. a. im Verbot des öffentlichen Posaunenblasens. Es gehörte zur Belziger Weihnachts-Tradition, dass der Posaunenchor der Kirchengemeinde vor und nach der weihnachtlichen Christvesper die Gottesdienstbesucher vom Turm der Kirche mit dem Klang von Weihnachtsliedern begrüßte und verabschiedete. Das wertete die sozialistische Obrigkeit als Lärmbelästigung und untersagte es schließlich aus fadenscheinigen Gründen.

Eine zunehmende weltanschauliche und politische Indoktrinierung erfuhren wir auch in Schule und Jugendarbeit, befördert vor allem seit dem Sommer 1951 durch unsere ideologisch perfekt agierende neue Klassenlehrerin Fräulein Katzenberger. Im Deutsch- und Geschichtsunterricht erhielten Aspekte des Klassenkampfes noch mehr Gewicht, im Geografie-Unterricht waren es die Sowjetunion und die heldenhaften Bemühungen ihrer Bewohner, die Natur der sozialistischen Gesellschaft untertan zu machen, z. B. beim Bau des Wolga-Don-Kanals, bei der Bewässerung der kasachischen Wüste zum Zwecke des Baumwollanbaus u. a. m. Letzteres hat dann ja auch zur Austrocknung des Aral-Sees und zur Versalzung der kasachischen

Steppe geführt. Einen Höhepunkt erreichte das Ganze im Sommer 1951. Für den August dieses Jahres hatte die DDR zu den Weltjugendspielen nach Berlin eingeladen, also zu einer für die Außendarstellung der noch jungen DDR ungemein wichtigen Veranstaltung. Dafür wurde intensiv geworben, mit Wandzeitungen, Referaten, Slogans und Liedern, die ich noch heute im Kopf habe, wie z. B. Verse des Begrüßungsliedes:

> „Lasst heiße Tage im Sommer sein, im August, im August blühn die Rosen. / Die Jugend der Welt kehrt zu Gast bei uns ein … / Und es singt die Ukraine ein blühendes Lied und Jungafrika lacht in der Sonne, / das siegreiche China, und Stalin und Pieck und die Warschauer Maurerkolonne …".

In diesem Umfeld vermochte ich nicht mehr, die Mitgliedschaft bei den Jungen Pionieren hinauszuzögern; ich gehörte schließlich zu den Letzten im Klassenverband, die sich das blaue Halstuch umbinden durften. Beim Aufnahmeritual kam es noch zu einer Verzögerung, weil mich ein Mitschüler, ausgerechnet ein Sohn von Bekannten meiner Eltern, kritischer Äußerungen gegenüber dem sozialistischen Staat bezichtigte. Das wurde rasch als Wichtigtuerei, die es wohl auch war, abgetan, hätte aber auch böse Folgen haben können. In guter Erinnerung habe ich Schulausflüge, auch längerer Art. So besuchte die Klasse 1952 für eine Woche die Stadt Tangermünde an der Elbe. Die Lehrer informierten uns kenntnisreich über die Geschichte dieser bedeutenden mittelalterlichen Stadt, lasen mit uns begleitend Fontanes in Tangermünde spielende Novelle „Grete Minde", wir wanderten, badeten in der Elbe u. a. m.

An eigene bemerkenswerte Aktivitäten im Bereich der Belziger Pionierorganisation kann ich mich kaum erinnern, wohl aber an einen dreiwöchigen Aufenthalt in einem Sommerlager der Pioniere in

Prebelow bei Rheinsberg nördlich von Berlin. Mein Bruder Klaus war als FDJ-Mitglied dorthin beordert worden, um bei der Organisation zu helfen. In dieser Eigenschaft besorgte er mir einen Platz im Camp, als dessen „werktätiger Pate“ das Hüttenwerk Hennigsdorf bei Berlin fungierte. Das Ferienlager bestand aus drei sogenannten „Lagerfreundschaften“, deren Namen, ganz auf den Sponsor bezogen, „Stahlwerk“, „Walzwerk“ und „Gießerei“ lauteten. Ich gehörte zum „Stahlwerk“. Wir lebten zu zehnt in einfachen Zelten, schliefen auf Strohsäcken, verbrachten die Ferientage mit sportlichen Aktivitäten, Wanderungen, politischer Indoktrination, mit Singen, Musizieren, Lesen u. a. Die Indoktrination zeigte sich u. a. in einer verstärkten Werbung für die damals im Aufbau befindliche Nationale Volksarmee. Der uns zu Beginn betreuende, sehr beliebte Jugendleiter eröffnete dem „Zelt-Kollektiv“ eines Tages, dass er das Camp vorzeitig verlassen würde, um zur „Kasernierten Volkspolizei“, der Vorstufe zur späteren „Nationalen Volksarmee“, zu gehen, begleitet von emphatischen Ausführungen über die Notwendigkeit eines Abwehrkampfes gegen den Kapitalismus und Imperialismus amerikanischer und westdeutscher Provenienz. Im Gegensatz zu den in Schule und Pionierversammlungen zu diesem Thema verkündeten Parolen sprach hier ein gläubiger, zutiefst von der Notwendigkeit eines solchen Abwehrkampfes überzeugter junger Mann begeistert und begeisternd über seine neue Aufgabe, was uns, da wir ihn sehr mochten, durchaus beeindruckte. Der verbalen Beeinflussung folgten vormilitärisch anmutende Überlebensübungen. Unter Aufsicht eines anderen Jugendleiters zog die Truppe für mehrere Tage in ein unwegsames Gelände in der Nähe eines Sees, baute dort Hütten aus Gras, Laub und Holz, trainierte Überlebensstrategien, unternahm nächtliche Orientierungsmärsche. Zur Begleitung gehörte ein junger, mit einem Kleinkalibergewehr bewaffneter Angehöriger der Kasernierten Volkspolizei. Das Schießen mit dem Gewehr war streng verboten, doch aus

Langeweile und Übermut geschah es doch. Da die Bleikugelmunition genau abgezählt war und keine Kugel verlorengehen durfte, schoss unser junger Freund mit kleinen zugespitzten Holzpfeilen – blöderweise auch auf uns und traf mich nur wenige Zentimeter über meinem rechten Auge. Nur ein wenig darunter, und ich wäre fast erblindet, da ich auf meinem linken Auge schon damals nur zu 20 Prozent sehen konnte. Der Unsinn kam raus, mit strenger Maßregelung des Schützen, doch sollte das Ganze unter der Decke gehalten werden. Zu Letzterem gehörte dann auch, dass der „Petzer" von uns unter Aufsicht einer FDJ-Leiterin kontrolliert verprügelt wurde. Darüber hinaus gestaltete sich das Lagerleben durchaus abwechslungsreich: Wandern, Schwimmen, Fußballspielen, Gespräche, Lesen bei schlechtem Wetter (es gab eine gut bestückte Lagerbibliothek), Singen und Musizieren, Volkstanz, Exkursionen, z. B. zum Hüttenwerk Hennigsdorf, wo mich die dortigen Arbeitsabläufe, wie der Stahlguss, tief beeindruckten. Zu den Aufgaben jeder „Lagerfreundschaft" gehörten die Pflege und das Ausschmücken des Areals; vor jedem Zelt musste ein Gärtchen angelegt werden, geschmückt mit Blumen sowie mit aus Steinen zusammengelegten sozialistischen Parolen wie „Dank den Werktätigen in Hennigsdorf", „Vorwärts im Kampf für den Sozialismus" etc. Die beste „Lagerfreundschaft" erhielt nach Ablauf jeder Woche im Rahmen eines großen Appells eine Auszeichnung. So zogen wir am Ende der ersten sieben Tage zum Appellplatz, angeführt von mehreren Fahnenträgern. Aus mir auch heute nicht erfindlichen Gründen hatte man mich zum Träger einer großen deutschen Fahne ausersehen, damals nur schwarz-rot-gold, noch ohne das Hammer-Zirkel-Ährenkranz-Emblem. Die Fahne lastete schwer auf meinen schmächtigen Schultern, aufgrund ihrer Schwere trug ich sie wie ein geprügelter Hund, mit dem Ergebnis, dass das Fahnentuch immer wieder den Boden streifte und staubig wurde. Das führte zu mehrfachen Ermahnungen des Gruppenleiters, sie doch endlich so hoch zu stemmen, dass sie stolz wehen könne, was mir aber nicht gelang. Schließlich wurde es dem Gruppenleiter zu bunt. Aufgrund der ständigen Bodenberührung warf er mir Schändung der Flagge vor, verbannte mich aus der Gruppe der Fahnenträger und verbot mir, mit den anderen in den Appellplatz einzumarschieren. So stand ich dann ca. 300 Meter vor dem Appellplatz, traurig und allein mit meiner eingestaubten deutschen Fahne, hörte von Weitem die Reden und Gesänge, freute mich aber schließlich doch, als unsere „Lagerfreundschaft" zum ersten Sieger des erwähnten Schönheitswettbewerbs erkoren wurde. Der Rückweg gestaltete sich dann weniger schmerzlich. Ein anderer Gruppenleiter erlöste mich von der Last des Schwarz-Rot-Gold und drückte mir als Ersatz einen kleinen Pionierwimpel in die Hand, den ich dann auch staubfrei zurück ins Lager brachte.

4 Lichtblicke: Leben im real existierenden Sozialismus, Phase II (Werder/Havel, Potsdam 1953–1958)

Nach den Sommerferien des Jahres 1952 zeichneten sich gravierende Änderungen für unsere Familie ab. Mit Beginn des Schuljahres 1952/53 erhielt mein Vater die Berufung auf die Direktorenstelle einer kleinen Berufsschule in Werder an der Havel, Auftakt einer für uns alle wunderschönen, leider nur fünf Jahre währenden Lebensphase. Werder, einer der sonnenreichsten Orte Deutschlands, in der Nähe von Potsdam gelegen, landschaftlich geprägt durch den hier sehr breiten Havelfluss und große Seen wie den Schwielowsee, den Glindower See, den Plessower See und den Zernsee, ist im Gegensatz zu Belzig von Theodor Fontane in seinen „Wanderungen durch die Mark Brandenburg" ausführlich beschrieben worden, recht kritisch, was Bewohner und Architektur betrifft, lobend als landschaftliche Oase inmitten der Havelseen und als die Großstädte Potsdam und Berlin mit Obst und Gemüse versorgende „Garteninsel". Als Ort freier Luft, schöner Landschaft und unvergesslicher Kinderfreuden beschreibt auch Goethes enger Freund Carl Friedrich Zelter diese Landschaft; sein Vater besaß in Petzow, einem Ortsteil von Werder, zwei Ziegeleien. Als solch kleines Arkadien begegnete uns die Stadt auch 1953, größer und vor allem wohlhabender als das von Fontane nicht einmal erwähnte Belzig, Zentrum des Obstanbaus in der DDR, dem die Stadt auch ihren Wohlstand verdankte. Die damals noch selbständigen Obstbauern erwirtschafteten so viel Einkommen, dass Werder zu Beginn der fünfziger Jahre als Ort mit den meisten Fernsehgeräten in der DDR galt. Die Altstadt befindet sich auf einer großen Havelinsel, der weitaus größere Teil der Stadt am westlichen Havelufer.

Durch seine Nähe zu Potsdam und Berlin erlebten wir diesen neuen Wohnsitz als weniger provinziell geprägt, mental offener, weniger staatstreu. Letzteres zeigte sich u. a. auch daran, dass mein Vater in viel geringerem Maße ideologischen Repressionen ausgesetzt war als in Belzig, obwohl er als Schulleiter eine relativ hohe gesellschaftliche Position bekleidete. Was das Verhältnis der Bevölkerung zum sozialistischen Staat angeht, so befand sich die Stadt bei unserer Ankunft allerdings noch in einer Art Schockstarre. Kurz zuvor war eine Gruppe von Jugendlichen aufgeflogen, die einen am Westen orientierten Systemwechsel in der DDR herbeiführen wollte, ein Beleg dafür, dass sich bereits in den Monaten vor dem Aufstand des 17. Juni in der DDR gerade auch unter Jugendlichen in der Provinz gesellschaftliches Unbehagen verbreitete und ein daraus resultierender Reformwille zu in den Augen der Staatsmacht verbrecherischen Diskussionen führte. Die Bestrafung erfolgte nicht durch die DDR-Justiz, sondern durch die Sowjets, und zwar brutal und gnadenlos: Sieben von ihnen sind in der Lubljanka, dem berüchtigten Geheimdienstgefängnis in Moskau, erschossen worden, die übrigen erhielten langjährige Haftstrafen. In ihrer ganzen Bedrohlichkeit zeigte sich diese Präsenz und Dominanz des Sowjetstaates dann nur wenige Wochen nach unserer Übersiedlung nach Werder. Der Aufstand des 17. Juni fand dort wenig Resonanz, sicher auch aufgrund der genannten Inhaftierung der Jugendlichen. Aber er bewegte uns natürlich in ungeheurem Maße, nicht zuletzt auch deshalb, weil der RIAS Berlin ausführlich über die Aufstände in der gesamten DDR informierte. Wer in diesem Staat das Sagen hatte, demonstrierten einmal mehr die sowjetischen Behörden – nicht die der DDR – wenige Stunden nach dem Eingreifen ihrer Truppen in Berlin auch in Werder in Gestalt von überall in russischer und deutscher Sprache formulierten Bekanntmachungen bzgl. Ausgangssperre, rigoroser Strafandrohung etc. In Werder war die Sowjetarmee noch stärker als in Belzig präsent; ganze Stadtteile in der Bahnhofsgegend und am Flugplatz sowie die vom Stadtkern zum zwei km entfernten Bahnhof führende Hauptstraße waren bis Mitte der fünfziger Jahre für Deutsche gesperrt.

Denken und Handeln während der ersten Monate des Jahres 1953 galten also der Wohnungssuche und Umzugsvorbereitungen, begleitet von freudevoller, aber auch etwas unruhiger Erwartung des Kommenden. Mein Bruder und ich blickten gespannt auf den neuen Lebensbereich, auf neue Schulen, neue Freunde etc. Mental gefesselt hat uns in diesen letzten Belziger Wochen aber auch noch ein anderes Ereignis: Stalins Tod am 5. März 1953. Die Tage davor hing die Familie ständig an unserem primitiven Radio und hörten den Westberliner Sender RIAS, unsere wichtigste Informationsquelle. Das von meinem geschickten Vater aus alten Bestandteilen gebaute, aus voneinander getrenntem Empfangsgerät und vorsintflutlich wirkendem Lautsprecher bestehende Gerät funktionierte gut und garantierte trotz der ostdeutschen und russischen Störsender einen passablen Empfang der Westsender; wir haben es bis zu unserer Flucht in den Westen im Jahre 1958 benutzt. Als sich der Tod Stalins abzeichnete und dann auch eintrat, brach in der Familie große Freude aus, während offiziell natürlich pompös getrauert wurde. Wir mussten in der Schule antreten und uns von unserer linientreuen Klassenlehrerin eine ellenlange Eloge auf den verstorbenen Vater aller Werktätigen anhören. Abschließend sollte es einen Trauerzug durch Belzig geben, an dem zunächst jedoch nur die Schüler teilnehmen durften, die mit dem blauen Pioniertuch zur Schule gekommen waren. Ich gehörte nicht dazu und freute mich bereits auf einen schulfreien Tag, leider aber zu früh. Die Zahl der Halstuchträger erwies sich als so gering, dass alle Schüler zum Mitlatschen beordert wurden, begafft von nicht sehr vielen Belziger Bürgern, denen die Trauer nicht gerade ins Gesicht geschrieben war.

Im April 1953 bezogen wir unsere Wohnung in Werder, die ersten komfortablen eigenen vier Wände nach dem Krieg, eine Behausung endlich ohne Ziegen- und Karnickelställe, ohne Zwang zum Gras rupfen etc. Ebenso wie die von meinem Vater geleitete kleine, im 1778 erbauten Alten Rathaus angesiedelte Betriebsberufsschule des Schaltgerätewerkes Werder befand sich unsere Wohnung in der Lindenstraße auf der Insel, in der Nähe des großen Marktplatzes. Endlich besaßen wir den Raum und den Komfort, den wir so lange vermisst hatten, im Zentrum der Altstadt, mit netten Nachbarn, von denen einige zu echten Freunden meiner Eltern wurden. Doch just am Tag unseres Einzugs legte sich auf diese Nachbarschaft noch einmal der Schatten des Krieges, im Nebenhaus hatte sich ein Nachbar das Leben genommen. Er und seine Frau, die später zu den besten Freunden unsere Familie gehörte, waren genau acht Jahre nach Kriegsende darüber informiert worden, dass ihr einziges Kind diesen Krieg nicht überlebt hatte – eine Nachricht, die der Vater nicht ertragen konnte. Für uns begann mit dem Einzug ein schöner Lebensabschnitt, auch wenn das Wohnen in der Lindenstraße nach und nach konfliktreicher wurde, weil das unter uns wohnende kleinliche und zänkische Wirtsehepaar schon bald mit ständiger Nörgelei und Beschwerden nervte. Eine Erfahrung, die, wie wir später erfuhren, auch andere Vormietern gemacht hatten, unser positives Lebensgefühl aber kaum beeinträchtigte.

Trotz der eminent verbesserten Lebensverhältnisse quälte mich während der ersten Monate starkes Heimweh nach Belzig, schließlich hatte ich ja dort einen wichtigen Teil meiner Kindheit verlebt. Das änderte sich aber bald, weil ich durch Schule und Nachbarschaft rasch neue und andere Freunde fand, kreativ denkende Jungen und auch einige Mädchen, die mit originellen Ideen überraschten und diese auch praktisch umzusetzen wussten. So erinnere ich mich an eine Art „Theater-AG", in deren Rahmen wir uns ganz allein ein Stück ausdachten, wochenlang probten und es dann in einem festlich geschmückten Hinterhof vor Eltern und anderen wohlgesinnten Erwachsenen aufführten. Integrierend wirkten auch hier die sportlichen Betätigungen, insbesondere natürlich das Fußballspielen. Als Fußballfeld diente ein von Trümmern gesäuberter kleiner Platz, als Tor eine Kreide-Markierung auf einer Brandmauer. Wir gründeten einen Verein, besorgten uns Trikots und brachten unsere Mütter dazu, eines der damals gängigen Vereinsembleme auf die Hemden zu nähen; wenn ich mich recht erinnere, war es das Traktoremblem, das eigentlich nur die offiziell zugelassenen Sportgemeinschaften aus der ländlichen Produktion verwenden durften. Und so wurden wir bei unserem ersten Auftreten als „Traktor Werder" auch sofort zurückgepfiffen, mussten unsere mit Stolz getragenen Trikots wieder ausziehen, was aber das „Vereinsleben" nicht weiter beeinträchtigte. Meine „Integration" verlief also rasch und erfolgreich. Aus mir bis heute nicht verständlichen Gründen erhielt ich den Spitznamen „Jumbo", der eigentlich weder meinem damals eher schmächtigen Körperbau noch irgendwelchen geistig-seelischen Besonderheiten entsprach. Gleichwohl bin ich ihn während unserer Werderaner Zeit nie losgeworden. Der im Rahmen und Verlauf der genannten Aktivitäten erfolgte Austausch mit Gleichgesinnten hat mir ungemein gutgetan, mich offener, fröhlicher, frei gemacht von meinen durch exzessive Lektüre beförderten Fluchten in imaginäre Welten.

Im Gegensatz zu Belzig erwies sich Werder für die ganze Familie in vielerlei Hinsicht als ein attraktiver Wohnort. Geprägt durch die Havel und ihre Seen, durch die sie umgebenden Hügel und durch die weiträumig angelegten Obstplantagen gehört das Gebiet zu den schönsten Landschaften Ostdeutschlands, insbesondere während der Baumblüte im Frühling. Mein Vater konnte während der Sommermonate mithilfe geliehener Fischerkähne seiner Leidenschaft, dem Angeln, frönen, was uns so viele Fische bescherte, dass ich jahrelang kein Fischgericht mehr anrührte. Die Nähe zu Potsdam und Westberlin wirkte sich wohltuend auf das geistige und kulturelle Klima aus. Im Gegensatz zu Fontanes negativer Charakterisierung als verschlossen, fremdenfeindlich und hartherzig erwiesen sich die Werderaner bzw. die „Werderschen" als freundliche, zugängliche und hilfsbereite Zeitgenossen. Die Eltern fanden Gesprächspartner und Freunde, mit denen sie sich anspruchsvoll und vertrauensvoll unterhalten, mit denen sie feiern und auch schwierige persönliche Probleme besprechen konnten. Westlicher Einfluss zeigte sich u. a. in einigen damals noch privat betriebenen Gaststätten, insbesondere im damals überaus erfolgreichen Tanzlokal Gloth. Das auf der Insel, ganz in der Nähe unserer Wohnung befindliche Etablissement erfreute sich dank guter Kapellen, einer gläsernen Tanzfläche und eines schönen Biergartens großer Beliebtheit; sein Besitzer demonstrierte seinen Erfolg gern, indem er in einem großen Ami-Schlitten durch die Stadt fuhr, nicht gerade zur Freude linientreuer DDR-Bewohner, die dann später auch dafür sorgten, dass dieses Relikt kapitalistischen Wirtschaftsdenkens aus dem Stadtbild verschwand. Belebt wurde das Stadtgeschehen bereits damals durch einen florierenden Ausflugstourismus. Ganze Flotten von Ausflugsdampfern aus Potsdam und Berlin brachten im Frühjahr und im Sommer große Besucherscharen nach Werder. Ihren Höhepunkt erreichte die Besucherinvasion während der alljährlichen im April stattfindenden Festivitäten zur Baumblüte. Diese gehörten spätestens seit Ende des 19. Jahrhunderts zu den markanten „kulturellen" Events in Werder. Berühmt waren die wunderschön auf Hügeln über der Havel gelegenen Gaststätten Bismarckhöhe und Friedrichshöhe, berüchtigt die neben der zur Friedrichshöhe führenden Treppe befindliche Sandrutsche, auf der die Volltrunkenen zu Tal gerollt wurden. Diese Maßnahme verdankte sich einer tückischen Eigenschaft des Werderaner Obstweins, der – in zu starkem Maße genossen – den Trinkern das Gehen unmöglich machte, auch wenn sie der Ansicht waren, das Stadium der Volltrunkenheit noch lange nicht erreicht zu haben. Am Ende der Sandrutsche angekommen, wurden die hilflosen Opfer des Obstweins zum Bahnhof gekarrt. Vor dem Krieg stand nach Auskunft meines damals bei der Reichsbahn beschäftigten Vaters dort ein mit Stroh ausgelegter Güterwaggon bereit, mit dem man die Betrunkenen, egal, woher sie auch kamen, zwecks Ausnüchterung zu einem Bahnhof nach Berlin transportierte. Die in unmittelbarer Nähe des „Galgenbergs", also der ehemaligen Richtstätte gelegene „Bismarckhöhe" ist übrigens von literarhistorischem Interesse: Hier sind im Sommer 1897 die berühmten „Galgenlieder" des Dichters Christian Morgenstern entstanden. Die zwei genannten Gaststätten befanden sich anfangs der 1950er Jahre noch im Besitz der Sowjetarmee, ab Mitte der 1950er Jahre stand die Friedrichshöhe wieder für Festivitäten deutscher Gäste zur Verfügung. Solcherlei Einschränkungen durch die „Freunde" taten dem fröhlichen Treiben jedoch keinen Abbruch; ganz Werder füllte sich an den Wochenenden im April mit froh gestimmten, singenden und musizierenden Menschen. Chöre, Blaskapellen, Jazzbands aus Potsdam und Berlin entströmten bereits am frühen Vormittag den Dampfern der „Weißen Flotte". In den Lokalen gab es abends Tanzmusik, auch westliche „Hottmusik", welche die tanzenden Jugendlichen trotz restriktiver Vorgaben der Obrigkeit immer wieder lautstark einforderten. Für die Stadt bildeten diese Wochen einen enorm wichtigen Wirtschaftsfaktor. Das betraf zunächst die Gaststätten, vor allem aber die zu dieser Zeit noch privat wirtschaftenden Obstbauern, die an zahlreichen Ständen Obst, aber auch den erwähnten Obstwein verkauften. Daraus ergab sich für uns Jungen eine ertragreiche Einnahmequelle. Spätestens am frühen Nachmittag zeigten sich nämlich die Wirkungen des Weinkonsums auch im Stadtbild. Die zuvor so unbeschwerte, fröhliche Stimmung kippte ins Aggressive, Gesang vermischte sich mehr und mehr mit Gegröhle, leere Weinflaschen säumten zu Hunderten die Ränder der Straßen. Für uns nahte dann der Zeitpunkt des Profits: Bewaffnet mit Körben und Taschen befreiten wir die Stadt von diesen pfandpflichtigen Relikten weinseliger Fröhlichkeit, was unser karg bemessenes Taschengeld erheblich bereicherte.

Mein bester Freund wurde sehr bald Joachim Schröder – eine Freundschaft, die trotz der Trennung nach der Flucht unserer Familie in den Westen im Jahre 1958 ein Leben lang gehalten hat, bis zu seinem frühen Tod im Jahre 1991. Achim ist mein erster echter Freund gewesen, ein wahrhaft treuer Kumpel, mit dem man alles, auch die intimsten Dinge besprechen und diskutieren konnte, auf den man sich hundertprozentig verlassen konnte, der auch nach unserer politisch erzwungenen Flucht in den Westen den Kontakt zu mir nicht abreißen ließ. Er war der einzige, der mich nach unserer Flucht im Westberliner Lager Marienfelde besucht hat, was nicht ganz ungefährlich war. Auch zwischen unseren Eltern entwickelte sich rasch ein enges Freundschaftsverhältnis. Im Verlauf einer zufälligen Begegnung stellte sich heraus, dass die Schröders Vormieter der von uns gerade bezogenen Wohnung waren – Beginn einer ebenfalls Jahrzehnte währenden engen Verbindung.

Achims Eltern galten dank ererbter Obstplantagen als eine recht wohlhabende Familie, seine Mutter, eine geborene Mai, entstammte einem der bereits von Fontane erwähnten „alten Geschlechter" von Werderaner Obstbauern. Sie lebten im eigenen großen Haus und besaßen verschiedene Ländereien; besonders ist mir die am Glindower See gelegene Plantage am Risterhorn in Erinnerung. Das Ausmaß ihres Wohlstandes zeigte sich uns im Herbst 1957, als die DDR-Regierung von einem Tag zum anderen eine Art Währungsreform durchführte.

Sie verfügte den Umtausch aller bislang geltenden Geldscheine, was die Bürger zu einem Offenlegen ihrer Barbestände zwang. Familie Schröder besaß viel, wir wenig, und so bat sie uns, einen Teil ihres Barvermögens für sie umzutauschen. In den Obstplantagen verbrachten Achim und ich jeden Sommer viele Nachmittage, vornehmlich bei der Obsternte. Das besserte das Taschengeld im Sommer merklich auf, auch wenn das Salär nicht gerade üppig war. Um einen Korb mit gepflückten Kirschen zu füllen, benötigte man ca. eine Stunde; dafür gab es eine Mark. Achims Großvater mütterlicherseits war nicht nur Obstbauer, sondern auch Havelfischer, was dazu führte, das wir uns im Sommer bei gutem Wetter häufig mit einem Fischerkahn auf der Havel oder auf dem Glindower See vergnügten, im damals noch üppigen Schilfgürtel herumstromerten, badeten u. a. m. Diese so auch noch als Oberschüler verlebten Sommertage auf dem Wasser mit gleichgesinnten Schulkameraden, mit Blödeleien, politischen Diskussionen, mit zarten Annäherungen an das andere Geschlecht gehören zu den schönsten Erlebnissen meiner Jugend in der DDR, geprägt von einer Atmosphäre, wie sie Uwe Johnson in seinem ersten Roman „Ingrid Babendererde“ in Bezug auf die Zustände in einer DDR-Oberschule und das Freizeitverhalten der Schüler während der 1950er Jahre ungemein dicht und anschaulich gestaltet hat; jedes Mal wenn ich dieses schöne Buch lese, fühle ich mich in diese Phase meiner Kindheit und Jugend versetzt.

Eine nicht ganz so enge Freundschaft verband mich mit Knut Asmus., einem anderen Schulkameraden. Knut glänzte als Klassenbester und als sehr guter Sportler und lebte in für die Kleinstadt Werder ungewöhnlichen Familienverhältnissen. Seine Mutter Gerti, eine attraktive, temperamentvolle, alleinerziehende Mittvierzigerin, kümmerte sich intensiv um das Wohlergehen ihres Sohnes, sorgte u. a. dafür, dass er sich die richtigen Freunde auswählte, zu denen ihrer Meinung nach auch ich gehörte. Knuts Vater lebte von Ehefrau und Sohn getrennt als

Kriminalbeamter irgendwo in Süddeutschland; als ehemaliger Leibwächter von Herrmann Göring wäre für ihn eine Existenz in der DDR natürlich unmöglich gewesen. Obwohl Frau Asmus keiner erkennbaren beruflichen Tätigkeit nachging, waren Mutter und Sohn finanziell offenkundig gut ausgestattet. Knut trug immer die neuesten Westklamotten, besaß Sportgeräte, von denen wir nur träumen konnten, z. B. eine richtig große, turniergeeignete Tischtennisplatte, einen turniergerechten Diskus, tolle Bälle oder schicke Sportschuhe. Verantwortlich für solcherart Ausstattung waren wohl vor allem der in Westberlin lebende unverheiratete Bruder und die Mutter von Frau Asmus, bei denen sich Knut und seine Mutter häufig aufhielten. Auch ich habe von diesen Beziehungen profitiert, denn ich wurde immer wieder eingeladen, gemeinsam mit Knut Kultur- und Sportveranstaltungen in Westberlin zu besuchen, die sich meine Familie nicht leisten konnte, z. B. Musical- und Operettengalas im Sportpalst, Sportwettkämpfe im Oympiastadion etc. Vielen Werderaner Bürgern galt Gerti Asmus als ein argwöhnisch beobachteter Paradiesvogel, meine Eltern und ich hingegen schätzten sie als eine anregende, unternehmungslustige, manchmal auch etwas nervige Ausnahmeerscheinung im grauen DDR-Alltag.

Neben den genannten Einladungen gab es natürlich auch andere Anlässe zu Fahrten nach Westberlin, schließlich befand sich das „Schaufenster des Westens" gleichsam vor der Haustür, repräsentierte, was politische, gesellschaftliche Strukturen und Institutionen betraf, all das, was wir für uns in der DDR erhofften: freie Meinungsäußerung, freie Wahlen, materiellen Wohlstand etc., beeinflusste über die genannten Radiosender in nicht unerheblichem Maße die politische Meinungsbildung und die kulturelle Orientierung im real existierenden Sozialismus. Doch trotz vielfältiger Aufenthalte in dieser Stadt wurde sie während dieser Zeit für mich nie zu einem Sehnsuchtsort; ich habe damals nicht einmal ansatzweise daran gedacht, in späteren Jahren die DDR zu verlassen.

Den Schulwechsel überstand ich ohne große Probleme. Das lag natürlich zum einen daran, dass im Gegensatz zur Bundesrepublik die schulische Ausbildung in der DDR von Anfang an zentral gesteuert wurde und folglich die Lehrpläne der Grundschulen in Belzig und Werder identisch waren. Integrativ wirkte natürlich auch hier die Freundschaft mit Achim, leider aber auch, und zwar in unerwünschter Weise, meine Mitgliedschaft bei den Jungen Pionieren. Während dabei bei mir in Belzig gepflegte Passivität vorherrschte, änderte sich das unerwartet und unerfreulich in Werder. Wie bereits erwähnt hielt sich hier die Mitgliedschaft in staatlichen Organisationen in Grenzen, und so war der Anteil der Jungen Pioniere in meiner Klasse sehr überschaubar; weder Achim noch Knut trugen das blaue Halstuch; den Pioniergruß „Seid bereit! – Immer bereit“ beantwortete man gern mit dem Spottvers „Seid bereit – hab keine Zeit“. Unserem Werderaner Klassenlehrer Welschinger war dieses ideologische Defizit jedoch ein Dorn im Auge. Der Altkommunist Welschinger hatte sich nach 1945 zum Lehrer weitergebildet und bekleidete seit einiger Zeit das Amt des Schuldirektors. Ich habe ihn als einen zutiefst gläubigen Anhänger des Marxismus-Leninismus und loyalen Repräsentanten des neuen sozialistischen Staates in Erinnerung, der im Deutsch- und Geschichtsunterricht historische Ereignisse und literarische Texte gnadenlos orthodox-marxistisch als Resultate von Klassenkämpfen interpretierte, was meinem Interesse für diese Fächer nicht gerade zuträglich war. Als er bemerkte, dass der Neue, also ich, sowohl ein guter Schüler als auch Junger Pionier war, stürzte er sich regelrecht auf mich, mit der Absicht, mich zum ideologischen Fahnenträger des Sozialismus an seiner Schule zu machen. Kaum angekommen, ernannte er mich zum „Gruppenratsvorsitzenden“ der Klasse, was der Funktion eines Klassensprechers entsprach. Zu meinen ersten „Amtshandlungen" gehörte die Ehrenwache am Sarg des verstorbenen Vorgängers von Welschinger, wobei mir prompt schlecht wurde und ich die Trauerfeier fluchtartig verlassen musste. Auf mich Neuankömmling wirkte diese Beförderung eher peinlich; sie ist mir aber von meinen Klassenkameraden nicht übel genommen worden, sicher auch deshalb, weil ich den ideologischen Erwartungen von Herrn Welschinger so gar nicht entsprach, u. a., weil ich seinen marxistisch geprägten Ausführungen zu Literatur und Geschichte aufgrund elterlicher Erziehung und meiner Lektürekenntnisse nicht selten widersprach, so wenn ich ihn etwas altklug darauf hinwies, dass im Land Brandenburg vor den Slawen germanische Stämme wie Sueben und Semnonen siedelten. Irritiert zeigte er sich auch, als er bemerken musste, dass ich weiterhin an meiner christlichen Orientierung festhielt und mich 1955 nicht der gerade eingeführten Jugendweihe unterzog, sondern mich konfirmieren ließ. Zur Ehrenrettung Welschingers muss aber auch gesagt werden, dass er ein überaus engagierter und fleißiger Pädagoge war, der seine Deutsch- und Geschichtsstunden immer sorgfältig mit seitenlangen Exzerpten vorbereitete, mit uns 1955 anlässlich von Friedrich Schillers 150-jährigem Todestag eine sehr gelungene Aufführung des „Wilhelm Tell" inszenierte, Gemäldeausstellungen nach Werder brachte u. a. m.

Da ich im Gegensatz zur Belziger Zeit einen Teil meiner Freizeit nicht mehr der Existenzsicherung der Familie opfern musste, als das Sammeln von Pilzen und Kaninchenfutter endlich nicht mehr zum Alltag gehörte, gab es Raum für vielerlei neue Beschäftigungen. Das betraf nun aber nicht mehr dominant kirchliches Engagement oder Lektüre, sondern vermehrt bildende Kunst und Musik, vor allem aber sportliche Aktivitäten, die bereits damals staatlich massiv gefördert wurden. Selbst kein großer Sportler, habe ich mich doch immer gern bewegt und tat dies nun in anspruchsvollerer und strukturierterer Weise. Fußball spielten wir nicht mehr nur auf der Straße, sondern auch in der Schülermannschaft des Vereins Rotation Werder, Handball im Verein Motor Werder, was meine Integration in die Werderaner Lebenswelt zusätzlich beförderte. Nicht engagiert war ich bei den Werderaner Hallenradsportlern, aber überaus beeindruckt vom hohen Niveau, da sie sowohl im Radball als auch am Kunstrad führend in der DDR waren. Die Versuche, im Rudern sportliche Meriten zu erlangen, endeten kläglich, hier agierte mein Bruder erfolgreicher. Er hatte sich in Belzig wenig für Sport interessiert, betrieb das Rudern aber rasch mit großer Begeisterung, sodass er nach kurzer Zeit auf Regatten mitrudern durfte, was seinem Selbstbewusstsein und auch seiner körperlichen Konstitution erkennbar gut tat. Auch er hatte sich gut in Werder eingelebt, Freunde gefunden, galt in der Oberschule sehr bald als von Mitschülern und Lehrern bewunderter Überflieger. Auch wenn er nicht zur bevorzugten Schicht der Arbeiter- und Bauernkinder gehörte, reichte die Abiturnote aus, um zum Medizinstudium an der Humboldt-Universität in Berlin zugelassen zu werden. Es war nicht das Fach seiner Wahl, denn aufgrund seiner künstlerischen Neigungen hätte er viel lieber Kunstgeschichte, Geschichte oder Germanistik studiert. Für meinen Vater galten diese aber als ideologisch belastete Fächer; nicht ganz zu Unrecht befürchtete er, dass mit einer solchen Ausbildung ein Berufsweg vorgezeichnet war, der eine uneingeschränkte Parteinahme für den Marxismus-Leninismus erforderte. Glücklich ist mein Bruder mit dieser vom Vater erzwungenen Studienwahl nie gewesen; er hat das Fach später gewechselt und ist promovierter Biologe geworden. Zu den positiven Begleiterscheinungen seines Medizin-Studiums gehörte ein Freundeskreis von überaus sympathischen Mitstudenten, die dann auch hin und wieder bei uns zu Gast waren. Dabei lernten wir in der Mehrzahl aus Arztfamilien stammende, liberal denkende, offene, diskussionsfreudige junge Menschen kennen, mit denen auch mein Vater gern feierte. An solchen Tagen blühte er regelgerecht auf, erzählte aus seiner Studentenzeit, es wurde mit Gitarrenbegleitung gesungen, mein Vater kredenzte die von ihm selbst mühevoll gekelterten vorzüglichen Kirsch- und Hagebuttenweine. Letztere habe ich allerdings in nicht gerade guter Erinnerung, denn ich war es, der im Herbst die erforderlichen Hagebutten sammeln musste, die dann von meiner ebenfalls unwilligen Mutter entkernt und zur Gärung vorbereitet wurden.

Der Wechsel meines Bruders nach Berlin kam auch mir zugute, denn auf diese Weise lernte ich den Osten dieser Stadt etwas näher kennen. Hin und wieder durfte ich den großen Bruder besuchen, der dann mit mir nach Westberlin ins Kino ging oder mich mit schönen Einladungen anlässlich meines Geburtstages beglückte. So bescherte er mir zum 16. Geburtstag zunächst ein für mich ungewohntes Abendessen in einem Altberliner Restaurant, wo es in gutbürgerlicher Atmosphäre ein gutes Essen in Begleitung von Salonmusik gab, und anschließend den Besuch der Ostberliner Staatsoper mit einer mich ungemein beeindruckenden, bis heute unvergesslichen Aufführung von Mozarts „Cosi fan tutte".

Klaus übersiedelte also im Herbst 1954 nach Ostberlin, und ich bewohnte nun erstmals in meinem Leben ein eigenes Zimmer, wo ich ungestört lesen, Radio hören und Freunde empfangen durfte. Letzteres geschah nicht allzu oft, weil sich mein Leben und das meiner Freunde meist außerhalb elterlicher Aufsicht abspielte. Der geistige Einfluss der Eltern nahm ab, anspruchsvolle Gespräche mit dem Vater fanden immer seltener statt, Diskussionen wurden kontroverser. Die Werderaner Jugend traf sich auf dem Sportplatz, vor der Eisdiele, schaute auf Werders Hauptstraße „Unter den Linden" den Mädchen hinterher, begleitet von ersten Annäherungsversuchen. Zu den beliebten Treffpunkten gehörte das Kino. Als einziger Ort bildlicher Unterhaltung besaß es besondere Anziehungskraft, u. a. deshalb, weil damals neben Produktionen aus den Ateliers der DEFA und sozialistischer Bruderländer auch immer wieder Unterhaltungsfilme aus der BRD gezeigt wurden, mit Vico Torriani

u. a. Großen Eindruck hinterließ der damals gerade in die DDR-Kinos gekommene, im Südschwarzwald bei Freiburg gedrehte Film „Schwarzwaldmädel" nach der gleichnamigen Operette von Leon Jessel, mit Sonja Ziemann und Rudolf Prack in den Hauptrollen. Die Werderaner strömten in Scharen ins Kino, teils, um die unter den Nazis verbotene Musik des jüdischen Komponisten Leon Jessel wiederzuhören, teils, um den Sehnsuchtsort Schwarzwald wenigstens im Bild zu erleben. Achim und ich träumten von einer Fahrradfahrt dorthin, begleitet vom Wissen um die Undurchführbarkeit eines solchen Vorhabens. Achims Worten „Dit wern wa nie zu seh'n kriegen" konnte ich nur resignierend zustimmen, nicht ahnend, dass gerade dieser Südschwarzwald für mich später zu einer zweiten Heimat werden sollte. Begeistert hatte mich der Film aber noch aus einem anderen Grund. Ich habe mich eigentlich immer für Musik interessiert, und zu dieser Zeit befand ich mich in meiner „Operettenphase". Was mich an dieser Musik-Gattung fesselte, waren nicht die meist banalen Handlungen, sondern Rhythmus und Melodik der Musik. Bei jeder sich bietenden Gelegenheit hörte ich Johann Strauss, Lehar, Kalman, Zeller u. a., sang die Arien aus der „Fledermaus", aus „Eine Nacht in Venedig", aus „Land des Lächelns", aus „Gräfin Mariza", aus „Vogelhändler" inbrünstig mit, bis ich sie auswendig konnte, studierte Biografien und Werkgeschichten und erwarb mir ein sehr solides Wissen von dieser Musikgattung, von dem ich noch heute zehre; Operetten wie „Die Fledermaus" von Johann Strauss, Karl Zellers „Vogelhändler", Emmerich Kálmáns „Gräfin Mariza" oder Franz Lehars „Land des Lächelns", halte ich immer noch für große Unterhaltungsmusik. Solcherart musikalisches Suchtverhalten währte ca. zwei Jahre, danach begann ich mich mehr und mehr für Oper und Konzert zu interessieren. Nicht weniger dominant war natürlich die vom RIAS und amerikanischen Militärsendern wie dem AFN verbreitete westliche Unterhaltungsmusik, wie Jazz und amerikanische Tanzmusik, die trotz offizieller

Vorbehalte die Tanzsäle dominierten. Weniger erfolgreich gestaltete sich die aktive Ausübung von Musik. Ich hätte gern das Klavierspielen erlernt, was aber aus finanziellen Gründen nicht möglich war; wir besaßen kein Klavier, im Gegensatz zur Familie Schröder, die meinem Freund Achim den von mir ersehnten Unterricht ermöglichte. Als Ersatz ward die Gitarre gefunden. Das Instrument erhielt ich leihweise, mit der Maßgabe, im Mandolinenorchester des Herrn Szelatis mitzuwirken. Dieses bestand nur aus Mädchen, was mich etwas irritierte, aber nicht daran hinderte, unter geduldiger Anleitung des Orchesterleiters Szelatis recht rasch die für die Begleitung von Liedern und Solostimmen erforderlichen Akkorde zu lernen. Dabei blieb es aber auch, und zwar aufgrund meiner unsäglichen Faulheit; mir fehlten die für ein erfolgreiches Üben erforderliche Lust und Geduld. Da halfen auch nicht die mir von Herrn Szelatis immer wieder attestierte Begabung und sein Einzelunterricht; mich plagt noch heute ein schlechtes Gewissen, wenn ich daran denke, dass ich diesen liebevollen und geduldigen Lehrer so enttäuscht habe. Ganz fruchtlos sind seine Bemühungen allerdings nicht geblieben, ich habe das Instrument immer wieder im Verwandten- und Freundeskreis als Liedbegleitung genutzt, und in dieser Eigenschaft hat das Gitarrespielen mein Leben enorm bereichert.

Im Sommer 1954 geriet für uns fußballbegeisterte Jungen natürlich die Fußballweltmeisterschaft in der Schweiz zum zentralen Ereignis. Während in der Schule und in den staatlichen Medien die Elf des Bruderlandes Ungarn um Ferenc Puskacs favorisiert wurde, drückten wir der westdeutschen Mannschaft um Sepp Herberger und Fritz Walter alle Daumen, die wir hatten, bekanntlich mit großem Erfolg. Wir verfolgten jede Radioübertragung mit brennendem Interesse, die alles entscheidende vom Endspiel blieb mir allerdings verwehrt. Man hatte mich zu dieser Zeit zu einem dreiwöchigen Erholungsaufenthalt an die Ostsee geschickt. Das betreffende Heim befand sich in einem Wald bei Rostock, in unmittelbarer Nähe eines Truppenstandortes der Roten Armee. Tag und Nacht nervte lautes Maschinengewehrfeuer, an Wochenenden auch der Lärm betrunkener Soldaten. Große Aufregung gab es nach der nächtlichen Vergewaltigung einer jungen Frau auf dem Gelände des Heims. Das musste natürlich totgeschwiegen werden, und zwar mit brachialen Methoden; der Heiminsasse, der den Vorfall beobachtet und uns davon erzählt hatte, wurde sofort bestraft und nach Hause geschickt. Die einfach ausgestattete Erholungsstätte glich einer autoritär geführten Jugendherberge, einem „Sanatorium" ohne ein erkennbares Erholungskonzept, politische Indoktrination, die nahe Seeluft und Waldspaziergänge mussten genügen. Am Meer sind wir in den drei Wochen nur ein einziges Mal gewesen. Zu den Prinzipien der Heimleitung gehörte auch ein sehr restriktiver Umgang mit dem Radio, und das führte dazu, dass wir die Übertragung des Endspiels zwischen Ungarn und Deutschland nicht hören durften. Auf inständiges Bitten hin gewährte man uns schließlich die Schlussminuten, und ich habe noch heute die Stimme von Heinz Florian Oertel im Ohr „Westdeutschland ist Fußballweltmeister"; der unter uns Kindern ausbrechende Jubel führte dann zu sofortiger Abschaltung des Geräts; unsere danach tagelang währende Begeisterung konnte diese restriktive Maßnahme aber nicht eindämmen.

Das Jahr 1955 zeigte sich ereignisreicher. Im Mai wurde ich nach zweijährigem Konfirmandenunterricht konfirmiert, obwohl mein Interesse hinsichtlich Glaube und Religion deutlich nachgelassen hatte. Die Gottesdienstbesuche wurden stark reduziert, beschränkten sich mehr und mehr auf besondere Feiertage wie Ostern, Reformationstag oder Weihnachten. Was letzteres angeht, habe ich einen schönen, mir zuvor nicht bekannten Ritus der Werderaner in guter Erinnerung, und das war das „Quempas-Singen": Am Heiligabend sangen zwei Singgruppen in der Kirche von zwei gegenüberliegenden Emporen im Wechselgesang lateinisch und deutsch das Weihnachtslied „Quem pastores laudavere“ – „Den die Hirten lobten sehre“, eine klangvolle, für uns neue Ergänzung der üblichen Weihnachtslieder. Die zunehmende Distanz zum kirchlichen Leben lag sicher an der Pubertät, aber auch an der geistlosen Vermittlung religiöser Inhalte durch den Werderaner Pfarrer; gleichwohl galt die Konfirmation trotz oder gerade wegen zunehmender Repression durch staatliche Stellen bei mir und meinen Freunden als Ehrensache. Ideologischen Druck auf mich und auch auf meinen Vater übte der erwähnte Schulleiter Welschinger aus. Er hatte gehofft, mich für die Jugendweihe begeistern zu können, die zu dieser Zeit als staatlich geförderter atheistischer Gegenentwurf zur Konfirmation institutionalisiert wurde. Regimekritisch wie wir eingestellt waren, kam das also nicht in Frage, auch nicht für meinen atheistischen Vater, der bei dieser Gelegenheit süffisant darauf aufmerksam machte, dass das Ritual der Jugendweihe bereits während des Nationalsozialismus dazu benutzt wurde, um junge Menschen ideologisch an eine Diktatur zu binden.

Der Herbst dieses Jahres brachte zwei wesentliche Veränderungen. Der ewigen Nörgeleien und kleinlichen Schikanen der Wirtsleute überdrüssig hatten sich meine Eltern nach einer anderen Wohnung umgesehen, was sich aufgrund der weiter bestehenden Wohnungsnot zunächst als schwierig erwies. Der Wohnungsbau kam wegen der auch im Bausektor herrschenden Mangelwirtschaft nur langsam voran; noch Mitte der fünfziger Jahre grub man die Schienen der bis 1926 in Werder verkehrenden Pferdebahn aus, um Stahlträger für den Bau einer Krankenstation zu gewinnen. Doch die Suche endete sehr erfolgreich. Wir erhielten eine wunderschöne großzügige Dreizimmerwohnung in einem repräsentativen, unweit der genannten „Bismarckhöhe“ auf einem Hügel über Werder gelegenen Haus am Hohen Weg. Das neue Domizil erlaubte vom Wohnzimmer aus einen herrlichen Blick über die Havel und ihre Seen, auf die auf einer Insel liegende Altstadt bis hin nach Potsdam.

Die zweite Veränderung betraf die schulische Ausbildung. Ich hatte 1955 mit sehr gutem Erfolg die achtjährige Volksschule beendet und erhielt aufgrund des mit „Auszeichnung" benoteten Abschlusses die Zulassung für die Oberschule. Die hohe Bewertung erwies sich auch als bitter notwendig, denn die Note „sehr gut" hätte möglicherweise für die Zulassung nicht gereicht, schließlich war ich kein Arbeiterkind, sondern Abkömmling der „werktätigen Intelligenz". Arbeiter- und Bauernkinder besaßen absolute Priorität, sollten zu 50% die Schülerschaft dominieren, was dazu führte, dass in unserer Oberschulklasse Bauernkinder mit einer Abschlussnote von 3,0 saßen, während Kindern aus nicht dem Bauernstand oder der Arbeiterklasse stammenden Familien mit der Note 1,5 der Zugang zur Oberschule massiv erschwert oder sogar verwehrt wurde. Die Freude über das Weiterkommen erhielt allerdings einen Dämpfer durch eine Schulreform, die zur Schließung der in Werder befindlichen Oberschule führte, auf der mein Bruder ein Jahr zuvor noch das Abitur abgelegt hatte. Wir sechs zur Oberstufe zugelassenen Werderaner Schüler wurden der Helmholtz-Oberschule in Potsdam zugewiesen und fuhren als Fahrschüler im Sommer die 15 Kilometer nach Potsdam mit dem Fahrrad und im Winter mit der Bahn. Das war zeitaufwendig und bisweilen mühselig, hat uns aber letztlich nicht geschadet. Denn diese Schule erwies sich, was Geist und Qualität der Ausbildung angeht, als ein Glücksfall. Ich habe ja aufgrund unserer Ortswechsel mehrere Schulen in Belzig, Werder, Potsdam und später in Münster in Westfalen besuchen müssen; die Helmholtz-Oberschule ist mir in bester Erinnerung geblieben, ein Beispiel dafür, dass sich nicht wenige Oberschulen in der DDR während der 1950er Jahre durchaus auf Augenhöhe mit Gymnasien in der Bundesrepublik befanden. Der Unterricht gestaltete sich anspruchsvoll und fordernd; nicht nur mein

Notendurchschnitt verschlechterte sich binnen eines halben Jahres um eine ganze Note und von den erwähnten Bauern- und Arbeiterkindern mit schlechtem Notendurchschnitt haben einige die Oberschule nach einem Jahr verlassen müssen. Die vorzügliche Ausbildung verdankte sich u. a. einer engen Kooperation mit der benachbarten Pädagogischen Hochschule Potsdam. Deren Examenskandidaten erwarben bei uns unter Aufsicht ihrer Dozenten ihre ersten Unterrichtserfahrungen; z. T. unterrichteten die Dozenten selbst, was mich insbesondere in den Fächern Mathematik und Physik bisweilen auch überforderte. Der Umgang zwischen Lehrern und Schülern war in vielen Fällen von gegenseitigem Respekt und Zuneigung geprägt, der Unterricht in erster Linie gegenstandsbezogen und ideologiebelastet nur dort, wo es unumgänglich war. Natürlich spielte in Fächern wie Geschichte oder Deutsch die Frage des Klassenstandpunktes oder die Dominanz der Sowjetunion bei der Auswahl von Texten und Bewertung von Ereignissen, Entwicklungen und Persönlichkeiten eine wichtige Rolle. Das nahm man dann ergeben hin und dachte sich seinen Teil. Gleichwohl habe ich z. B. hinsichtlich Faktenvermittlung und Interpretation von literarischen Texten vom Deutschunterricht bei Frau Friedrich auch noch nach unserer Flucht im konservativen Gymnasium Paulinum in Münster in Westfalen profitieren können. Das war insofern nicht selbstverständlich, als dort ja eine völlig gegenteilige und ebenfalls einseitige Literaturvermittlung betrieben wurde, die sogenannte textimmanente Methode, bei der gesellschaftliche und politische Kontexte keine Rolle spielten. In Potsdam habe ich bereits als Schüler gelernt, beides , textimmanentes, das literarische Werk in seinem Eigenwert würdigendes und o. g. Kontexte miteinbeziehendes Interpretieren bei der Betrachtung von Literatur zu berücksichtigen. Ideologisch nicht ganz konformem Verhalten begegneten Schulleitung und Lehrerschaft so weit wie möglich mit Nachsicht und Toleranz. So erging 1957 die Order, dass alle

Klassen ihren Raum mit einer Losung zu schmücken hätten. Entgegen der Erwartung der Schulleitung wählten wir nicht einen der üblichen Sprüche wie „Vorwärts im Kampf für den Sieg des Sozialismus", „Wir lernen für den Aufbau unserer Republik" etc., sondern den alten lateinischen Spruch „Nosce te ipsum" (Erkenne dich selbst), was, wenn auch mit Stirnrunzeln, akzeptiert wurde.

Die übergeordneten ideologischen und kulturpolitischen Rahmenbedingungen galten natürlich auch für uns. Die Woche begann mit einem von politischen Parolen und Aufrufen begleiteten Fahnenappell auf dem Schulhof; im Rahmen einer solchen Veranstaltung wurde ich laut brieflicher Auskunft meines Freundes Achim nach unserer Flucht in den Westen im Mai 1958 in Abwesenheit vor versammelter Schülerschaft mit großem Pathos von der Schule verwiesen und aus der FDJ ausgeschlossen. Bis auf wenige Ausnahmen waren wir ja alle Mitglieder der FDJ, wurden zur Teilnahme an zusätzlich eingerichteten Arbeitsgruppen angehalten. Dazu kamen Arbeitseinsätze, wie den im zerstörten Potsdam herumliegenden Schutt beseitigen, Buntmetall und anderen Schrott, Papier und Glas sammeln u. a. Das gehörte noch lange zum schulischen Alltag, unterstützt propagandistisch durch Parolen und Gesang wie dem Pionier-Lied:

> „Hab'n Se nicht noch Altpapier?, liebe Oma, lieber Opa? Klingeling, Klingeling … Hab'n Se nicht noch Altpapier, Flaschen, Gläser oder Schrott? Klingeling, schnell geb'n se's mir … usw."

Demonstriert wurde nicht nur bei den üblichen Feiertagen wie Erster Mai etc., sondern auch bei besonderen Anlässen; ich erinnere mich an entsprechende Aufmärsche im Herbst 1955, als Konrad Adenauer in Moskau über die Aufnahme diplomatischer Beziehungen verhandelte. Dabei ging es auch um die Freilassung der letzten deutschen Kriegsgefangenen, deren Existenz die Sowjets zunächst beharrlich abstritten. Diese Position fand massive Unterstützung durch die DDR-Regierung, u. a. mithilfe der genannten Demonstrationen, bei denen ehemalige Kriegsgefangene als Redner auftraten, um die sowjetische Position zu legitimieren. Als die Sowjets ihre ablehnende Position schließlich räumten, die verbliebenen Gefangenen nach mehr als einem Jahrzehnt endlich freikamen, brachte das auch unsere Lehrer in große Erklärungsnot. Die DDR-Führung hatte mit einem solchen politischen Tauwetter zwischen Bundesrepublik und Moskau nicht gerechnet; entsprechend hilflos wirkten die Erklärungsversuche in der Presse und in den Schulen. Peinlich wurde es dann, als die DDR-Führung die Freilassung der Kriegsgefangenen, deren Existenz sie ja kurz zuvor bestritten hatte, auf ihren Einfluss in Moskau zurückzuführen suchte. Ich konnte damals nicht ahnen, dass zu diesen endlich freigelassenen Kriegsfangenen auch Dr. Krabbe, mein späterer Klassenlehrer in Münster, gehörte. Zur ideologischen Indoktrinierung gehörte auch weiterhin die Pflege des Personenkultes, z. B. die Verherrlichung von kommunistischen Führerpersönlichkeiten. So ging die Schule 1955 geschlossen in den anlässlich des Thälmann-Jubiläums gedrehten Film „Ernst Thälmann – Führer seiner Klasse" über die Ikone des deutschen Kommunismus, vorbereitet durch intensives Studium von dessen Lebenslauf, durch wiederholtes Absingen der vom DDR-Barden Kurt Barthel (Kuba) gedichteten Thälmann-Hymne („Thälmann und Thälmann vor allem, Deutschlands unsterblicher Sohn, Thälmann ist niemals gefallen, Stimme und Faust der Nation") u. a. Spannungsgeladen war die Atmosphäre im Herbst 1956, als der Volksaufstand in Ungarn von sowjetischen Panzern niedergewalzt wurde. Meine Freunde und ich sympathisierten mit den Aufständischen, insbesondere als bekannt wurde, dass sich von der Weltmeisterschaft her bekannte Fußballidole wie Ferenc Puskacs den Aufständischen angeschlossen hatten. Wir verfolgten die betreffenden

Nachrichten über den RIAS, hörten erschüttert die letzten Hilferufe des später hingerichteten ungarischen Regierungschefs Nagy, durften unser Mitgefühl in der Schule natürlich nicht offen zeigen, einmal mehr war das in der DDR wohlbekannte „Leisesprechen“ gerade bei diesem Ereignis angesagt. Diskutiert haben wir natürlich auch die anlässlich der Chrustschow-Rede auf dem 20. Parteitag der sowjetischen KPdSU eingeleitete Entstalinisierung, von der aber im DDR-Alltag wenig zu spüren war, u. a., weil Chrustschows geheime Rede in der DDR nicht publiziert wurde.

Als exzellent habe ich den Unterricht in den naturwissenschaftlichen Fächern Mathematik, Physik, Chemie und Biologie in Erinnerung, wovon ich jedoch nur teilweise profitieren konnte. Wie mein Bruder Klaus interessierte ich mich mehr für die geisteswissenschaftlichen Fächer Deutsch, Geschichte, Kunstgeschichte und Philosophie, wie mein Bruder musste auch ich mich aber den ideologiefeindlichen Vorstellungen meines Vaters beugen und den naturwissenschaftlichen Zweig belegen. Dabei bot die Helmholtz-Oberschule beste Voraussetzungen für eine geistesgeschichtlich orientierte Ausbildung. Neben dem naturwissenschaftlichen gab es einen neusprachlichen Zweig, auf dem man neben Russisch auch Englisch lernen konnte, und als eine der ganz wenigen Schulen in DDR besaß die „Helmholtz“ eine altsprachliche Abteilung mit Griechisch und Latein. Ich tat mich also schwer, vor allem mit Mathe und Physik, schummelte bei Klassenarbeiten, was sonst eigentlich nicht meine Art war, wurde manchmal erwischt und mit einem „ungenügend“ bestraft. Das tat der Zeugnisnote natürlich nicht gut und erregte den Unwillen meines Vaters. Er, der mich mit aller Macht als zukünftigen Atomphysiker sehen wollte und mich ständig mit entsprechendem Informationsmaterial nervte, wollte einfach nicht begreifen, dass dies „nicht mein Ding“ war – einer von zahlreichen Belegen dafür, dass sich bei aller Liebe und Sorge für das Wohlergehen seiner Söhne die Distanz zu deren Gedanken und Vorstellungen immer mehr vergrößerte. Chemie und Biologie lagen mir mehr, letzteres auch dank unseres Klassenlehrers Lies, den wir sehr mochten, selbst wenn er hin und wieder einen seiner gefürchteten Wutanfälle bekam, wussten wir doch, dass dies einer Kopfverletzung aus den letzten Kriegstagen geschuldet war. Trotz dieser naturwissenschaftlichen Ausrichtung kamen Fächer wie Deutsch und Geschichte nicht zu kurz. Nicht zuletzt durch den anregenden Unterricht der Deutschlehrerin Friedrichs sowie durch die regelmäßigen Besuche im Hans Otto-Theater Potsdam intensivierte sich die während der ersten zwei Jahre in Werder etwas vernachlässigte Lektüre literarischer Texte, u. a. von Storm, Keller, Fontane, Thomas Mann, wobei des Letzteren Novelle „Tonio Kröger" bei mir einen besonders nachhaltigen Eindruck hinterließ. Das betraf auch in dieser Zeit die russische Literatur (Gogol, Lew Tolstoi, Tschechow, Makarenko u. a.), aber auch hier ohne Anregung durch den obligatorischen Russisch-Unterricht. Wie schon zuvor hat auch in der „Helmholtz" keiner der Russisch-Lehrer bei mir einen bleibenden Eindruck hinterlassen.

In positiver Erinnerung habe ich diese Schule auch deshalb, weil sie mir im Rahmen zahlreicher neuer Begegnungen wichtige, meinen Horizont erweiternde Anregungen vermittelte, bedingt u. a. durch ein großes Einzugsgebiet. Es entwickelten sich neue Freundschaften, die mich mit anderen sozialen Milieus bekannt machten. Die Schüler kamen nicht nur aus der Stadt Potsdam, sondern wie wir aus den umliegenden Kleinstädten und Dörfern. Unterschiedlich war auch die „Klassenzugehörigkeit". Trotz der erwähnten Bevorzugung von Arbeiter- und Bauernkindern besuchten auch Sprösslinge von Lehrern, Ärzten, Apothekern und anderen Angehörigen der „werktätigen Intelligenz" die Schule. Diese soziale Mischung bestimmte auch das Verhältnis zum Arbeiter- und Bauernstaat. Viele standen ihm kritisch, aber nicht ablehnend gegenüber, einige von uns gehörten der damals schon bekämpften Jungen Gemeinde der Evangelischen Kirche an, andere, z. B. Kinder von Volkspolizisten, verteidigten rückhaltlos das Regime und die es legitimierende Ideologie. Wenn ich mich gern an diese Schulzeit erinnere, so u. a. deshalb, weil dieser so unterschiedliche Haufen zu einer festen Klassengemeinschaft zusammenwuchs, mit gegenseitigem Respekt voreinander; ich kann mich nicht erinnern, dass es nach kontroversen politischen Diskussionen zu irgendwelchen Denunziationen gekommen wäre. Nach Auskunft meines Freundes Achim hat sich das dann allerdings nach meiner Flucht geändert; insbesondere im letzten Schuljahr ist es wohl zwischen der Mehrheit der Klasse und einigen linientreuen Mitschülern zu wenig freundlichen ideologischen Auseinandersetzungen gekommen. Ungefähr die Hälfte der Klasse hat nach dem Abitur die DDR verlassen.

Einer dieser Freunde wohnte in Fahrland, in einem nördlich von Potsdam gelegenen Dorf. Sein Vater betrieb dort einen Lebensmittelladen, was damals noch möglich war; zwei Jahre später wurde er aufgrund dubioser Anschuldigungen wegen Steuerdelikten verhaftet und sein Laden der HO übergeben. Ich bin dort mehrfach an Wochenenden gewesen, habe mich in dieser Familie und in diesem Dorf wohlgefühlt, wozu auch die Kontakte zur netten Pfarrersfamilie und einer noch netteren Pfarrerstochter beitrugen. Mein kirchliches Engagement hielt sich zu dieser Zeit allerdings weiterhin in Grenzen, auch wenn ich der evangelischen Jungen Gemeinde mit Sympathie begegnete. Der Pfarrer in Werder hatte mir in seiner Eigenschaft als kirchliche Beamtenseele während der Konfirmationszeit das ja in Belzig so lebendige Interesse an religiösen Fragen ausgetrieben, ein Pastor, der das geistliche Amt als Beruf und nicht als Berufung verstand. Im Zentrum meiner geistigen Interessen standen zu diesem Zeitpunkt historische und politisch-gesellschaftlich relevante Themen. Zum festen Bestandteil dieser Begegnungen mit Schulfreunden und ihren Familien gehörten entsprechende

Diskussionen und Gespräche, es wurde offen und kritisch politisiert, u. a. nach der Bundestagswahl 1957, deren Ergebnisse wir in Fahrland am Radio gespannt erwarteten. Als Adenauers Sieg mit absoluter Mehrheit feststand, brach großer Jubel aus. Der hinsichtlich Alkohol und Tabak sonst eher zurückhaltende Vater meines Schulfreundes spendierte Bier und beste Spirituosen sowie aus Vorkriegsbeständen stammende Zigarillos, was eigentlich verboten war, unsere Begeisterung aber sehr stimulierte. Ein einziger von uns besaß damals schon den Weitblick, auf die Gefahren einer absoluten Mehrheit für die Demokratie aufmerksam zu machen; mir fehlte damals die für eine solch differenzierte Betrachtung notwendige Reife.

Eine integrierende Wirkung besaßen auch die Arbeitseinsätze, bei denen alle Schüler für vierzehn Tage notgedrungen unter nicht einfachen Bedingungen auf engem Raum zusammenlebten. Kurz nach Beginn eines jeden Schuljahres, also im Herbst, erging die Anordnung zum Kartoffeln-Lesen in der Provinz. In guter Erinnerung habe ich die erste dieser Exkursionen, die uns in das Dorf Nackel im westlichen Land Brandenburg führte. Bei nasskalter Witterung gestaltete sich die Arbeit nicht gerade angenehm, aber die LPG-Bauern begegneten uns freundlich, gaben sich alle Mühe, diesen Oberschülern aus der Stadt den Aufenthalt zu erleichtern, suchten, mit uns ins Gespräch zu kommen. Abends hockte man zusammen, machte ein wenig Musik, durchstreifte die Räumlichkeiten des vergammelten Schlosses derer von Nackel u. a. m. Völlig gegensätzlich verlief die zweite dieser Unternehmungen. Diesmal sollte ein Dorf in der Nähe von Neustadt an der Dosse Schauplatz unseres Kampfes für die Sicherung der Kartoffelversorgung in der DDR sein. Unerwartet für alle endete das Unternehmen diesmal rasch und kläglich, und zwar aufgrund unzumutbarer Arbeitsbedingungen. Es gab von Beginn an Ärger wegen der Unterbringung und des Essens; die LPG-Bauern schienen auch überfordert zu sein, uns in ihre Arbeitsabläufe einzugliedern, Dialogversuche zwischen ihnen und den uns begleitenden Lehrern scheiterten schon nach ersten Ansätzen. Der Ernte-Einsatz endete – für mich noch heute erstaunlich – mit unserer Flucht nach Hause; wir sind mit Billigung der Lehrer einfach abgehauen. Wie letztere diese für DDR-Verhältnisse ziemlich ungewöhnliche Aufmüpfigkeit später gegenüber der Schulleitung gerechtfertigt haben, weiß ich nicht mehr. Wir Schüler sind nicht bestraft worden.

Verbindend wirkten auch die gemeinsamen Theaterbesuche. Durch Vermittlung der Schule besaßen wir ein Abonnement im Potsdamer Hans Otto-Theater, das von einem großen Teil der Klasse genutzt wurde. Die monatlichen Besuche haben meinen literarischen und musikalischen Horizont sehr erweitert; zum ersten Mal erlebte ich Opern- und Operettenmusik als Gesamtkunstwerk auf der Bühne, beginnend mit einer mich sehr beeindruckenden Aufführung von Verdis „Troubador". Für uns Fahrschüler waren diese und andere abendliche Veranstaltungen allerdings zeitlich recht aufwendig. Man kehrte am Nachmittag aus Potsdam nach Werder zurück, um dann wenige Stunden später wieder nach Potsdam zu fahren. Wir Werderaner bildeten eine eigene Clique, zum einen aufgrund alter Freundschaften, z. B. zwischen Achim, Knut und mir, zum anderen, weil man durch Schulbesuch und An- und Abreise nach bzw. von Potsdam einen großen Teil des Tages gemeinsam verbrachte. Nach der Schule trafen wir uns zudem nicht selten in der Stadt, im Sommer am Badestrand des Plessower Sees, im Winter beim Schlittschuhlaufen auf der zugefrorenen Havel. Es wurde gequatscht, gelästert und natürlich zunehmend nach den Mädchen geschaut, wobei ernsthafte und erfolgreiche Annäherungen aber ausblieben. Merkwürdigerweise bemühte sich niemand von uns Sechzehn- bzw. Siebzehnjährigen nachhaltig um eine Freundin, nicht einmal der in dieser Hinsicht besonders interessierte Knut. Auch ich verhielt mich zunächst sehr zurückhaltend, nahm aber mithilfe von Achim wenigstens einen

Anlauf. Gegenstand meiner begehrlichen Blicke war ein recht hübsches, ebenfalls zurückhaltendes Mädchen, dem Achim als Vermittler die damals obligate Frage überbrachte, „ob sie mit mir gehen möchte". Sie antwortete zustimmend, und so gingen wir eine Weile auf dem Werderschen Hauptboulevard „Unter den Linden" auf und ab, aber nur einige Wochen, denn abgesehen von einigen Küssen konnten wir nicht viel miteinander anfangen. Zunehmend gepflegt wurden Männlichkeitsrituale wie Zigarettenrauchen und das Trinken von hellem Bier. Letzteres war mir lange zuwider, mir schmeckte das süße dunkle Malzbier viel besser, aber da ich nicht als Weichei verspottet werden wollte, trank ich halt hin und wieder mit. Gleiches galt für das Skatspielen, mit dem wir während der winterlichen Zugfahrten die Langeweile zu vertreiben suchten. Meine Teilnahme daran fand ein Ende, als einige von uns, unter anderem mein Freund Achim, es unbedingt den Erwachsenen gleichtun wollten und um Zehntelpfennige spielten. Das Rauchen unterlag strengem elterlichem Verbot, was mich aber nicht hinderte, es trotzdem sporadisch zu versuchen, in finanzieller Hinsicht problemlos, da damals Zigaretten auch einzeln verkauft wurden.

Eine große Rolle spielte auch an dieser Schule der Sport, der als Hauptfach eine massive Förderung erfuhr, nicht zuletzt durch gute Lehrer; einer von ihnen erwies sich als ehemaliger Schwimmtrainer der deutschen Mannschaft bei dem Olympischen Spielen 1936. Wir Schüler waren fast alle sportbegeistert, einige hochbegabt wie mein Freund Knut; ein Klassenkamerad hielt längere Zeit den DDR-Jugendrekord im Hochsprung. Es gab improvisierte Wettkämpfe, z. B. Handballturniere auf dem Schulhof, Leichtathletikwettbewerbe u. a. Mir wurde gutes Mittelmaß bescheinigt; es reichte immer zu einem mich zufriedenen stellenden „gut" im Zeugnis. Mit großem Interesse verfolgten wir die Wettkämpfe der ersten gesamtdeutschen Mannschaft bei den Olympischen Spielen im Jahre 1956. In diesem Bereich fühlten wir uns übrigens als überzeugte DDR-Bürger, identifizierten uns begeistert mit erfolgreichen Sportlern der DDR. Das galt auch für andere Sportveranstaltungen. Auch wenn uns die politische Instrumentalisierung des Sports durchaus bewusst war, feierten wir die Siege des Straßenrennfahrers und DDR-Vorzeigeathleten „Täve" Schur bei der jährlich stattfindenden Tour „Warschau–Berlin–Prag" ebenso wie die der Leichtathleten oder Schwimmer bei Welt- und Europameisterschaften. Das genannte Radrennen erfuhr als sportliche Demonstration der Freundschaft zwischen Polen, der ČSSR und der DDR jedes Jahr intensive propagandistische Förderung und Begleitung, auch in der Schule. Am Tag, an dem die Fahrer durch das südliche Brandenburg radelten, gab es schulfrei, und wir fuhren dann mit unseren Fahrrädern zur Strecke und feuerten die Helden der Straße an. Was die eigene sportliche Betätigung betraf, habe ich mich zu dieser Zeit auf das Handballspiel im Verein Motor Werder beschränkt. Damals wurde noch Feldhandball gespielt; später dominierte aber auch hier bald der Kleinfeld- und der Hallenhandball.

Mein engster Freund blieb weiterhin Achim. Mit ihm unternahm ich 1956 meine erste eigenständige große Reise, eine vierzehntägige Fahrradtour in die Sächsische Schweiz, finanziert durch dreiwöchige Arbeit in einer Landwirtschaftlichen Produktionsgenossenschaft (LPG). Wie auch ein Jahr später gedachte ich, mit Freunden Landschaft und Kulturdenkmäler im Südosten und im Süden der DDR zu erkunden, und so radelten wir über Dessau und Uebigau in Richtung Meißen und Dresden, um dann in der Jugendherberge in der Festung Hohenstein unser Standquartier zu beziehen. Die Tour war körperlich recht anspruchsvoll. Ich besaß ein einfaches, zudem schweres, von meinem Vater aus zusammengesuchten Einzelteilen gebautes Velo. Achim hingegen fuhr auf einem neuen, mit Gangschaltung ausgerüsteten Rad, was natürlich vor allem auf den Bergetappen von großem Vorteil war.

Ich musste bei Steigungen also recht oft absteigen und schieben. Aus Solidarität tat Achim ein Gleiches, und so entwickelte sich das Fahrradfahren oft mehr zu einem Fahrradwandern, je mehr wir uns der Sächsischen Schweiz näherten. Da kam es schon mal vor, dass wir eine Stunde und mehr unsere Räder bergauf schieben mussten. Trotz dieser Mühen machte das alles großen Spaß, u. a., weil – abgesehen von den Ballungsräumen – ein Autoverkehr auf den Landstraßen der DDR damals nur in Ansätzen existierte und wir die Straßen fast für uns allein hatten. Einmal benutzten wir der Abkürzung wegen ein Stück der völlig leeren Autobahn, wurden prompt von der Volkspolizei erwischt, kamen aber mit einer geharnischten Verwarnung davon. Die spartanische Ausrüstung bestand aus einem mit Fell bespannter Rucksack, „Affe" genannt, der die wichtigsten Reiseutensilien enthielt, also Waschzeug, Wechselwäsche, Regenzeug etc. Übernachtung boten uns einfach ausgestattete Jugendherbergen, verpflegen mussten wir uns selbst. Das erforderte bei der schwierigen Versorgungslage in der DDR eine gewisse Planung; wir fuhren also spätestens gegen Mittag einen Ort an, wo man Brot, Kunsthonig und etwas Wurst kaufen konnte; Käse war damals in der DDR absolute Mangelware. Das Brot wurde mit einem Riemen auf den „Affen" geschnallt, was seinem Aussehen und seiner Konsistenz insbesondere bei Regenwetter nicht immer gut bekam.

Am dritten Tag erreichten wir mit Meißen erstmals einen Ort mit architektonischen Sehenswürdigkeiten. Für mich erwies sich vor allem die Besichtigung des Doms als ein lange nachwirkendes Erlebnis; es war die erste gotische Kathedrale, die ich zu Gesicht bekam. In den Jahren zuvor hatte mein Interesse für bildende Kunst, insbesondere für Architektur, stetig zugenommen. Aus Büchern und Zeitschriften ausgeschnittene Abbildungen von Burgen, Kirchen, repräsentativen Bürgerhäusern u. a. füllten ganze Mappen. Entsprechend ausgiebig betrachtete ich das Äußere und Innere des Doms, sehr zum Verdruss meines von der Fahrt ermüdeten Freundes, der dem Ganzen nicht so viel abgewinnen konnte. Das sollte sich im Verlauf der Reise wiederholen, tat aber unserer engen Beziehung keinen Abbruch, Achim latschte ergeben mit. Als nächste Station erreichten wir tags darauf Dresden. Trotz vorheriger Anmeldung erhielten wir gerade noch einen Schlafplatz in einem Massenlager auf dem Dachboden, was uns aber nicht störte, denn wir waren während des zweitägigen Aufenthaltes permanent unterwegs. Die Stadt hat mich bereits bei diesem ersten Besuch ungemein beeindruckt, und zwar nicht nur wegen ihrer architektonischen Schönheiten, sondern vor allem durch deren Relikte. Wir waren ja den Anblick zerstörter Innenstädte gewohnt; jeden Tag passierten wir auf unserem Schulweg, vom Bahnhof kommend, die zerstörte Potsdamer Innenstadt, die Ruinen der Garnisonkirche und des rattenverseuchten Stadtschlosses, den zerstörten Alten Markt u. a. Doch was uns hier in Dresden begegnete, hatte eine ganz andere Dimension. Auch elf Jahre nach Kriegsende präsentierte sich diese Stadt als ein ungeheures aufgeräumtes Trümmerfeld. Man konnte kilometerweit schauen, ohne dass Gebäude oder Häuserzeilen die Sicht versperrten. Akzente des Grauens setzten einzelne Ruinen, wie die gleich einem Mahnmal aufragenden Reste der Frauenkirche. Beim Anblick dieser Resultate eines kurz vor Kriegsende vollzogenen sinnlosen Vergeltungsaktes der Alliierten fragten wir uns sehr nachdenklich nach dem Warum, und meine bis dahin vorbehaltlose Parteinahme für die Amerikaner geriet erstmals massiv ins Wanken. Glücklicherweise gab es aber auch Erfreuliches zu besichtigen. Kurz zuvor hatte eine stolze DDR-Führung den aus Ruinen wiedererstandenen Dresdner Zwinger der Öffentlichkeit übergeben. Das entlockte selbst meinem Freund Achim Worte der Bewunderung, ebenso wie der Anblick von Bildern der Dresdener Gemäldegalerie, insbesondere der berühmten „Sixtinischen Madonna" von Raffael. Gemeinsam mit vielen anderen Exponaten war sie kurz zuvor aus der Sowjetunion an ihren angestammten Platz zurückgekehrt, von der DDR-Propaganda emphatisch als Geste einer unverbrüchlichen deutsch-sowjetischen Freundschaft gefeiert. Neben der Stadt erkundeten wir mit unseren Rädern die Elbpromenade, die Elbauen und die nähere Umgebung mit ihren Schlössern und Weinbergen.

Nach zwei Tagen setzten wir unsere Reise fort, nun aber nicht zu zweien, sondern in einer Gruppe von acht Jungen und zwei Mädchen. Wir kamen alle aus verschiedenen Gegenden der DDR, hatten uns in der Jugendherberge kennengelernt und spontan aneinander Gefallen gefunden. In kürzester Zeit entwickelte sich aus Gesprächen, Hilfestellungen und ersten gemeinsamen Unternehmungen ein Gruppengeist, der uns für zehn Tage zusammenschweißte; wir planten gemeinsam Radtouren, bereiteten uns auf Besichtigungen vor, wanderten in der Sächsischen Schweiz u. a. m. Nach zehn Tagen haben wir uns dann wieder getrennt und sind uns nie wieder begegnet. Die von uns ausgesuchte Jugendherberge gehörte zum Areal des Hohenstein. Unter den Nazis ein Konzentrationslager diente die ehemalige Festung nun als Gedenkstätte und Jugendherberge. Letztere beherbergte nicht nur aus der DDR stammende Jugendliche, sondern auch Jugendgruppen aus dem befreundeten sozialistischen Ausland sowie Jugendabordnungen von kommunistischen Parteien aus dem Westen. So logierten während unseres Aufenthaltes junge Mitglieder der Kommunistischen Partei Italiens in der Festung, was uns natürlich sehr interessierte; erstmals gab es Kontakt zu Gleichaltrigen aus dem Westen, der allerdings aufgrund von Sprachproblemen nicht sehr intensiv sein konnte. Ich bemühte mich um einen netten Vittorio aus Rom; wir versuchten, uns mit Händen und Füßen zu verständigen, tauschten auch Adressen aus; zu einem Briefwechsel ist es aber nicht gekommen. Problematisch gestaltete sich die Kommunikation mit den Italienern allerdings nicht nur wegen der Sprache. Aus uns damals nicht erkennbaren Gründen versuchten die deutschen Betreuer, Annäherungen zwischen den Italienern und uns normalen DDR-Jugendlichen gezielt zu erschweren; gemäß der alten Leninschen Devise „Vertrauen ist gut, Kontrolle ist besser" sollte wohl verhindert werden, dass diesen italienischen Kommunisten ein anderes, nichtoffizielles Bild von den Lebensverhältnissen in der DDR vermittelt wird. Von Hohnstein aus erkundeten wir die Sächsische Schweiz, genossen den herrlichen Blick von der „Bastei" auf das Elbtal mit Lilienstein und Königstein, machten uns auf der Festung Königstein mit sächsischer Geschichte bekannt, besichtigten bizarre Felsformationen wie den „Kuhstall", folgten der Elbe flussaufwärts über Pirna und Bad Schandau bis an die tschechische Grenze. In Bad Schandau holte uns dann wieder die deutsch-deutsche Politik ein. Berieselt von Lautsprechermusik saßen wir an der Uferpromenade und mümmelten unser Mittagsbrot, als die Musik plötzlich unterbrochen wurde und eine Grabesstimme verkündete: „Das Unfassliche, Verbrecherische ist geschehen: Die Kommunistische Partei Westdeutschlands ist verboten worden". Diese Nachricht und die darauf folgenden Kommentare und Berichte animierten uns, die Promenade spontan zu verlassen und das in unseren Augen freudige Ereignis mit einem Bier zu begießen. Mit dieser Einschätzung standen wir übrigens nicht allein; ich kann mich nicht erinnern, dass die Lautsprecheransage bei den übrigen Promenadenbesuchern Betroffenheit oder Trauer ausgelöst hat.

Eine zweite derartige Tour unternahm ich ein Jahr später; diesmal finanziert durch eine mehrwöchige Arbeit mit Seidenraupen. Die DDR-Führung benötigte zu dieser Zeit offenkundig hochwertige Seide für die Produktion von Fallschirmen, und so waren Lehrer und Schüler aufgerufen, in den Sommerferien dieser Tätigkeit nachzugehen, gegen gute Bezahlung und Lieferung von Naturalien in Gestalt von Bett-und Tischwäsche. In Werder hatte es solch eine Unternehmung bereits im 18. Jahrhundert auf Geheiß Friedrich II. gegeben, war dann aber wieder aufgegeben worden. Nun wiederum auf Anordnung von oben hatte sich ein Kollege meines Vaters dazu bereiterklärt und mich für die Beschaffung von Futter angeheuert. Zu diesem Zweck musste ich die in Werder zahlreich vorhandenen Maulbeerhecken beschneiden, bewaffnet mit einer einfachen Heckenschere – eine mühselige Arbeit, die mir dann auch jeden Abend einen tüchtigen Muskelkater in den Armen bescherte. Platziert in den Räumen der Berufsschule fraßen die Viecher Unmengen von Maulbeerblättern, bis sie sich dann nach einigen Wochen in den begehrten Seidenkokon einspannen.

Bei dieser zweiten Tour reiste ich nicht mit Achim, sondern mit dem erwähnten Schulfreund aus dem Dorf Fahrland. Anlass war die Silberhochzeit meiner Eltern, die nicht in Werder, sondern im Thüringer Wald im engsten Familienkreis gefeiert werden sollte, für meine Eltern die erste Ferienreise seit 1939. Sie hatten sich damals, erstmals in ihrer Ehe, einen zweiwöchigen Badeurlaub in Misdroy an der Ostsee gegönnt, mussten diesen aber wegen des Kriegsausbruchs nach wenigen Tagen abbrechen. Die Eltern wohnten in einer kleinen Pension in Goldlauter-Heitersbach in der Gegend von Suhl, mein Freund und ich hatten uns in einer Hütte auf dem Rennsteig eingemietet.

Die Fahrradtour führte uns zunächst nach Dessau, wo wir den bereits von Goethe gerühmten, heute zum Weltkulturerbe zählenden Landschaftspark in Wörlitz besichtigten. Von dort wollten wir an einem Tag Weimar erreichen, was sich bald als unmöglich erwies. Denn ich musste auch diesmal die Erfahrung verkraften, dass bei der Annäherung an ein Gebirge nicht das Fahren, sondern das Bergaufschieben angesagt war. Und so erreichten wir am Abend des zweiten Tages recht erschöpft das uns völlig unbekannte Freiburg an der Unstrut, ohne zu wissen, wo wir schlafen würden. Schließlich landeten wir in einer Schule, die in diesen Wochen als Feriencamp für Behinderte diente und wurden freundlich aufgenommen. Wir erhielten einen einfachen Schlafplatz, etwas zu essen, erfuhren im Gespräch mit dem überaus netten Betreuer, dass wir uns in einer bislang noch nicht wahrgenommenen großartigen Kulturlandschaft befanden, u. a. in einem Zentrum des Weinanbaus in der DDR. Danach hatten wir noch Zeit, die schöne alte Stadt zu besichtigen. Im Freiburger Ratskeller habe ich dann meinen ersten Schoppen richtigen Weins getrunken, nicht ahnend, dass ich dies später in einem anderen Freiburg im äußersten Südwesten ausgiebig fortsetzen würde, dass diese Stadt und die sie umgebenden Weinregionen Kaiserstuhl und Markgräflerland meine zweite Heimat werden würden.

Von Freiburg an der Unstrut führte uns der Weg am nächsten Tag nach Naumburg, wo wir den Kaiserdom mit der berühmten Uta-Skulptur besichtigten. Verschwitzt und müde erreichten wir am gleichen Tag Weimar. Als erstes Ziel steuerten wir das Freibad und nicht die literarischen Gedenkstätten an, die wir dann aber an den folgenden Tagen ausgiebig studierten: Goethe- und Schillerhaus, die Fürstengruft, Goethes Gartenhaus an der Ilm u. a. Beeindruckt hat mich damals vor allem Goethes Wohnhaus mit seinen Büchern, Bildern und Sammlungen, die mir einen umfassenden Eindruck von dessen vielseitigen Interessen und Begabungen vermittelten. Erstmals wurde mir klar, auf welch ungemein breiter und vielfältiger Grundlage das literarische Werk Goethes ruhte und dass der uns bis dahin nur als Dichter bekannte Goethe ein bedeutender Kunsttheoretiker und Naturwissenschaftler gewesen war.

Schließlich erreichten wir unsere Hütte auf dem Rennsteig, wo wir die folgenden zwei Wochen verbrachten. Der Aufenthalt gestaltete sich hier nicht so interessant wie der in der Sächsischen Schweiz, die im Verlauf vieler Wanderungen und Fahrradtouren erkundete Landschaft des Thüringer Waldes empfand ich als langweilig und eintönig. Hin und wieder besuchten wir meine Eltern im Tal und feierten am 20. August mit ihnen und meinem Bruder in bescheidenem Rahmen ihre Silberhochzeit. Letzterer hatte zuvor zu erkennen gegeben, dass er viel lieber bei seinen Studienfreunden an der Ostsee geblieben wäre, was meine Eltern natürlich nicht gerade erfreute, aber er kam letztlich doch und verbrachte einige Tage bei uns auf der Hütte. Die Rückfahrt war dann von Hindernissen begleitet; mein altes Fahrrad erwies sich als so pannenanfällig, dass wir ab Jena mit dem Zug nach Hause fahren mussten.

Es folgten schöne Herbsttage. Meine Eltern hatten sich ein wenig erholt, in der Schule lief es gut, ich fühlte mich wohl bei meinen Freunden, bei Ausflügen, Wochenendbesuchen und in der Tanzstunde. Letztere begann im November 1957; unverhofft und aus welchen Gründen auch immer beschloss ein Teil unserer Klasse, Tanzunterricht zu nehmen. Das war mit einmal „in", auch die FDJ bot entsprechende Kurse an, ein Teil der Klasse jedoch wählte das private Institut von Frau Brennförder. Dieses existierte in einem schönen Potsdamer Altbau, besaß ein gutbürgerliches Ambiente, legte Wert auf Manieren, auf deren Befolgung die Tanzlehrerin und ein distinguierter, in Frack gekleideter alter Herr achteten. Letzterer tat das eher pro forma, saß im Nebenraum und hoffte auf Skatspieler aus unseren Reihen. Diese gab es immer bei Verstößen gegen das Tanzreglement. Gelehrt und getanzt wurden die Standardtänze Wiener und Langsamer Walzer, Foxtrott und Tango. Die Foxtrottrhythmen verführten aber immer wieder zu Boogie-Woogie-Abweichungen, was Frau Brennförder mit Strafminuten ahndete, die wir dann zum Skatspielen nutzten. Das alles hat großen Spaß gemacht, nicht zuletzt deshalb, weil sich in diesem Rahmen Jungen und Mädchen aus unserer Klasse in ganz anderer Weise begegneten und wahrnahmen, sich plötzlich ineinander verliebten – eine wunderschöne Erfahrung, die auch ich machen durfte, aber leider nur für sehr kurze Zeit.

Denn nur wenige Wochen später änderte sich das Leben meiner Familie einmal mehr auf dramatische Weise. Als ich eines Abends nach Hause kam, hörte ich aus dem Schlafzimmer meiner Eltern lautes

Schluchzen meiner Mutter und einen erregten Dialog zwischen meinem Vater und meinem Bruder. Letzterer war von Berlin nach Werder gekommen, um uns mitzuteilen, dass er sofort die DDR verlassen und nach Westberlin fliehen müsste; er sei gewarnt worden. Der Grund dafür blieb zunächst im Dunkeln; später stellte sich heraus, dass er sich mit irgendwelchen Amerikanern eingelassen und für diese Fotoaufnahmen von strategisch relevanten Objekten in Ostberlin gemacht hatte. Aus welchen Gründen ist mir bis heute nicht klar, sicher spielten finanzielle Zuwendungen eine nicht unerhebliche Rolle. Westberlin mit seinen Verlockungen lag nur einen Steinwurf entfernt; außerdem hatte er kurz zuvor meine dort lebende spätere Schwägerin kennengelernt und hielt sich seit einigen Monaten mehr im Westen als im Osten der Stadt auf. Aufgrund seiner Labilität hatte er offenbar nicht einmal ansatzweise die gravierenden, unser aller Existenz bedrohenden Folgen dieses leichtsinnigen Handelns für sich und für uns bedacht: mindestens zehn Jahre Zuchthaus für ihn wegen Spionage, Verlust des Arbeitsplatzes für meinen Vater, Relegation von der Oberschule für mich. Die zu ziehenden Konsequenzen bedurften keiner Diskussion: Er musste sofort nach Westberlin fliehen; ich habe ihn in der folgenden Nacht dabei begleitet, damit meine Eltern wussten, dass er sich in Sicherheit befindet. Den Eltern und mir blieb die bittere Erkenntnis, dass wir in Kürze gezwungenermaßen den gleichen Weg gehen würden. Nur wenig später bemerkte mein Vater, dass er in der Schule beobachtet und bespitzelt wurde; wohlmeinende Schüler hatten ihn darauf aufmerksam gemacht. Schließlich eröffnete ihm die Leitung seiner Schule während einer Konferenz, dass er aus politischen Gründen als Lehrer nicht mehr tragbar sei; die Entlassung stand also kurz bevor, wir mussten handeln. Auch ich wurde mehrfach von FDJ-Funktionären vernommen, u. a., weil ich mich gemeinsam mit einigen Klassenkameraden einer Verpflichtung verweigert hatte, nicht nach Westberlin zu fahren.

Für meine Eltern erwies sich das unbedachte Verhalten meines Bruders als eine folgenschwere Katastrophe. Beide waren Ende Fünfzig, hatten nach den erschöpfenden Kriegs- und Nachkriegsjahren in Werder endlich eine Art Heimat gefunden, hofften auf einen geruhsamen und freudvollen Lebensabend in dieser landschaftlich schönen Umgebung – und nun war wieder einmal alles vorbei, verloren die, wenn auch bescheidene, aber sichere materielle Existenz, die schöne Wohnung, der soziale Wärme und Geborgenheit sichernde Freundeskreis. Sie haben sich von diesem erneuten Schicksalsschlag mental niemals erholt. Ich befand mich in einer merkwürdigen seelischen Verfassung. Man war ja zu dieser Zeit als Jugendlicher in DDR in einer ambivalenten emotionalen und geistigen Situation. Einerseits kulturell und politisch durchaus nach Westen orientiert und andererseits geprägt durch die dem real existierenden Sozialismus geschuldete Sozialisation in Schule, Sportvereinen etc. Eigentlich eröffneten die Fluchtpläne den Weg in den bewunderten Westen, einen Ausweg aus den als einengend und als wenig perspektivreich empfundenen Lebensverhältnissen in der DDR. Doch es überwog die Verzweiflung; der drohende Verlust der Freunde, die Ungewissheit, wie es mit der Schule weitergehen würde, erfüllten mich mit Angst und tiefer Traurigkeit. Mir war in dieser Situation noch nicht bewusst, dass das verhängnisvolle Verhalten meines Bruders für mich später letztlich überaus erfreuliche Konsequenzen gehabt hat. Denn getreu einem schönen Spruch von Theodor Fontane „Der kommt am weitesten, der nicht weiß, wohin er geht" sind mir durch die Flucht kulturelle, soziale und geografische Räume eröffnet worden, die ich bei einem Verbleib in der DDR niemals erreicht hätte.

Tieftraurig war ich aber noch aus einem anderen Grund, und das war der bevorstehende Abschied von meiner Freundin Barbara, einer Klassenkameradin. Wir kannten uns also schon recht lange, doch erst jetzt, nach zwei Jahren, erwuchs im Verlauf der erwähnten Tanzstundenbegegnungen eine zuvor nicht erkennbare Zuneigung, langsam aber stetig. Barbara war ein sprödes Mädchen, von einer herben Schönheit, ich verhielt mich in solchen Dingen auch unsicher und zurückhaltend, und so bewegten wir unsere Herzen in kleinen Schritten aufeinander zu, wie es im bereits erwähnten Lied „Ännchen von Tharau" heißt, und wurden zu einem glücklichen Tanzstundenpaar. Hier harmonierten wir so gut, dass wir beim Abschlussturnier den ersten Preis gewannen, den wir dann im Rahmen eines sehr schönen Abschlussballs entgegennehmen durften, bei dem sich auch beide Elternteile kennenlernten. Das „Ännchen" findet hier nicht zufällig eine Erwähnung. Wir haben in der Familie dieses schöne Lied während der erwähnten Singabende im Belziger Behelfsheim sehr oft gesungen. Nach dem Umzug in die Dreizimmerwohnung gab es das Singen nicht mehr, und ich habe das Lied dann fast zehn Jahre vergessen. Nun, während der ersten bedrückenden Wochen und Monate nach der zweiten Flucht und der Trennung von Freunden und Freundin, war es plötzlich wieder da, es ging mir nicht aus dem Kopf, in meiner mentalen und emotionalen Hilf- und Orientierungslosigkeit klammerte ich mich gleichsam an einzelne seiner Verse:

> „Ännchen von Tharau hat wieder ihr Herz
> Auf mich gerichtet in Lieb' und in Schmerz.
>
> Käm' alles Wetter gleich auf uns zu schlahn,
> Wir sind gesinnt, bei einander zu stahn.
>
> Krankheit, Verfolgung, Betrübnis und Pein
> Soll unsrer Liebe Verknotigung sein."

Zu den besonders bedrückenden Erinnerungen an diese Jahre gehört noch heute, dass ich Barbara vom bevorstehenden Abschied nichts sagen durfte, um sie nicht zu gefährden. Als Mitwisserin unserer Fluchtpläne wären sie und vielleicht auch ihr Bruder, ebenfalls Klassenkamerad, möglicherweise relegiert worden. So war ich dann eines Tages weg, ohne Worte, aber nicht ohne die Hoffnung, sie doch eines Tages wiederzusehen. Und so geschah es auch. Das böse Sprichwort „Aus den Augen aus dem Sinn" besaß für uns keine Gültigkeit. Wir haben uns drei Jahre oft und regelmäßig geschrieben; die Lektüre von Barbaras Briefen, das Betrachten der in ihnen enthaltenen Fotos gehörten vor allem während der ersten, von starkem Heimweh nach Werder und Potsdam geprägten Zeit nach der Flucht zu den wenigen Momenten, in denen die bedrückende Schulzeit in Münster hellere Konturen gewann. Auch Barbaras Familie ist dann noch vor dem Mauerbau in den Westen gegangen. Wie erhofft haben wir uns dann nach drei Jahren wiedergesehen und mussten feststellen, dass wir uns nichts mehr zu sagen hatten; wir sind uns nie wieder begegnet.

5 Zweiter Absturz in Ungewissheit und Existenzangst:

Flucht nach Westen. Entbehrungsreiche Neuorientierung im westlichen Nachkriegsdeutschland (Münster/Westf. und Hagen/Westf. 1958–1962)

Nachdem klar war, dass wir die DDR verlassen müssen, drehte sich alles Denken und Handeln um das Wann und das Wie. Die wenige verbleibende Zeit nutzten wir, um wenigstens einige wichtige Dinge zu retten, Dokumente, Zeugnisse, kostbare Erinnerungsstücke, etwas Kleidung und Wäsche. Da sich meine Schule und die meines Vaters in Potsdam bzw. in Potsdam-Babelsberg befanden, nutzten wir täglich den kurzen Weg nach Westberlin, um die genannten Sachen bei einer entfernten Verwandten im Westberliner Stadtteil Friedenau zu deponieren. Wir zogen drei oder vier Kleidungsstücke an, was im Winter 1957/58 nicht auffiel, versteckten die Dokumente zwischen Schulsachen etc. und konnten auf diese Weise lebenswichtige Gegenstände über die Grenze bringen. All das geschah in einer bedrückenden Atmosphäre, deren Auswirkungen auch unseren engsten Freunden nicht verborgen blieben. Um sie nicht zu gefährden, hatten wir die bevorstehende Flucht auch ihnen gegenüber verheimlicht, was aber nicht gelang. Tante Dora wusste sehr schnell Bescheid und hat auch sofort geholfen, Sachen nach Westberlin zu bringen. Ähnlich verhielt es sich mit den Werderaner Freunden; insbesondere die Eltern von Achim fragten intensiv nach den Gründen unserer offenkundig unübersehbaren Traurigkeit, waren dann nach entsprechender Auskunft tief betroffen und versuchten uns in jeder Weise zu stützen. Achim wusste so natürlich auch von der bevorstehenden Flucht; direkt darüber haben wir aus den erwähnten Gründen nicht gesprochen, auch nicht bei unserer letzten Begegnung, zwei Stunden vor dem endgültigen Abschied aus Werder und der DDR.

Diesen Sonntag im April 1958 werde ich nicht vergessen. Es war ein sonniger Frühlingstag, in Werder hatte die berühmte Baumblüte begonnen. Wir packten am Vormittag unsere letzten Sachen zusammen, ich ging noch einmal in die Kirche, um mich danach von Achim zu verabschieden. Wir standen voreinander, wussten beide, was Sache war, hätten am liebsten geheult, gaben uns wortlos die Hand und gingen mit gesenktem Kopf auseinander. Gegen Mittag kamen Tante Dora und ihre Tochter Renate aus Potsdam; wir sollten nicht allein einen erneuten schweren Weg ins Ungewisse antreten. Dass die Zeit dafür gekommen war, erfuhren wir später: Nur zwei Tage nach der Flucht standen Angehörige der Staatssicherheit vor unserer Tür, die, als nicht aufgemacht wurde, die Wohnung aufbrachen und sie durchsuchten. Wir fuhren gegen Mittag mit dem Zug nach Potsdam und weiter mit der S-Bahn nach Westberlin. Bei der Überquerung der Havel schaute ich noch einmal über das Wasser auf die Insel mit der unverwechselbaren Silhouette von Kirche und Windmühle, im mich zutiefst bedrückenden Wissen, dass ich das nun alles nie wiedersehen würde.

Die erste Nacht verbrachten wir in Berlin-Friedenau bei den erwähnten Verwandten. Am nächsten Morgen ging es dann nach Berlin-Marienfelde ins völlig überfüllte Aufnahmelager für DDR-Flüchtlinge. Trotz vieler Versprechen hatte es die DDR-Führung nicht geschafft, größere Teile ihrer Bevölkerung von ihrem Gesellschafts- und Wirtschaftsmodell zu überzeugen. Das führte gerade auch während dieser Zeit zu einem entsprechend großen Zustrom nach Westberlin, von Menschen aus verschiedensten Schichten und allen Regionen der DDR; zahlreich vertreten waren wegen der robust betriebenen Kollektivierung der Landwirtschaft die Bauern. Zuerst verfrachtete man uns zusammen mit einer anderen Familie in ein nicht sehr großes Zimmer, nach wenigen Tagen für vier Wochen in eine Fabrikhalle am Hallischen Tor, in der Hunderte von Menschen in Dreistockbetten kampierten. Die fehlenden Rückzugsmöglichkeiten, Lärm und Gestank führten zu einem Nervenzusammenbruch meiner Mutter; sie durfte schließlich zu einer Bekannten gehen und in deren kleiner Wohnung auf dem Sofa übernachten. Es begannen die zahlreichen Befragungen, das mühselige Ausfüllen von Formularen, das Schreiben von Anträgen und das wochenlange Warten auf Entscheidungen. Mit besonderer Anspannung erwartete die Familie die für unsere weitere materielle Existenz wichtige Anerkennung als politische Flüchtlinge. Sie und die damit verbundene Zuerkennung des Flüchtlingsausweises C galten als Voraussetzung dafür, dass mein Vater als ehemaliger Reichsbahnbeamter noch eine Beschäftigung bei der Deutschen Bundesbahn finden würde. Am Tag der letzten Befragung saßen wir erschöpft und unruhig auf den Treppenstufen vor dem Sitzungszimmer, bis dann die ersten Mitglieder der Kommission mit ermunterndem Lächeln herauskamen und uns die befreiende Nachricht von der Zuerkennung des C-Scheines überbrachten.

Was mich betrifft, so hing ich während dieser ersten Wochen der Flucht völlig in der Luft. Niemand hatte mir gesagt, wie es schulisch weitergehen würde bzw. ob es überhaupt weitergehen würde, auch nicht die meist freundlichen, aber völlig überarbeiteten Sachbearbeiter im Lager. Da sich die Eltern in ihrer verzweifelten Situation nicht groß um mich kümmern konnten, stromerte ich im Lager und in der Stadt ziellos herum, wobei ich die Erfahrung machte, dass dieses für uns „Ostler" so attraktiv wirkende „Schaufenster des Westens" mit Gegenden „gesegnet" war, deren Ärmlichkeit und Tristesse an Stadtlandschaften der DDR erinnerte. Im Verlauf solcherart „Flanierens" stieß ich eines Tages auf ein fast versteckt angebrachtes kleines Plakat in DIN A5-Größe, auf dem eine Kontaktadresse für Schüler aus der DDR angegeben war. Das erwies sich als meine Rettung, mit nachhaltigen Folgen für meine weitere schulische Entwicklung. Denn hätte ich dieses Plakat übersehen, wäre es mir ergangen wie meinem Schulfreund Michael Neubert, der mit seiner Familie ein halbes Jahr zuvor ebenfalls aus Werder geflüchtet war. Ihm ist diese Kontaktadresse nicht bekannt gewesen und somit auch der Weg zum Abitur; er musste eine Banklehre beginnen und hat später als Bankangestellter gearbeitet. Ich hingegen durfte mich bei der auf dem Plakat angegebenen Adresse vorstellen, und dann ging alles recht schnell. Eine überaus hilfsbereite und verständnisvolle Sachbearbeiterin befragte mich, verlangte meine Zeugnisse, schrieb für mich Anträge und machte mir Hoffnungen auf einen Schulbesuch in der Bundesrepublik.

Und diese Hoffnungen fanden recht schnell ihre Erfüllung. Da die vielen Flüchtlinge bis auf wenige Ausnahmen nicht in Berlin verbleiben konnten, verteilte man sie auf die Bundesländer. Nach Abschluss des Aufnahmeverfahrens und der Zuerkennung des C-Scheines betraf das auch meine Familie. Es drohte also ein neuer Lageraufenthalt in unbekannter Umgebung, was aber mithilfe unserer Verwandten in Düsseldorf abgewendet werden konnte. Zwar hatte Onkel Anton nicht gerade erfreut reagiert, als er von unserer Flucht erfuhr, und meine Eltern darauf aufmerksam gemacht, dass man im Westen die vom RIAS Berlin propagierte „Willkommenskultur" durchaus distanziert betrachtete, aber es wurde sofort geholfen. Wir durften die Düsseldorfer Adresse als Aufenthaltsort angeben, die Verwandten mieteten ein möbliertes Zimmer und sorgten für den ersten Unterhalt.

Am Tag der Abreise in den Westen befanden wir uns in großer Aufregung. Wir sollten per Flug nach Hannover und von dort per Bahn nach Düsseldorf reisen. Für meine Mutter und mich war es der erste Flug; ich sehe noch heute ihr vor Flugangst bleiches Gesicht vor mir, während ich mich auf dieses Erlebnis freute. Die kleine zweimotorige Maschine der British Airways brachte uns wohlbehalten nach Hannover, und auch die Bahnfahrt verlief problemlos.

Während meine Eltern für die kommenden zwei Jahre in Ratingen bei Düsseldorf blieben, erwartete mich ein weiterer Ortswechsel. In geradezu vorbildlicher Weise hatte die erwähnte Anlaufstelle in Berlin meinen Fall rasch bearbeitet und die Unterlagen an das Kultusministerium in Düsseldorf geschickt. Als ich mich dort meldete, liefen bereits alle Vorbereitungen für eine weitere Schulausbildung. Ich sollte nach Münster in Westfalen gehen, am dortigen Gymnasium Paulinum meine schulische Ausbildung fortsetzen und in einem Internat namens „Wilhelm-Zöllner-Wehme“ wohnen. Reagiert habe ich auf diese Nachricht ambivalent, erfreut und zugleich zutiefst verunsichert. Nach dem Verlust der vertrauten Umgebung in Werder und Potsdam sollte ich nun auch die Familie verlassen, in einer mir völlig unbekannten Stadt, in einer völlig anderen schulischen Atmosphäre leben und lernen. Doch da half nichts, das Ganze war alternativlos. Meine Eltern brachten mich noch zum Zug, ich unterdrückte aufkommende Tränen und begab mich schweren Herzens nach Münster in Westfalen. Ich hatte keinerlei Vorstellung von dieser mir bis dahin unbekannten Stadt im Nordwesten Deutschlands, deren wiederaufgebaute Innenstadt mit restauriertem Prinzipalmarkt und Domplatz in alter Schönheit erstrahlte, die aber zugleich noch stark katholisch-provinziell geprägt war, ironisch charakterisiert in Wendungen wie „In Münster regnet's, oder die Glocken läuten“. Das hier ansässige Schulkollegium hatte 1957 zum Abitur führende Förderklassen für „Jugendliche Zuwanderer aus der SBZ“ eingerichtet, zunächst am Hittorf-Gymnasium und danach am Gymnasium Paulinum, ein Schulzweig, der bis 1964 bestanden hat.

Als Domizil für die jugendlichen Flüchtlinge diente die „Villa Zimmermann“, eine Gründerzeitvilla in der Grevenerstraße. Das vom Johanneswerk, einer Einrichtung der Evangelischen Kirche, verwaltete Internat beherbergte ca. 60 Schüler aus der DDR. Es war weder räumlich noch organisatorisch für deren pädagogische Betreuung geeignet; als attraktiv an diesem Anwesen ist mir bestenfalls sein mit alten Bäumen besetzter großer Park in Erinnerung geblieben, der zumindest im Sommer einige Sport- und Rückzugsmöglichkeiten eröffnete. Es gab nur ein Einzelzimmer; ansonsten bewohnten wir unwirtliche, zum Teil mit sechs und acht Jungen belegte, mit den Namen ostdeutscher Länder „geschmückte" Mehrbettzimmer; die Bewohner mussten sich ein Waschbecken für Zähneputzen und Waschen teilen, Duschen konnte man ein Mal in der Woche. Jedem von uns wurde ein Bett und ein kleines Nachtschränkchen zugewiesen, für die Unterbringung der Kleidung ein gemeinschaftlicher Schrank auf dem Flur, eine Privatsphäre gab es also nicht einmal ansatzweise; für alle Heimbewohner standen nur zwei Toiletten zur Verfügung. Probleme bereitete immer wieder die völlig veraltete Infrastruktur des Hauses. Den desolaten Zustand von Elektro- und Wasserleitungen etc. bekam ich gleich zu Beginn meines Aufenthaltes zu spüren. Ich wurde in ein Sechsbettzimmer namens „Berlin" eingewiesen, meine Schlafstätte befand sich unterhalb einer leckenden Wasserleitung. Die Wassertropfen wurden von einer kleinen, am Rohr mit Draht befestigten und deshalb beweglichen Blechwanne aufgefangen. Das Bett und der darin Liegende waren also permanent gefährdet, und deshalb erhielten es immer die Neulinge. Es gehörte zu den Initationsriten der Zimmergenossen, die mit Wasser gefüllte Blechwanne nachts durch den Wurf eines Gegenstandes zum Schwingen zu bringen und dem neuen Zimmernachbar eine nächtlich Dusche zu verpassen. Auch mir war dieses Schicksal beschieden, aber ich habe mich sofort und so nachhaltig gewehrt, dass nach zwei Nächten Ruhe einkehrte. Als völlig unzureichend empfand ich die pädagogische Betreuung. Geleitet wurde das Internat von einem jungen evangelischen

Pastor, der für eine solch schwierige Aufgabe weder ausgebildet noch vorbereitet war. Pastor Moes – genannt „der Pope" – litt an einer starken Sehbehinderung, hatte aber kraft großer Energie und fachärztlicher Betreuung in Marburg seine Sehkraft so weit wieder erlangt, dass er erfolgreich Theologie studieren konnte. Er wollte eigentlich nur Pfarrer sein, was ihm später glücklicherweise auch beschieden war, sollte hier aber ohne jede psychologische und sozialpädagogische Ausbildung aus einer völlig anderen gesellschaftlichen Sphäre kommende, z. T. alleinstehende, traumatisierte Jugendliche betreuen. Unterstützt bei seiner schwierigen Tätigkeit wurde er lediglich von ebenfalls nicht ausgebildeten Hilfskräften, einem Rentner und einem Lehramtsstudenten. Ich bin mit ihm trotz mancher Differenzen ganz gut klar gekommen, insbesondere nach meiner Wahl zum stellvertretenden Heimsenior Anfang 1959. Für wirtschaftliche Organisation (Küche, Wäscherei, Finanzen etc.) sorgte eine ältere Verwaltungsangestellte. Aufgrund der genannten Mängel und der Unterbesetzung erwies sich die Heimleitung in Vielem als überfordert, vermochte häufig nicht einmal, die Nachtruhe zu kontrollieren; im Sommer büxten wir nachts aus, um trotz eines strengen Verbots im nicht weit entfernten Dortmund-Ems-Kanal zu baden.

Als unverantwortlich und unverständlich seitens der Evangelischen Kirchenverwaltung muss man diese kärgliche personale Besetzung auch insofern werten, als es sich ja hier um die Betreuung von z. T. orientierungslosen, ihrer familiären Wurzeln beraubten Jugendlichen handelte, von denen sich manche noch in der Spätpubertät befanden. Es war eine aus unterschiedlichsten Individuen zusammengewürfelte Truppe, die da auf engem Raum existieren musste. Sie kamen aus ganz verschiedenen sozialen Schichten, vom Arbeiter- bis zum Professorenkind, stammten aus allen Landstrichen der DDR, von Mecklenburg über Berlin und Brandenburg bis Sachsen und Thüringen. Nicht wenige von ihnen hatten die Flucht allein unternommen, ihre Eltern und Geschwister in der DDR zurücklassen müssen. Allein gelassen in dieser fremden Umgebung dämmerte es manchem von ihnen recht bald, dass die von westlicher Propaganda versprochene und von uns in der DDR ja auch ersehnte Freiheit im Denken und Sprechen hier im Westen auch zu Einsamkeit und zu einer Art seelischer Unbehaustheit führen konnte. Erschwerend wirkte sich auch aus, dass es bis auf einige Ausnahmen im Bereich des Sports nur selten zu freundschaftlichen Kontakten mit Mitschülern aus Münster kam, wir saßen meist ziemlich isoliert in unserer „Wehme“ am Stadtrand von Münster.

So war der Aufenthalt in dieser eigentlich sehr schönen Stadt zu Beginn überschattet von einem tiefen Gefühl der Fremdheit. Ich begegnete nicht dem vom RIAS-Berlin propagierten und von uns erhofften Deutschland der „Schwestern und Brüder“, sondern einer in Vielem unverständlichen und in Teilen abweisenden Welt. Die damit verbundenen Gefühle des Nichtverstandenseins, der Orientierungslosigkeit, der Angst vor dem schulischen Versagen führten bei nicht Wenigen zu psychischen Problemen, zu einer Mischung von Depression und Aggression, was nicht selten zu Spannungen untereinander und zu Kritik an der Heimleitung bis hin zum Aufruhr führte. Ich erinnere mich in diesem Zusammenhang besonders an einen Stubenkameraden aus Ostberlin. „Atze“ hatte sich als Sechzehnjähriger in eine heftige Auseinandersetzung mit Volkspolizisten eingelassen und war aus Furcht vor drohender Verhaftung und erwartbarer drakonischer Bestrafung Hals über Kopf nach Westberlin geflohen, saß nun ohne Familie und Freundin vereinsamt in Münster. Zu dem Wenigen, das er in seiner panischen Angst mitgenommen hatte, gehörte neben einigen Klamotten ein kleiner Plattenspieler nebst einigen Platten. Um seinen Trennungsschmerz und sein Heimweh zu überwinden, legte er ständig eine Liebesschnulze auf, an deren Ende der Vers erklang „Wann kommst du zu mir, wann wird das geschehn, dann wird das Leben für mich und dich erst schön, so schön". Dabei brach er häufig in Tränen aus, verkroch sich unter seiner Bettdecke und war kaum zu beruhigen. Wir haben uns das eine Weile angehört, waren irgendwann aber so genervt, dass wir ihm die Zerstörung von Platte und Plattenspieler androhten, was die Atmosphäre im Sechs-Mann-Zimmer natürlich nicht verbesserte. „Atze" hat Internat und Schule nach kurzer Zeit mit unbekanntem Ziel verlassen. Auseinandersetzungen gab es auch immer wieder um das Essen. Die Kritik daran, u. a. an einem permanent aufgetischten, aus Kanada gespendeten „Plastikkäse", eskalierte mehrfach zu nicht immer feinen verbalen Anschuldigungen und sogar zu Hungerstreiks. Zum traurigen Höhepunkt all dieser Spannungen geriet der uns zutiefst erschütternde Selbstmord eines Mitschülers. Der musikalisch hochbegabte, das Klavier brilliant beherrschende Günther hatte sich in eines der Küchenmädchen verliebt, besuchte es nächtlich über einen von seinem Zimmer in die Küche führenden Geheimgang, nicht ohne mit einem vollen Teller von Butterbroten für sich und seine Zimmergenossen zurückzukehren. Mit der ungewollten Schwangerschaft des Mädchens flog das Ganze auf, Günther wurde des Internats verwiesen und sollte zur Strafe zudem in einen Werkhof, eine Art Jugendknast, überstellt werden. Er hat diese Androhung nicht verkraftet und sich das Leben genommen. Das hätte sicher verhindert werden können, wenn das evangelische Johanneswerk, der Betreiber des Internats, Pastor Moes mit einer pädagogisch und psychologisch versierten Fachkraft unterstützt hätte. Günthers sterbliche Überreste sind dann in die DDR überführt worden, an der Grenze von Volkspolizisten mit dem höhnischen Satz begrüßt: „Da hat es der Junge bei den Brüdern und Schwestern im Westen ja so richtig gut gehabt".

Unser „Pope" hatte also immer wieder Mühe, diese überaus komplizierte Gemengelage im Griff zu behalten, doch muss man fairerweise auch sagen, dass er und seine Mitarbeiter das mit viel Engagement letztlich auch einigermaßen geschafft haben. Zudem war die Kritik an ihm nicht immer berechtigt, u. a., weil manche der Kritiker nicht wahrhaben wollten, dass er uns gegenüber der nicht immer freundlichen Münsteraner Außenwelt engagiert in Schutz genommen hat. Denn zu seinem schwierigen Aufgabenbereich gehörte ja auch die Vertretung unserer Interessen nach außen, bei Behörden und vor allem in der Schule. Denn dieses altehrwürdige Gymnasium Paulinum wollte uns zunächst nicht so gern in seinen Mauern sehen, empfand es als Zumutung, dass in diesem urkatholischen Institut Protestanten aus der DDR unterrichtet werden sollten, zu denen sogar einige Mädchen gehörten. Wir galten bei nicht wenigen Schülern und einigen Lehrern als Exoten, als die Doofen, die Protestanten und die Kommunisten. Dokumentiert wurde diese Distanzierung u. a. in einer Jubiläums-Festschrift, in der wir „Ost-Schüler" nicht gemeinsam mit den „normalen" Münsteraner Schülern, sondern gesondert in einem Anhang genannt wurden. Noch viele Jahre später, bei der Feier zum fünfzigjährigen Abitur, erzählten ehemalige Münsteraner Mitschüler, dass sie von Eltern und einigen Lehrern angewiesen worden seien, sich von uns fernzuhalten. Umso verwunderlicher erscheint es mir noch heute, dass ich 1959 zum stellvertretenden Schulsprecher gewählt wurde, und das sogar in Abwesenheit; ich war zum Zeitpunkt der Wahl zum Jugendhof nach Vlotho an der Weser delegiert worden. Selbstkritisch soll zudem angemerkt werden, dass dieses Gymnasium auch nicht auf eine solche Ost-West-Beziehung vorbereitet worden war und dass manche Irritationen auch von uns Schülern ausgingen. So erinnere ich mich an ein eigentlich schönes Fest im Internat, zu dem die Lehrerschaft des Paulinums inklusive Rektorat eingeladen war. Sie sollten unser Domizil kennenlernen, und das Internat wollte sich entsprechend vorteilhaft präsentieren. Das ging auch gut, man plauderte, tanzte, und dann begann eine große Polonaise, angeführt von mir mit der Gitarre und noch zwei anderen Mitschülern, begleitet vom lauten Gesang eines Schlagers aus den 1920er Jahren „Ach lass mich doch mal schmusen, an deinem Busen – so sprach sie unter Weinen, ich habe doch keinen. Und den ich gestern hatte, der war aus Watte, und jeden Tag ein neuer, das wird zu teuer". Die pikierten Blicke einiger Lehrersgattinnen und einige strenge Mienen belehrten uns rasch über das Unangemessene einer solchen Musikauswahl, und abends, nach der trotz allem harmonisch verlaufenden Veranstaltung, erschien der arme „Pope", gar nicht böse, aber etwas resigniert und traurig in unserem Zimmer, um uns klarzumachen, dass wir seine Bemühungen um ein positives Bild der „Wehme" doch recht nachhaltig konterkariert hatten.

Die distanzierte Haltung zwischen Einheimischen und Flüchtlingen betraf aber nicht nur die Schule. Zumindest am Anfang musste ich die desillusionierende und verstörende Erfahrung machen, dass bereits damals Ost- und Westdeutsche nicht nur politisch, sondern auch mental in verschiedenen Welten lebten, dass die Verhältnisse in der DDR im Gegensatz zu Westberlin hier im katholischen Westen auf wenig Interesse stießen, Ausdruck einer in Westdeutschland und Westeuropa bis in die Gegenwart beobachtbaren, von Ignoranz und Herablassung geprägten Haltung gegenüber den Ländern Ostmitteleuropas und Osteuropas. Beispielhaft zeigte sich das westdeutsche Desinteresse kurz nach meiner Ankunft in Münster. Zum fünften Jahrestag des Aufstandes am 17. Juni 1953 sollte am 16. Juni 1958 abends ein Fackelzug stattfinden, an dem wir natürlich teilnahmen. Hochgestimmt zogen wir feierlich durch die Innenstadt und stellten frustriert fest, dass hier nicht des Aufstandes und seiner Opfer gedacht, sondern ausgelassen gefeiert wurde. Für viele von uns, die ja wegen ihres idealistischen und deshalb gefährlichen Einsatzes für Demokratie und Meinungsfreiheit als Flüchtlinge in dieser fremden Stadt existierten, war das nicht ertragbar. Die Enttäuschung schlug bei einigen in offene Empörung um, und wir mussten einen unserer Mitschüler mit aller Gewalt davon anhalten, seine brennende Fackel in ein mit feiernden Münsteraner Bürgern besetztes Lokal zu werfen.

All das verstörte auch mich. Ich hatte Probleme, mich in dieser Welt zurechtzufinden, die sich so ganz anders präsentierte als ich sie mir vorgestellt hatte, musste schmerzhaft erfahren, dass Deutschland im Gegensatz zu meinen idealistischen Erwartungen und Projektionen bereits Ende der 1950er Jahre ein geteiltes Land war, dass die von westdeutschen Politikern beschworene Hoffnung auf Wiedervereinigung gerade hier im Westen des Landes bestenfalls ansatzweise geteilt wurde. Letztlich erwies sich das als eine gute Erfahrung, bin ich doch so belehrt worden, dass nicht nur die Reden ostdeutscher Politiker auf ihre Glaubwürdigkeit hinterfragt werden müssen. Solcherart Enttäuschungen führten schließlich dazu, dass mein Interesse für Politik für längere Zeit nachließ. Befördert hat diese Entwicklung natürlich auch die konkrete Situation im Internat und in der Schule. Wie die meisten meiner Mitschüler war auch ich zunächst völlig orientierungslos, was die Lehrstoffe und ihre Vermittlung, was Anforderungen und Bewertungen betraf. Wir lernten ja plötzlich im Rahmen eines völlig anderen Schulsystems, in das wir ohne jede Vorbereitung hineingeworfen wurden. Eine nicht geringe Anzahl ist damit nicht klargekommen und hat bereits nach dem ersten Jahr Schule und Internat verlassen müssen; im Januar 1959, also kurz vor dem Ende unseres ersten Münsteraner Schuljahres, erhielten 75% unserer Klasse den berüchtigten „blauen Brief“ mit dem Vermerk „versetzungsgefährdet“; ich war glücklicherweise nicht dabei. Während ich in Potsdam nach einem Jahr das Abitur abgelegt hätte, fand ich mich am Paulinum in der Obersekunda wieder, durfte also noch drei Jahre die Schulbank drücken. In die neue Klasse kam ich als Nachzügler, und so galt es, wieder einen eigenen Platz zu finden, im übertragenen wie realen Sinn. Was Letzteres betrifft, so wurde ich neben dem Klassenbesten platziert. Dieser war ohne Vater aufgewachsen, ungemein ehrgeizig und aufgrund dessen nicht bei allen beliebt; nicht zufällig war er bis zu meiner Ankunft als Einziger ohne Banknachbar geblieben. Er suchte schnell meine Nähe, und wir sind während der drei Schuljahre auch gut miteinander ausgekommen; ich durfte als Einziger bei Klassenarbeiten hin und wieder bei ihm abschreiben.

Der Anfang war also in mehrfacher Hinsicht schwer, trotzdem bin ich dieser Schule bis heute zu Dank verpflichtet, weil sie mir den Weg zur Hochschulreife ermöglicht hat. Denn wenn es den meisten „Wehme"-Bewohnern und auch mir gelang, nach drei Jahren das Abitur zu schaffen, ist das dem Umstand zu verdanken, dass es in dieser Schule auch Lehrer gab, die uns mit Verständnis und Hilfsbereitschaft begegneten, sich engagiert für uns einsetzten. Zu nennen sind dabei vor allem unser Klassenlehrer Dr. Krabbe, der Lateinlehrer Festring, der Kunsterzieher Homoet und der Deutschlehrer Amely, der viele Jahre später auch die Leitung des Paulinums übernommen hat. Amely kümmerte sich auch außerhalb der Schule um uns, tauchte bisweilen an Wochenenden im Internat auf, um mit literarisch Interessierten eine Schiller-Aufführung im Freilichttheater Tecklenburg zu besuchen oder Schloss Hülshoff und seine Umgebung zu besichtigen, wo die Dichterin Annette von Droste-Hülshoff ihre Jugend verbracht hatte. Dr. Krabbe unterrichtete im Fach Russisch, für uns anstelle des im Paulinum obligatorischen Griechisch nach dem Lateinischen zweite Fremdsprache. Prädestiniert dazu war er durch eine zwölfjährige Gefangenschaft in der Sowjetunion, während derer er sich intensiv mit der russischen Sprache beschäftigt hatte; er gehörte zu den letzten deutschen Kriegsgefangenen, die 1955 auf Initiative von Konrad Adenauer entlassen worden waren. Das lag gerade drei Jahre zurück, die Erinnerung an den Osten und dessen in Münster wenig bekannte kulturelle und gesellschaftliche Besonderheiten war noch lebendig. Und so ist er trotz seines ausgeprägten konservativ-bürgerlichen Habitus immer ein verständnisvoller Ansprechpartner gewesen, gemeinsam mit seiner Frau bisweilen freundlicher Gastgeber im eigenen Haus. Krabbes Unterricht war auch in literarischer Hinsicht anspruchsvoll; er hat uns so weit gebracht, dass wir im Unterricht auch schwierige russische Texte lesen und interpretieren konnten, z. B. die berühmte „Legende vom Großinquisitor" aus Dostojewskis Roman „Die Brüder Karamasow". Krabbe war es auch, der mir nach dem Abitur nahelegte, Slawistik zu studieren, ein für mein weiteres Leben ungemein bedeutungsvoller Rat, wofür ich ihm heute noch dankbar bin. Er hat meinen Werdegang bis ins hohe Alter mit Interesse verfolgt, bis hin zu meiner Berufung auf eine Professur nach Erlangen. Als er davon erfuhr, übermittelte er das freudige Ereignis sofort dem damals auch noch lebenden ehemaligen Direktor des Paulinums, um ihm zu zeigen, dass aus „seinen Jungs auch etwas geworden ist". In guter Erinnerung habe ich auch den damals noch jungen Philosophielehrer Dr. Oelmüller, der philosophisch interessierten Schülern nicht nur in der Schule, sondern auch auf „philosophischen Spaziergängen" wichtige Aspekte dieses grundlegenden Faches nahebrachte. Nicht zuletzt ihm, der später als Professor an den Universitäten Paderborn und Bochum hohes Ansehen erlangte, ist es zu verdanken, dass ich die Philosophie als drittes Studienfach gewählt habe. Er hat die ersten Semester dieses Studiums mit aufmunternden Briefen und wertvollen Ratschlägen begleitet.

Die Sommerferien 1958 und 1959 sollte ich bei meinen Eltern in Ratingen verbringen. Ich freute mich, dem Internat für einige Wochen entrinnen zu können, sah mich aber mit neuen Problemen konfrontiert. Die Eltern bewohnten ein ca. 10 qm großes Zimmer im Haus einer verwitweten älteren Frau, Witwe eines Oberstudiendirektors, worauf sie sehr stolz war und wünschte, mit „Frau Oberstudiendirektor" angeredet zu werden. Ein sechswöchiger Aufenthalt in dieser Enge erwies sich als unmöglich, und so schickte man mich im Sommer 1958 zu einem Bauern, bei dem ich für freie Kost und Logis sechs Wochen hart arbeiten musste, von früh um sechs Uhr bis zum Abendbrot; als finanzielle Belohnung erhielt ich für die sechswöchige Schufterei dann am Schluss stolze 50 DM. Während der Sommerferien des folgenden Jahres schlief ich dann bei meinen Eltern auf einer Luftmatratze, arbeitete aber tagsüber in einem Nachbarort in einer Tapetenfabrik, zuständig für die Bearbeitung und den Versand von Postsachen. Diese Arbeit habe ich gern getan, denn ich wurde anständig bezahlt und von den Mitarbeitern sehr nett behandelt. Bedrückend blieb natürlich die Situation der Familie, nicht nur wegen der räumlichen Enge und der materiellen Not, sondern auch wegen der Ungewissheit über das weitere Schicksal der Eltern, denen für den Rest ihres Lebens eine Existenz als Sozialhilfeempfänger drohte. Die Deutsche Bundesbahn weigerte sich zunächst kategorisch, meinen Vater wieder einzustellen, und alle Bemühungen, anderweitig eine Beschäftigung zu finden, scheiterten am Alter; einen Endfünfziger wollte auch damals niemand einstellen.

Zurück in Münster begann dann im Herbst wieder der recht triste Schul- und Internatsalltag. Aufgelockert wurde er durch gelegentliches Herumstromern in der Münsteraner Innenstadt, durch von der Heimleitung organisierte Ausflüge ins Münsterland, durch gemeinsame Kinobesuche. Im Gedächtnis geblieben sind mir dabei vor allem der sowjetische Film „Wenn die Kraniche ziehen", in dem erstmals am Beispiel einer Liebesgeschichte die Auswirkungen des zweiten Weltkrieges auf das individuelle Leben der Menschen in der Sowjetunion auf sehr berührende Weise geschildert wurde, sowie Bernhard Wickis die ganze Sinnlosigkeit dieses Krieges veranschaulichender Film „Die Brücke". Das hier dargestellte sinnlose Sterben von gleichaltrigen Jungen wenige Tage vor Kriegsende hat uns emotional intensiv angesprochen und war Anlass von engagierten Diskussionen. In guter Erinnerung sind mir Musikabende im kleinen Kreis geblieben, in deren Rahmen ich klassische Musik auf neue und intensive Weise erfahren durfte. Interesse dafür hatte ich ja bereits schon in Werder verspürt, nun aber folgte eine umfassende Einführung in die Musik der Klassik und Romantik. Initiiert hatte das Ganze ein Mitschüler namens Dietrich Kloke, der mit zwei anderen in einem kleineren Nebenzimmer hauste. Als Enkel eines gleichnamigen, in den 1920er und 1930er Jahren recht bekannten Dirigenten war Dietrich Kloke in seiner Liebe zur Musik familiär vorbelastet. Er besaß einen kleinen Plattenspieler und eine schöne Sammlung von kleinformatigen Platten. Wir hörten abends also öfter Musik von Mozart, Beethoven, Schubert, Schumann, Brahms u. a., begleitet von durchaus kundigen Erläuterungen Klokes. Die Qualität der Wiedergabe ließ natürlich zu wünschen übrig, bisweilen musste auch die Platte mitten im Sinfoniesatz umgedreht werden, aber das tat dem Hörvergnügen keinen Abbruch. Leider entsprachen die schulischen Leistungen unseres Mentors so gar nicht seiner musikhistorischen Kompetenz, und so musste er nach einem Jahr Schule und Internat verlassen.

Darüber hinaus gab es einige für meine weitere Entwicklung wichtige Intermezzi in Gestalt von Reisen. Trotz des allseits schmalen Etats unternahmen wir im Frühsommer 1959 eine Klassenfahrt, die uns über die Hansestädte Bremen und Hamburg nach Dänemark führte; für mich war es die erste Auslandsreise. Ermöglicht wurde das Unternehmen vor allem durch die Gastfreundschaft dänischer Familien in Kopenhagen. Pfarrer Moes besaß gute Kontakte zu einer Kirchengemeinde in der dänischen Hauptstadt, und deren Mitglieder erklärten sich bereit, diese jungen Menschen aus Ostdeutschland für eine knappe Woche aufzunehmen und zu betreuen, was trotz einiger Sprachprobleme auch gelang. Das war damals noch nicht selbstverständlich, schließlich lag die Besetzung Dänemarks durch die deutsche Wehrmacht gerade einmal ein gutes Jahrzehnt zurück. Besonders beeindruckte uns die Aufnahmebereitschaft einer Frau, deren Mann als Widerstandskämpfer von den

Nazis umgebracht worden war. Der Aufenthalt bei den gastfreundlichen Dänen hat unser Wissen über das Nachbarland im Norden enorm bereichert. Neben den üblichen Besichtigungen von Thorwald-Museum, Konzert- und Opernbesuchen gewannen wir Einblick in das Alltagsleben dänischer Familien, in eine andere Art von Gottesdiensten u. a. m. Ich war bei einer Architektenfamilie namens Hansen untergebracht und durfte das Zimmer eines der Söhne bewohnen. Die Gastgeber begegneten mir zurückhaltend, aber freundlich und hilfsbereit, brachten mich zu verschiedenen Veranstaltungen mit dem Auto, führten mich in Konzerte u. a., und so habe ich mich trotz der Kommunikationsschwierigkeiten dort sehr wohl gefühlt. Von Kopenhagen ging es dann mit der Fähre nach Jütland, wo wir u. a. den Dom von Roskilde besichtigten, und von dort zurück nach Münster.

Zu einem sehr beeindruckenden Erlebnis geriet eine zweite Reise, nämlich die zum evangelischen Kirchentag nach München, vorbereitet durch Pfarrer Moes, der allerdings aufgrund seiner Verpflichtungen im Internat zu seinem großen Leidwesen nicht mitfahren konnte. Wir kampierten in einer Schule, schliefen in der Turnhalle auf Luftmatratzen. Die einfache Unterbringung beeinträchtigte jedoch keineswegs mein Wohlbefinden, denn aufgrund des sehr dichten Programms war ich körperlich und geistig ständig unterwegs, in Gottesdiensten, Diskussionsrunden, Orgelkonzerten, Theateraufführungen. Mein besonderes Interesse erweckte eine Aufführung von Thornton Wilders „Unsere kleine Stadt". Solcherart Variante des „Epischen Theaters", die Darstellung des Alltags einer amerikanischen Kleinstadt in einer gänzlich undramatischen offenen Form, hatte ich zuvor nicht kennengelernt. Fasziniert war ich aber vor allem von der geistig-religiösen Atmosphäre dieser Großveranstaltung, von den offen und z. T. kontrovers geführten Diskussionen zu Fragen der Theologie und des kirchlichen Alltags, vom gemeinsamen Singen u. a. Die hier gewonnenen Erfahrungen und Eindrücke haben mich noch lange beschäftigt, haben mein seit der Konfirmation verschüttetes Interesse an Fragen zum Glauben und zur Religion wiedererweckt., mit nicht unwesentlichen Folgen für meine weitere geistige Entwicklung. Inspiriert durch den Kirchentag habe ich mich wieder mit weltanschaulich relevanten Themen beschäftigt, unterstützt durch zwei neue Zimmergenossen, den Pfarrerssohn Christoph Jahn und den zukünftigen Theologen Lothar Kind. Während meines zweiwöchigen Tagungsaufenthaltes im Jugendhof Vlotho war es zu wohl recht hässlichen Auseinandersetzungen zwischen Stubenkameraden und der Heimleitung gekommen, in deren Gefolge einer von ihnen das Internat verlassen musste und zwei in andere Zimmer verlegt worden waren. Mit Christoph und Lothar habe ich viele, z. T. bewegende Gespräche über Religion geführt, die vor allem für Lothar wichtig waren. Er gehörte zu denen, die allein, ohne Familie in Münster gelandet waren, und suchte das Gefühl der Unbehaustheit im verzweifelten Glauben an Gott zu überwinden. Es ist ihm leider nicht gelungen; er hat sich nur kurze Zeit nach dem Abitur das Leben genommen.

Neben diesen zwei Reisen ist meine damalige Entwicklung durch eine, was Integration und Dialogfähigkeit angeht, überaus verdienstvolle Institution gefördert worden, und das war der erwähnte Jugendhof Vlotho. Die im Weserbergland ansässige Einrichtung hatte es sich zur Aufgabe gesetzt, Jugendliche aus unterschiedlichen sozialen Schichten und verschiedenen geografisch-politischen Herkunftsbereichen zusammenzubringen. Ende der 1950er Jahre erging auch eine Einladung an uns; man wollte während vierzehntägiger Freizeiten Lehrlinge und Gymnasiasten sowie aus der DDR geflüchtete Jugendliche und Einheimische miteinander bekannt machen. Merkwürdigerweise stieß dieses Angebot auf keinerlei Interesse bei meinen Mitschülern, und so blieb ich der Einzige, der dieses Angebot, und zwar gleich drei Mal, in Anspruch genommen hat. Das landschaftlich schön gelegene

Anwesen bestand aus einem alten, sorgfältig restaurierten Bauernhof mit einigen Nebengebäuden. Im Zentrum stand die von Studenten geleitete Arbeit in Kleingruppen, deren Teilnehmer, ausgehend vom Austausch individueller Erfahrungen, politische und gesellschaftliche Probleme erörterten. Darüber hinaus animierte der „Jugendhof“ mit zahlreichen Angeboten, sich künstlerisch in den Bereichen Malerei, Literatur und Musik zu betätigen. Nicht zuletzt aufgrund des großen Engagements von Studierenden der Musikhochschule Detmold spielte dabei die Pflege der Musik eine große Rolle. Man durfte sich am Bau von Fideln versuchen, lernte dazu ansatzweise, dieses Instrument auch zu spielen, und wurde mit einer Vielzahl von Liedern aus ganz Europa bekannt gemacht. Einen nicht geringen Teil meines bis heute bewahrten Liederrepertoires verdanke ich diesen Detmolder Studenten. Wanderungen und Besichtigungen rundeten das umfangreiche und vielfältige Programm ab. All das führte zu einer eminenten Erweiterung meines kulturellen und sozialen Horizonts; so erhielt ich über die in unserer Gesprächsgruppe befindlichen Bergbau-Lehrlinge erstmals Einblicke in die Arbeitswelt des Ruhrgebietes, die bei späteren Begegnungen in Essen substanzielle Erweiterungen erfuhren. Wenn ich diese über eineinhalb Jahre verteilten Aufenthalte in Vlotho bis heute in guter Erinnerung behalten habe, so deshalb, weil ich hier erstmals ausführlich mit Gleichaltrigen aus Westdeutschland über meine DDR-Vergangenheit, über die Flucht und über erste Erfahrungen in Münster sprechen konnte und dabei interessierte und teilnehmende Zuhörer fand. Hier in Vlotho habe ich das gefunden, was ich in Münster so schmerzlich vermisst habe – das Bemühen um ein Zusammenführen von Ostlern und Westlern, später „Ossis“ und „Wessis“ genannt, das ehrliche Interesse an dem, was in der DDR mit den Menschen passierte, was sie dachten und fühlten, wie sie mit den dortigen Lebensverhältnissen zurechtkamen etc.

Zurückgekehrt aus Vlotho erfuhr ich zu meinem Erstaunen, dass man mich ohne mein Zutun zum stellvertretenden Schulsprecher gewählt hatte; zuvor war ich bereits im Internat zum stellvertretenden Heimsprecher gemacht worden. Wie hier bin ich auch später in meinem Leben in solcherart Leitungsfunktionen mehrfach eher hineingerutscht, als dass ich mich aktiv darum bemüht hätte. Die Rolle als Schulsprecher erwies sich als eher symbolisch, während es bei der des Heimsprechers durchaus um konkrete Fragen und Probleme ging, wie Kritik am Essen, Fernsehzugang, Verbesserung der sanitären Einrichtungen etc.

Nach knapp zwei Jahren, also zu Beginn des Jahres 1960, erfuhr mein Leben die nächste gravierende Umstellung, resultierend aus einem eigentlich überaus positiven Ereignis. Nachdem sich die Deutsche Bundesbahn lange geweigert hatte, meinen Vater in seiner Vorkriegsfunktion wieder einzustellen, erhielt er plötzlich durch die Vermittlung eines Kriegskameraden doch noch eine Stelle in Hagen in Westfalen, einer nicht sehr attraktiven, zwischen Dortmund und Wuppertal gelegenen Industriestadt. Nach fast zweijährigem Hausen im zehn Quadratmeter großen Zimmer in Ratingen durften die Eltern eine Dreizimmerwohnung beziehen, übrigens auch wieder aufgrund einer besonderen Beziehung zu Ostdeutschland. Die Wohnung war ihnen zunächst verweigert worden. Das änderte sich allerdings schlagartig, als der zuständige Sachbearbeiter hörte, dass wir aus Werder stammten, denn er erinnerte sich an seine Militärzeit auf dem Flugplatz von Werder. Für mich erwies sich diese Entwicklung freilich als weniger erfreulich. Mein Internatsaufenthalt war bis zu diesem Zeitpunkt von der Sozialhilfe bezahlt worden. Nun sollten meine Eltern die Kosten übernehmen, was sich aufgrund des nicht gerade üppigen Gehalts des Vaters als nicht realisierbar erwies. Zudem studierte mein Bruder noch in Köln, dazu kamen die Kosten für die Einrichtung eines völlig neuen Hausstandes u. a. m.

Und so erging der Beschluss, dass ich in Hagen bei den Eltern wohnen und jeden Tag 85 km zur Schule nach Münster fahren sollte, als Kind eines Bundesbahners durfte ich umsonst reisen. Das bedeutete, abgesehen vom Sonntag, einen täglichen Schulweg von 170 km. Beginnend mit dem Aufstehen um fünf Uhr, nach der Busfahrt zum Bahnhof, nach knapp eineinhalb Stunden Bahnfahrt, nach 20 Minuten Fußweg durch die Innenstadt von Münster erreichte ich dann schon etwas müde die Schule und hatte sechs Schulstunden vor mir. Am späten Nachmittag, gegen fünf Uhr, langte ich dann wieder zu Hause an, erledigte die Hausaufgaben und fiel gegen acht Uhr todmüde in mein Bett. Wenn ich diese eineinhalb Jahre zu den freudlosesten meiner Jugend zähle, so auch deshalb, weil diese neue Konstellation zu einer recht weitgehenden sozialen Isolierung führte. Da ich ja in Münster nur noch zur Schule ging, verlor ich den Kontakt zu befreundeten Mitschülern im Internat, z. B. zu Christoph und Lothar, die ich auch in der Schule nur noch bei Pausen traf, weil sie anderen Klassen angehörten. Das war auch in Hagen nicht zu kompensieren, denn aufgrund des langen und ermüdenden Schultages konnte ich keinem Sportverein oder anderen soziale Kontakt ermöglichenden Institutionen beitreten, lernte also in Hagen niemanden kennen, saß also auch am Wochenende bei meinen alten Eltern, schlief am Sonntag bis gegen Mittag, las ein wenig, schaute hin und wieder mit den Eltern in die Röhre, u. a. nach dem Aufstehen Sonntagmittag den beliebten „Internationalen Frühschoppen“ des Werner Höfer, von dem man damals noch nicht wusste, dass er ein Nazi gewesen war. Ich habe das alles klaglos hingenommen, war aber auch immer wieder enttäuscht und deprimiert, dass diese mich doch erheblich belastende Lebensweise von den Eltern kaum Mitgefühl und Anerkennung erfuhr. Sie, die nun verdientermaßen etwas zur Ruhe gekommen waren, betrachteten meinen doch sehr anstrengenden Lebensrhythmus als völlig normal und selbstverständlich und genossen es, dass wenigstens ein Sohn bei ihnen wohnte. Denn auch sie lebten in dieser wieder einmal neuen und fremden Umgebung sozial völlig isoliert und fanden, sicher auch aufgrund ihres fortgeschrittenen Alters, nur sehr schwer neue Bekannte.

Gemildert wurde diese bedrückende soziale und emotionale Einsamkeit durch zwei Dinge. Das waren zum einen gelegentliche Wochenendbesuche bei meinem Bruder und seiner Frau Helga in Köln. Obwohl mein Bruder im Jahre 1960 eigentlich das medizinische Staatsexamen ablegen sollte, hatten die beiden im Mai dieses Jahres geheiratet, gegen den erbitterten Widerstand meiner Eltern, die den gerade erst einmal 23-jährigen Klaus für eine Ehe mit einer fast neun Jahre älteren Frau noch nicht reif hielten und ihn bestürmten, erst einmal sein Medizinexamen abzulegen. Das junge Paar bewohnte eine hübsche Zweizimmerwohnung in Köln-Lindenthal, zeigte sich gastfreundlich und anregend. Meinen Bruder und seine Frau schätzte ich als vielseitig interessierte Menschen, mit denen ich gut diskutieren konnte, nicht zuletzt aufgrund ausgeprägter künstlerischer Begabungen und Neigungen der beiden, Helga als ausgebildete Sängerin im Bereich der Musik, Klaus im Bereich der Malerei. Leider überdeckten diese kulturellen Interessen diejenigen an der Medizin, was dazu führte, dass das Examen immer weiter hinausgezögert wurde. Mich hat das wenig berührt. Ich freute mich immer auf Besuche in Köln, auf Kinobesuche, auf Besichtigungen von Museen und anderen Tempeln der bildenden Kunst, wie dem Atelier des berühmten Malers Nay, dessen Frau zur Verwandtschaft meiner Schwägerin Helga gehörte. Wir haben Anfang 1960 in Düsseldorf gemeinsam die Möbel für das Domizil der beiden gekauft und den Kauf danach ausgiebig begossen, später mit dem in der Nachbarwohnung lebenden jungen Historiker Wolfgang Mommsen, Urenkel des berühmten Theodor Mommsen, sehr anregende Gespräche geführt, wichtige Ereignisse gefeiert und deprimierende miteinander ertragen,

z. B. im Jahre 1961. Im Mai gebar meine Schwägerin ihr erstes Kind, meine Patentochter Sabine, was im Rahmen der kurz darauf erfolgten Taufe im großen Familienkreis festlich gewürdigt wurde. Nur wenige Wochen später wich die gute Laune tiefer Depression. Just am 13. August 1961 stattete ich den Kölnern wieder einmal einen Besuch ab und vernahm mit ihnen beim Frühstück die Nachricht vom beginnenden Mauerbau in Berlin. Wir wussten, was das bedeutet, Klaus und ich als ehemalige DDR-Bürger aus dem Umkreis von Berlin, Helga als Berlinerin, deren Bruder, Mutter und Großmutter in Westberlin lebten, wo die große Druckerei der Familie ihren Sitz hatte, wo zwischen ihrer Familie und in Ostberlin lebenden Verwandten und Freunden zahlreiche enge Verbindungen bestanden. Fassungslos und tief betroffen hingen wir am Radio, versuchten die völlig verzweifelte Helga zu trösten, die pausenlos einen Zugang zu den hoffnungslos überlasteten Telefonverbindungen nach Berlin suchte.

Abwechslung zum anderen bot, so merkwürdig das klingen mag, die körperlich anstrengende Ferienarbeit bei einem Gartenbauarchitekten. Ich habe in den Schul- und später in den Semesterferien immer Geld verdienen müssen, und das tat ich auch seit Beginn des ersten Sommers in Hagen. Mit der Gartenbau-Firma des Herrn Walbert Paar, einem auf den Bau von Gartenanlagen und deren Pflege spezialisierten mittelständigen Betrieb, lernte ich einen vielseitigen, aber auch anstrengenden Arbeitsbereich kennen; das betraf das Ausheben von Drainagegräben im felsigen Boden mit der Spitzhacke ebenso wie stundenlanges Laufen mit einem Rasenmäher, das Pflanzen von Bäumen und Sträuchern, das Bauen von Trockenmauern u. a. m. Ich habe diese Tätigkeiten fünf Jahre ausgeübt, jeweils im Frühjahr und im Sommer und viel dabei gelernt, Pflanzenkunde, handwerkliche Fähigkeiten, wie das Mischen von Beton, das Verlegen von Platten, Techniken der Pflanzenpflege etc. Als menschlich bereichernd erwies sich der Umgang mit der aus ca.

15 Mitarbeitern bestehenden recht heterogenen Belegschaft, die sich aus Gartenbautechnikern, Lehrlingen, Meistern, Fach- und Hilfsarbeitern zusammensetzte. Ich gehörte natürlich zu Letzteren, erwarb mir aber im Verlauf der Jahre recht solide Kenntnisse und Fertigkeiten, sodass mich Herr Paar auch hin und wieder mit eigenständigen Aufgaben betraute. Als Gymnasiast wurde ich zunächst etwas misstrauisch beäugt und auch gefoppt; als ich mich aber weder herablassend noch faul zeigte, führte dies zur Anerkennung als „Kollege", mit dem Ergebnis, dass mich die Kollegen jedes Jahr zu Beginn der Semesterferien als „Lehmännchen" mit einem „Extra-Krombacher" (Bier) freundlich begrüßten. Während der Arbeit und der Pausengespräche gewann ich Einblick in das private Leben einer sozial bunt gemischten Truppe, in unterschiedliche Biografien und familiäre Verhältnisse, in mir bis dahin nicht vertraute Denkweisen. Da gab es einen alten Gartenbau-Meister, der als junger Mann noch den ersten Weltkrieg mitgemacht, nach 1945 in der DDR seinen Gartenbaubetrieb durch Enteignung verloren hatte, den im jugendlichen Alter gegen seinen Willen zur Waffen-SS eingezogenen Vorarbeiter, den über die Berliner Mauer geflüchteten, wegen seines sächsischen Dialekts gehänselten DDR-Grenzsoldaten, solide junge Familienväter. Nervige, mit ihren sexuellen Erlebnissen vom Wochenende auf nicht immer appetitliche Weise prahlende Hilfsarbeiter arbeiteten mit intellektuell höchst anspruchsvollen Kollegen zusammen, deren Tätigkeit als Landschaftsgärtner bereits damals von einem Arbeitsethos geprägt war, das man heute als ökologisches Bewusstsein bezeichnen würde. Einer von ihnen ist mir besonders im Gedächtnis geblieben. Christoph war ausgebildeter Landschaftsgärtner, einige Jahre älter als ich, ich lernte ihn kennen, als ich bereits studierte. Ohne in den Genuss einer höheren Schulbildung gekommen zu sein, hatte er sich aufgrund vielfältiger geistiger Interessen und intensiver Lektüre naturwissenschaftlicher und philosophischer Schriften ein beeindru-

ckendes Wissen angeeignet. Davon geleitet verstand er seine Arbeit als Dienst an der Natur, die er nicht als Gegenstand menschlicher Tätigkeit, sondern als selbstwertigen Organismus achtete, gestützt u. a. durch ein Selbststudium romantischer Naturphilosophen wie Friedrich Wilhelm Schelling und Johann Wilhelm Ritter. Aufgrund dieser Einstellung galt er natürlich bei den anderen als wohlgelittener Spinner, mir aber hat er ungemein imponiert, und ich habe gern und oft mit ihm diskutiert.

Im Frühjahr 1961 neigte sich endlich die so lange, wechselvolle und schwierige Schulzeit ihrem Ende zu. Die letzten Wochen vor dem Abitur musste ich nicht mehr täglich ins Paulinum fahren, sondern durfte bei meinem Schulkameraden Dieter Schorsch in Münster wohnen. Die Familie Schorsch war ebenfalls 1958 aus der DDR geflüchtet und Dieters Vater, ein Mediziner, hatte versucht, im Westen eine neue Existenz für die fünfköpfige Familie aufzubauen. Kurz vor Eröffnung seiner neuen Praxis war er, wohl stressbedingt, an einem Herzinfarkt gestorben und seine Frau gezwungen, sich und ihre drei Kinder allein durchzubringen, was sie übrigens gut geschafft hat. Eine Tochter studierte mit gutem Erfolg Medizin, und Dieter gedachte, das Gleiche zu tun. Schorsch galt in der Klasse aufgrund seiner bisweilen merkwürdigen Sprüche als netter Spinner, wir waren nicht dick befreundet, kamen aber gut miteinander aus. Er beeindruckte immer wieder als ein kundiger und geschickter Motorfreak, besaß als erster von uns ein gebrauchtes Auto und fuhr leidenschaftlich gern Motorrad. Letzteres ist ihm leider zum Verhängnis geworden; er ist viele Jahre später mit seinem Bike tödlich verunglückt. Wir bereiteten uns gemeinsam auf das Abitur vor, das die Klasse Ende Februar 1961 bis auf eine Ausnahme erfolgreich absolvierte, eine angesichts der schwierigen Rahmenbedingungen respektable Leistung, worauf der stolze Dr. Krabbe seine Kollegen dann auch nachdrücklich aufmerksam gemacht hat. Was die mündlichen Prüfungen angeht, so wurden natürlich die „normalen" Münsteraner Klassen zuerst geprüft;

wir als Anhängsel kamen am Schluss dran, und ich gehörte zu den letzten. Mündlich geprüft wurde ich in Latein, und am Schluss legte mir der Prüfungsvorsitzende, unser Direktor Hugenroth, seinen noch nicht verschlossenen Füllfederhalter mit der lateinische Auffforderung „usus operi“ vor und bat mich, diese zu übersetzen. Nach langem Nachdenken und indirekten Hinweisen stammelte ich schließlich „Nach Gebrauch zu schließen!“, ein, wie ich auch heute noch denke, schöner und passender sprachlicher Abschluss meiner Schulzeit.

6 Studienbeginn in Münster 1961/62

Im Sommersemester 1961 begann ich in Münster Germanistik, Slawistik und Philosophie zu studieren. Da ich mich bereits in Potsdam und dann auch in Münster für Biologie und Chemie interessiert hatte, liebäugelte ich zunächst mit dem Fach Biochemie, nahm dann aber davon Abstand, weil dieses Studium als langwierig und teuer galt. Das Geld spielte halt immer noch eine wichtige Rolle. Obwohl mein Vater als Bundesbahninspektor wirklich keine Reichtümer verdiente, mein Bruder sein Examen immer noch nicht abgelegt hatte und von den Eltern unterstützt wurde, erhielt ich kein Stipendium und durfte sogar dankbar sein, dass mir die Studiengebühren erlassen wurden. Selbst dafür musste man sich am Schluss des Semesters einer Eignungsprüfung unterziehen. So verzichtete ich im ersten Semester auf eine Bude in Münster und fuhr zu den Lehrveranstaltungen weiter von Hagen zu meinem Studienort. Das war nicht ganz so anstrengend wie während der Schulzeit, weil ich mir meinen Stundenplan selbst zusammenstellen konnte und mich so statt an sechs nur an vier Tagen in Münster sehen ließ. Das Studium begann ich mit Begeisterung und Elan, insbesondere in den Fächern Neugermanistik und Philosophie. Bei den Germanisten dominierten zwar konservative Professoren, die z. T. noch während der NS-Zeit Karriere gemacht hatten, wie der sich als Halbgott gerierende Jost Trier, der mit Beginn der Vorlesung die Türen zum Hörsaal abschließen ließ, damit dieser nicht vor Ende der Vorlesung verlassen werden konnte, oder der Literarhistoriker Wolfdietrich Rasch, aber es gab auch jüngere, inspirierende akademische Lehrer, wie Gerhard Klussmann und Günter Just. Klussmann hat mir im Rahmen eines Proseminars die mich auch später immer wieder faszinierende deutsche

Romantik nahegebracht, Just die Lyrik Mörikes und die Literatur des Expressionismus. Seine Expressionismus-Vorlesung ist mir bis heute in Erinnerung geblieben, inhaltlich ungemein informativ, in der Diktion lebendig, witzig, geistreich, unvergesslich seine polemische Auseinandersetzung mit der damals schon berüchtigten Witwe des Lyrikers Yvan Goll, auf deren selbstsüchtigen Umgang mit dem Werk ihres Mannes Just mit der Empfehlung reagierte, dass man doch die in Indien übliche Witwenverbrennung auch in Deutschland einführen solle. Justs philologisch präzise und feinsinnige Gedichtanalysen im Mörike-Seminar, insbesondere die zu den „Peregrina"-Liedern, bewirkten, dass mein Interesse für diesen heute leider fast vergessenen Lyriker nie erloschen ist. Sein großes Gedicht „Besuch in Urach" wählte ich zum Gegenstand meiner ersten, mit viel Liebe zu diesem Text geschriebenen Seminararbeit. Justs Umgang mit den Studierenden zeichnete sich durch Dialogbereitschaft und Offenheit aus, erkennbar u. a. an seinem engagierten Mitwirken als Schauspieler im Studententheater, was seinen Professorenkollegen nicht im Traum eingefallen wäre.

Nachhaltig durch ihre kommunikative Kompetenz beeindruckten mich auch zwei Philosophen, und das waren Joachim Ritter und Hermann Lübbe. Letzterer hat mit seinen Lehrveranstaltungen zur politischen Philosophie mein seit den Internatszeiten brachliegendes Interesse für Politik wiedererweckt, mich als Zweitsemesterstudent in sein Hauptseminar eingeladen, in dessen Rahmen ich erstmals umfassend mit der Geschichte der Politischen Theorie vertraut gemacht wurde. Ungewöhnlich dialogbereit u. a. im Rahmen von Vorlesungen zeigte sich Lübbes Lehrer Joachim Ritter. Ausgehend von einer Hegel-Vorlesung verdanke ich ihm eine erste gründliche Einführung in die Philosophie des Deutschen Idealismus, in ein Thema, das mich dann während meines gesamten Studiums bis hin zu meiner Dissertation über Schelling in Russland beschäftigen sollte. Ritter signalisierte immer Gesprächsbereitschaft, ermunterte seine Hörer sogar während der Vorlesung zu Nachfragen, was damals höchst ungewöhnlich war, unterbrach seine Ausführungen permanent mit der Frage, ob wir das gerade Gehörte auch verstanden hätten. Als weniger inspirierend erwies sich das Slawistik-Studium in Münster. Der Lehrstuhlinhaber Dickenmann, ein reiner Sprachwissenschaftler, zeigte wenig Interesse und Gespür für sprachliche Kunstwerke; der für die Literaturwissenschaft zuständige Dozent Busch folgte kurz nach Beginn meines Studiums einer Berufung nach Kiel. Und so habe ich, was die Slawistik betrifft, in diesen drei Semestern in Münster eigentlich wenig gelernt.

Mit Beginn des Wintersemesters 1961/62 konnte ich mir endlich eine Bude in Münster leisten, im Friesenring bei der Familie Lappe, bei netten und hilfsbereiten Vermietern; Frau Lappe ließ es sich z. B. nicht nehmen, bei bevorstehenden Prüfungen ihrer Studenten in der benachbarten Kirche für sie eine geweihte Kerze anzuzünden. Ich bezog ein ca. acht qm kleines Dachzimmerchen im fünften Stock eines Mietshauses, bestehend aus Bett, Schrank, Tischchen und kleinem Waschbecken; für Toilettengänge war ein vor allem nachts beschwerlicher Abstieg in die fünf Treppen tiefer gelegene Wohnung der Vermieter erforderlich. Trotz dieser Einschränkungen habe ich mich dort sehr wohl gefühlt, bin mit den rechts und links von mir wohnenden Nachbarn gut ausgekommen, zwei schon älteren, kurz vor dem Examen stehenden Studenten, die mit Wehmut auf das nun hinter ihnen liegende Studentenleben zurückschauten und mit Argwohn auf die sie erwartenden bürgerlichen Existenzen als Lehrer und Ehemann blickten.

Mit dem Wohnen in Münster wurde das Leben auch wieder etwas bunter. Ich saß abends oder am Wochenende nicht bei meinen Eltern, sondern traf mich mit alten Schulkameraden wie Schorsch zum nächtlichen Skatspielen, beim berühmten „Pinkus Müller“ zum Altbiertrinken oder zu anderen Kneipengängen, folgte Einladungen als potenzieller

„Fuchs“ bzw. „Frischling“ von Burschenschaften. All das fand ich unterhaltend, im Gefolge von reichlichem Alkoholkonsum bisweilen auch lustig, doch es blieb letztlich unbefriedigend. Spätestens mit Beginn des Sommersemesters 1962 geriet ich zudem in eine Gammelphase, schwänzte Lehrveranstaltungen, wurde zunehmend unruhig und unzufrieden und gelangte schließlich zur Erkenntnis, dass ich mich von hier unbedingt entfernen müsste, und zwar ganz weit weg, von dieser Universität und der Stadt Münster ebenso wie von meinen alten Eltern in Hagen, weg in mir bislang unbekannte Gegenden und Lebensbereiche. Ich spürte eine drohende Verspießerung, merkte zunehmend, dass geistige und seelische Potenziale, die ich nicht näher bestimmen konnte, die ich aber instinktiv fühlte, hier niemals zur Entfaltung kommen würden.

Zunächst nahm ich Heidelberg als neuen Studienort ins Visier, entschied mich dann aber für Freiburg im Breisgau, und zwar aus folgendem Grund: Gegen Ende des Sommersemesters 1961 stieß ich in der Uni Münster auf das Plakat einer Schweizer Institution, mit dem zu einem christlich geprägten Sommercamp am Lago Maggiore eingeladen wurde. Das erweckte mein spontanes Interesse, und so fuhr ich Anfang September 1961 nach Moscia bei Ascona und verlebte dort zwei wunderschöne Wochen im Casa Moscia genannten, direkt am Ufer des Lago Maggiore gelegenen Camp, gemeinsam mit Studierenden aus verschiedenen Ländern und Kontinenten. Was uns verband war christlicher Glaube oder zumindest ein intellektuelles Interesse an Religion und Theologie. Vormittags erörterten wir in geistig anspruchsvoller Atmosphäre religiöse, theologische und philosophische Themen in Arbeitsgruppen, die Nachmittage blieben frei für vielerlei Aktivitäten, wie Wandern im Tessiner Gebirge, Schwimmen, Segeln; bei Letzterem erinnerte ich mich wehmütig an die schönen Sommer auf den Havelseen in Werder. Abends saß man im Garten oder auf der Terrasse eines benachbarten Hotels, diskutierte, flirtete, musizierte, genoss den in kleinen Krügen ausgeschenkten Tessiner Rotwein. Für mich eröffnete sich in diesen Tagen eine neue Welt. Erstmals erfuhr ich den Zauber des Südens, erstmals bewegte ich mich intensiv in einem mehrsprachigen, international geprägten geistigen und kulturellen Umfeld. Es ergaben sich Freundschaften, die trotz großer Entfernungen mehrere Semester anhielten; so erinnere ich mich an einen intensiven philosophisch-theologischen Briefwechsel mit einem in Basel und danach in Bayern beheimateten Studenten der evangelischen Theologie, der allerdings später in unüberbrückbare ideologische Auseinandersetzungen mündete. Ich befand mich zu dieser Zeit in einer der idealistischen Philosophie verpflichteten Phase des Atheismus, identifizierte Gott mit der Idee des Absoluten, negierte den sich in Christus manifestierenden persönlichen Gott, was dem Theologen dann irgendwann zu viel wurde und dazu führte, dass er den Kontakt zu mir abbrach. Folgenreicher und lang andauernd erwies sich die in Moscia beginnende Freundschaft mit dem Medizinstudenten Peter Kramer, die trotz größerer zeitlicher Unterbrechungen mehr als 20 Jahre gehalten hat, während des Studiums in Freiburg und später während unserer Tätigkeiten als Hochschullehrer in Göttingen. Engagiert seit früher Jugend in der evangelischen Kirche, in Jugendgruppen, biblischen Arbeitskreisen u. ä. war Peter ähnlich wie ich ein Suchender, ein gläubiger Christ, der sich zugleich aber immer wieder mit der Frage abquälte, ob er wirklich glaube, ob der von der Kirche aufgezeigte Weg zu Gott der richtige ist. Das führte dazu, dass er in seinem religiösen Empfinden und Denken immer unterwegs war, bei sehr unterschiedlichen religiösen Gruppierungen und kirchlichen Institutionen Antwort auf seine Fragen suchte, die auch ich in den vielen Diskussionen in Moscia, später in Freiburg und in Göttingen nicht beantworten konnte. Als ein religiös Verzweifelter hat er später die Kirche verlassen und ist sehr früh mit 46 Jahren als Professor der Medizin in Göttingen verstorben.

Ein halbes Jahr später befand ich mich wieder in Moscia. Auch diesmal hatte die Casa zu einem attraktiven Ferienaufenthalt eingeladen: eine Woche Kunstfahrt nach Florenz und danach eine Woche Programm wie im Sommer zuvor, also Bibelarbeit, Diskussionen, Bergwanderungen u. a. Die Fahrt nach Florenz geriet zu einem überwältigenden Erlebnis. Wie so viele Deutsche hatte ich schon in DDR-Zeiten von Italien geträumt, mich nicht nur für Filme mit Gina Lollobridgia („Brot, Liebe, Fantasie" u. a.), sondern auch für die bildende Kunst der Renaissance interessiert, aus alten Zeitschriften und Büchern Abbildungen herausgeschnitten und in Mappen geklebt; als uns im Münsteraner Internat ein Vertreter des Bertelsmann-Verlags ein Buchabonnement aufschwatzte, gehörte zu den ersten Erwerbungen ein Buch über Architektur und Malerei in Florenz. Nun sollte ich das alles im Original sehen, entsprechend groß war die Vorfreude. Wir fuhren mit einem kleinen Bus älterer Bauart in die Toskana, zu unserem Nachtquartier, einem Bauernhof in der Nähe von Florenz. Die Unterbringung und das Abendessen waren spartanisch, die Nächte im März entgegen allen Vorstellungen vom warmen Süden höllisch kalt, aber das machte nichts. Denn wir schliefen wenig in diesen Nächten, diskutierten und verarbeiteten bei klarem Mondschein das tagsüber in Florenz in so großer Fülle Erlebte und Erfahrene. Vom frühen Vormittag bis zur einbrechenden Dämmerung durchstreiften wir, teils geführt (in den Museen wie den Uffizien oder dem Palazzo Pitti), teils auf eigene Faust sieben Tage diese wunderbare, geschichtsträchtige Stadt, die auch damals schon viele Touristen anzog, aber nicht so hoffnungslos überlaufen war wie heute. In den Uffizien faszinierten mich u. a. die Bilder von Cimabue und Giotto, an denen mich als Slawist der Übergang von der Ikone zur modernen Renaissance-Malerei besonders interessierte. Neben den Museen besichtigten wir natürlich den Dom und das benachbarte Baptisterium mit seinen kunstvollen Bronzetüren, die Kirche S. Maria Novella mit ihren wunderbaren farbigen Fenstern, die Klöster mit ihren Fresken, den Palazzo Vecchio und sein städtisches Umfeld, durchstreiften aber auch weniger renommierte Straßen und Plätze, an denen man während der Verschnaufpausen etwas vom italienischen Alltag erspüren konnte.

Meist bewegten wir uns in kleineren Grüppchen, woraus sich dann langsam Freundschaften und auch etwas intensivere Beziehungen entwickelten. Nach dem enttäuschenden Wiedersehen mit Barbara regte sich erstmals wieder der erotische impetus, die Sehnsucht nach weiblicher Nähe und Wärme und beides gab mir Meike aus Hamburg. Wir hockten immer öfter beieinander, entdeckten viele Gemeinsamkeiten. Meike studierte in Hamburg Pädagogik und entstammte einer sehr angesehenen Akademikerfamilie. Ihr Vater bekleidete eine Jura-Professor an der Hamburger Universität, galt als ein auch im Ausland anerkannter Spezialist für Internationales Recht; zugleich betätigte er sich auch im Bereich der Wirtschaft, u. a. als juristischer Berater und Vertreter der Firma Dr. August Oetker in Hannover. Entsprechend großzügig und weltoffen war der Lebensstil dieser Familie, die eine repräsentative Villa an der Hamburger Elbchaussee bewohnte. Versiert in Fremdsprachen, weltgewandt im Auftreten war Meike als Begleiterin ihres Vaters schon recht weit in der Welt herumgekommen, besaß sogar eine eigene Visitenkarte, was mich damals sehr beeindruckte. Bei alledem ist sie mir als ein liebenswerter, sehr sozialer, allem ungemein aufgeschlossener Mensch in Erinnerung geblieben, hatte z. B. als Freiwillige bei der nur wenige Wochen zurückliegenden Flutkatastrophe in Hamburg tagelang bis zur Erschöpfung gearbeitet. Die dabei erfahrenen Schicksale bewegten sie noch in Florenz; erst durch ihre Erzählungen ist mir das ganze Ausmaß dieser Katastrophe bewusst geworden. Unsere Beziehung erwies sich aber bald als problematisch, denn unsere Gefühle befanden sich nicht im Gleichgewicht. Meike war ein in vieler Hinsicht attraktives Mädchen, und ich mochte sie wirklich gern, doch die ganz große Liebe verspürte ich nicht. Meike hingegen entwickelte intensivere Gefühle, und als sie von meinem Plan erfuhr, die Uni zu wechseln, wollte sie mich nach Hamburg lotsen. Ich habe sie dann auch in Hamburg besucht, war Gast in der mich durch ihre wohltuende Freundlichkeit beeindruckenden großbürgerlichen Familie, erhielt eine wohlwollende Privataudienz beim Herrn Papa, der sich intensiv nach meinen beruflichen Vorstellungen erkundigte. Das alles in Verbindung mit Besuchen im Hamburger Schauspielhaus und anderen Aktivitäten hat mir gefallen, mich beeindruckt und zugleich beunruhigt. Ich fürchtete, dass ein Übersiedeln nach Hamburg recht bald zu einer festen Bindung in Richtung Verlobung, Heirat etc. führen würde, und genau das wollte ich nicht. Geistig und seelisch noch unfertig wie ich war, hatte ich nicht vor, wie mein Bruder bereits mit 23 Jahren im Hafen der Ehe zu landen, wollte frei sein für andere Erlebnisse und Begegnungen, und so fand diese Beziehung dann ein rasches Ende. Wir haben uns noch eine Weile Briefe geschrieben; spätestens nach meinem Wechsel an die Universität Freiburg fand auch das ein Ende.

7 Zeit der Bereicherung und Reifung im „badischen Paradies“: Freiburg im Breisgau (1962–1974)

Die Übersiedlung nach Freiburg verdankt sich der zweiten Bekanntschaft aus Moscia, und das war Heinz Nönninger, Student der Germanistik und Romanistik aus Rheinfelden in Baden. In ihm bin ich einem Urallemannen begegnet, in Rheinfelden an der Grenze zur Schweiz geboren und dort aufgewachsen, von daher mit ganzem Herzen mehr Schweizer als Badener. Durch ihn habe ich das mir bis dahin unbekannte Gebiet des Hochrheins kennengelernt, die schönen alten Städte wie das schweizerische Rheinfelden, Stein am Rhein und ihre wechselvolle Geschichte, habe in Rheinfelden die herzliche Gastfreundschaft seiner Eltern genossen und bin dabei mit badischer Lebensart vertraut geworden, mit dem sprichwörtlich guten Essen ebenso wie mit dem richtigen Weintrinken. Heinz hatte sein Studium in Basel begonnen, musste nun aber, um später im deutschen Schuldienst arbeiten zu können, nach Freiburg wechseln. Wir lernten uns während der zweiten Woche in Moscia näher kennen, und zwar in gemeinsamer Abwehr gegen die Leitung der Casa. Im Gegensatz zum Sommercamp wurde nämlich hier deutlich, dass die großzügige Einladung nach Florenz und in die Schweiz nicht ganz umsonst sein sollte. Die Bibelarbeit und die mit ihr verbundenen Diskussionen und Gespräche bewegten sich während dieses Aufenthaltes immer mehr in Richtung Missionierung, bis hin zu Einzelgesprächen, in deren Rahmen wir auf ein enges und sehr konservatives Christentum verpflichtet werden sollten, auf ein Religionsverständnis wie es die sogenannte Studentenmission an Universitäten in Deutschland und in der Schweiz propagierte. Inhalt und Form der Vermittlung erregten unseren Unwillen, und es war uns, übrigens auch Meike und anderen klar, dass wir das nicht akzeptieren würden. Als während unserer Gespräche auch meine Wechselabsichten zur Sprache kamen, begann Heinz zum erkennbaren Unwillen von Meike die Universitätsstadt Freiburg in den höchsten Tönen zu loben, mit Erfolg wie sich dann ein halbes Jahr später herausstellte. Nachdem ich Meike und Hamburg entsagt hatte, wechselte ich zum Wintersemester 1962/63 nach Freiburg – eine Entscheidung, die mein Leben in unvorstellbar positiver Weise geprägt hat und die ich nie bereut habe. Vom äußersten Osten kommend tauchte ich im äußersten Südwesten in eine völlig andere Lebenswelt ein, in eine Sinne und Geist intensiv belebende und inspirierende Kulturlandschaft. In Freiburg fand ich von Anfang an all das, was ich in Münster schmerzlich vermisst hatte: mich fördernde Lehrer, anregende, endlich auch wieder mich früher bewegende weltanschauliche Fragestellungen diskutierende Gesprächspartner verschiedenster Provenienz, geistig und emotional anspruchsvolle, bis in die Gegenwart bestehende Freundschaften und nicht zuletzt meine liebe Frau Anke, mit der ich nun seit mehr als einem halben Jahrhundert zusammenlebe. Zugleich eröffnete mir dieser Studienaufenthalt im äußersten Westen aber auch einen zuvor nicht erwarteten Rückweg in den Osten, im Rahmen eines ungemein bereichernden und meinen weiteren Lebensweg prägenden Slawistik-Studiums, gipfelnd im Studien- und Forschungsaufenthalt in Moskau und Leningrad im Jahre 1971.

Freiburg präsentierte sich Anfang der sechziger Jahre als bescheiden daher kommende Großstadt, viel kleiner und in vielem provinzieller als heute, bewohnt von ca. 140 000 Einwohnern, mit wenig Industrie, geprägt durch eine Reihe von Behörden und zahlreichen wissenschaftlichen Einrichtungen, dominiert von der Albert Ludwigs Universität. Stadtteile im Westen, wie Landwasser oder Weingarten, waren bestenfalls in Planung; aus Motorwagen und Anhänger bestehende Straßenbahnen befuhren mit mäßiger Geschwindigkeit zwei Linien, von Nord nach Süd und von Osten nach Westen, in den Bahnen gab es noch Schaffner, die Tickets verkauften und kontrollierten; auch in den großräumigen Kabinen der Schauinslandbahn war stets ein Schaffner anwesend. Die das Zentrum der Stadt dominierende Kaiser-Joseph-Straße zeigte ein freundlicheres Gesicht mit zahlreichen kleinen Geschäften, es existierte nur ein größeres Kaufhaus namens Blust, Beton-Ungetüme wie das Kaufhaus Schneider (jetzt Breuninger) suchte man vergebens. Am Bertoldsbrunnen befand sich eine Ampelkreuzung, die Innenstadt wurde bis 1973 noch von Autos befahren, auch der Platz um das Münster, wo an lauen Sommerabenden begüterte junge Männer in teuren Sportwagen ihre attraktiven Freundinnen in einem Corso zur Schau stellten, vorbei an den ihren Gutedel oder Achkarrer Ruländer aus dem Fass Nr. 6 schlotzenden Freiburger Bürgern und Studenten. Der im Vergleich zu Münster hohe Anteil an hübschen Mädchen und jungen Frauen gehörte zu den ersten positiven Eindrücken, die ich von dieser Stadt gewann; eine von ihnen ist seit fast sechzig Jahren immer noch an meiner Seite.

Der Freizeitwert für die Studierenden war bereits zu dieser Zeit sehr hoch. Im Wintersemester verlockte der damals noch üppig vorhandene Schnee zum Skilauf, am Semesterende feierte man u. a. im an der Maximilianstraße befindlichen Studentenwohnheim und im auf dem Schlossberg herrlich gelegenen Restaurant „Greifeneggschlössle“ ausgiebig Fasching, im Sommer versammelte sich mittags ein großer Teil der studentischen Jugend im Faulerbad, dessen aus der Dreisam gewonnenes Wasser zwar lausig kalt war, das aber wegen der Nähe zur Uni besondere Attraktivität besaß. Man hörte Jazz- und Beat-Musik im legendären Kellerlokal „Fuchsbau“, ging an den Wochenenden im Schwarzwald wandern, plante Fahrrad- oder Bergtouren ins benachbarte Elsass und in die Schweiz. Gegen Ende des Sommersemesters vergnügten sich Studierende, Lehrpersonal und Freiburger Bürger auf dem die ganze Innenstadt miteinbeziehenden wunderschönen Sommerball, bei dem neben Blaskapellen aus dem Umland normale Tanzorchester, anspruchsvolle Jazzgruppen, wie die von E. Mangelsdorff in den Kollegiengebäuden I und II, in der Alten Universität, in der Mensa zum Tanz aufspielten, wo man in lauer Abendluft von einem Imbiss- und Getränkestand zum anderen flanierte, nebenbei beim AKa-Kino „Woody Woodpecker" anschaute u. a. m. Neben diesen überaus attraktiven äußeren Rahmenbedingungen bezauberte diese Universitätsstadt auch durch die Offenheit der in ihr lebenden Menschen, welche die geistige Atmosphäre ebenso bestimmte wie die soziale. Im Gegensatz zu der doch recht stark regional geprägten Studentenschaft in Münster traf man hier Studierende aus allen deutschen Landen. Nie wieder bin ich in einer so kurzen Zeit so vielen mich in vielfältiger Weise beeinflussenden Menschen und Gruppierungen begegnet wie in diesen sechziger Jahren des vorigen Jahrhunderts. Sie haben aus mir einen ganz anderen Menschen gemacht, sowohl meinen geistigen als auch meinen kulturellen Horizont einschließlich Essen und Trinken erweitert (hier bin ich zum Weinliebhaber geworden), haben zur Verfeinerung und Differenziertheit meines sozialen Verhaltens einen nicht unerheblichen Beitrag geleistet.

Im November 1962 übersiedelte ich also nach Freiburg, trotz der Vorbehalte meiner Eltern, die sich während der Kuba-Krise im Oktober zur Angst steigerten. Sie fürchteten ganz konkret einen Krieg zwischen den USA und der Sowjetunion, wollten ihren jüngsten Sohn in der Nähe wissen, nicht so weit weg im entfernten und unbekannten Südwesten. Der zweite Weltkrieg mit seinen schrecklichen Folgen schien wieder ganz nahe zu sein und mit ihm die verstörenden Erinnerungen, und erst nach intensivem Zureden vermochten sie es, sich aus dieser angstbesetzten Verfassung zu lösen. Die erste Bleibe fand ich über Heinz' Vermittlung in der Moltkestraße, also im Zentrum der Stadt. Es war ein geräumiges, aber schlecht ausgestattetes Zimmer in der Wohnung einer am Rande des Prekariats lebenden Arbeiterfamilie. Hier habe ich während meiner ersten drei Freiburger Jahre hautnah erfahren, dass in dieser so schönen, bei Studenten begehrten, von zahlreichen Touristen bewunderten Stadt nicht wenige Menschen in bitterer Armut lebten. Frau Gräble litt an Demenz, Herr Gräble, ein kleiner buckliger Mann von ca. 60 Jahren, arbeitete bei der Rhodiaceta und musste aufgrund der Demenz seiner Frau nach der Arbeit die gesamte Hauswirtschaft mit Einkaufen, Kochen, Waschen, Putzen etc. besorgen. Entsprechend wenig gepflegt zeigte sich dieser Haushalt. Wenn ich es dort trotzdem dreieinhalb Jahre ausgehalten habe, so lag das zum einen an der vorzüglichen, zentralen Lage der Bude und zum anderen an der Zuneigung zu diesen einfachen, aber freundlichen Menschen, die auf die Vermietung des Zimmers finanziell angewiesen waren. Gräble tat alles, um mir den Aufenthalt angenehm zu machen, heizte den Ofen, fragte immer wieder nach Sonderwünschen, lud mich zu Fahrten mit seinem Goggomobil ein; bei einer Fahrt mit dieser kleinen Kiste auf den Schauinsland habe ich im Januar 1963 zum ersten Mal den tief verschneiten winterlichen Hochschwarzwald erlebt.

In Freiburg studierte ich weiter Germanistik, Slawistik und Philosophie, nun aber aus mehreren Gründen mit einem Schwerpunkt auf der Slawistik, was mein weiteres Leben nachhaltig beeinflussen sollte. Es gehört zu den Besonderheiten meiner Biografie, dass sich hier in Freiburg, also im äußersten Westen Deutschland, wieder ein Weg nach Osten öffnete, nun aber nicht mehr begleitet von Ängsten und Bedrängnissen, sondern von ungemein bereichernden Erlebnissen und Begegnungen. Gleichzeitig mit meiner Ankunft war in Freiburg das Slavische Seminar begründet worden; Freiburg gehörte bis dahin zu den wenigen deutschen Universitäten, die auf die wissenschaftliche Pflege dieses so wichtigen Sprach-, Literatur- und Kulturraumes verzichtet hatten, und das, obwohl es spätestens seit dem frühen 19.Jahrhundert enge dynastische und kulturelle Beziehungen zwischen Baden und Russland gegeben hat, obwohl sich in badischen Städten wie Freiburg, Baden-Baden und Badenweiler bedeutende russische Dichter und Dichterinnen wie Iwan Turgenjew, Fjodor Dostojewski, Lew Tolstoi, Anton Tschechow, Marina Zwetajewa und Maxim Gorki z. T. längere Zeit aufgehalten haben.

Den Ruf auf den neugegründeten Lehrstuhl erhielt Wilhelm Lettenbauer, ein durch zahlreiche Veröffentlichungen zu den slawischen Literaturen, vor allem durch seine „Geschichte der russischen Literatur" bekannter Literaturwissenschaftler. Dies versprach ein Slawistik-Studium mit einem Schwerpunkt auf der Literaturwissenschaft, also genau das, was ich in Münster vermisst hatte. Der 1907 in Fürth geborene Wilhelm Lettenbauer hatte seine Laufbahn als Slawist mit Promotion und Habilitation in München begonnen, konnte seine Tätigkeit als Hochschullehrer aufgrund seiner ablehnenden Haltung gegenüber dem NS-Staat erst nach dem Zweiten Weltkrieg in vollem Umfang aufnehmen, zunächst in München, ab 1954 in Erlangen. Von dort ist er dann 1962 nach Freiburg berufen worden. Mit Lettenbauer lernte ich einen in fast allen slawischen Sprachen und Literaturen ausgewiesenen Gelehrten kennen, von dem ich viel gelernt, dem ich viel zu verdanken habe; seine langjährige Förderung war der entscheidende Grundstein meiner Universitätslaufbahn. Beginnend mit einer schönen Vorlesung über die russische Romantik im Wintersemester 1962/63 verschaffte er mir den in Münster so schmerzlich vermissten intensiven Zugang zur Erforschung der russischen Literatur und Literaturkritik vom frühen 19. Jahrhundert bis zur Sowjetzeit. Seine Lehrveranstaltungen vermittelten mir den Klangreichtum und die philosophische Tiefe romantischer Gedichte von Michail Lermontow und von dem durch Schelling beeinflussten Fjodor Tjutschew, durch sie angeregt beschäftigte ich mich erneut und nun intensiv mit der russischen Erzählprosa von Nikolai Gogol, Fjodor Dostojewski, Iwan Turgenjew, Anton Tschechow, mit den großen Romanen des von Lettenbauer besonders geschätzten Lew Tolstoi, mit Gedichten russischer Symbolisten wie Alexander Blok, Andrei Bely u. a. Von der Statur feingliedrig, eher schmächtig, zeigte sich Lettenbauer im Umgang mit Menschen offen, bisweilen selbstironisch, bescheiden und zurückhaltend, immer bereit, auch mit Studenten auf Augenhöhe zu kommunizieren, bisweilen auch mit ihnen zu feiern. Dabei vergaß der strenge Vegetarier Lettenbauer bisweilen gern mal die Vorgaben einer solchen Lebensweise und verzehrte auf Seminarfesten zum Entsetzten seiner ihn betreuenden Schwester beachtliche Portionen von Erbsensuppe mit Bockwurst. In Bezug auf Moral und Anstand hat er sich sein ganzes Leben als ein Mann von Haltung gezeigt. Im Gegensatz zu manchem seiner Kollegen stand er den Nationalsozialisten von Beginn an ablehnend gegenüber, ist ihnen buchstäblich aus dem Weg gegangen. Nach Auskunft seiner ihm eng verbundenen Schwester, mit der er in Freiburg zusammenlebte, haben beide während ihrer Münchener Zeit jeglichen Kontakt zu NS-Institutionen vermieden, haben laut Erzählung der Schwester bei Stadtgängen in München sogar große Umwege in Kauf genommen, um einer Verpflichtung zum Hitlergruß zu entgehen. Dazu passt auch seine mit großem Vergnügen vorgetragene Erzählung über subversives Kommunizieren während des Zweiten Weltkriegs. In dieser Zeit hätten sich des Altkirchenslawischen kundige Slawisten gegenseitig Postkarten in der nur für Kenner entzifferbaren altslawischen Schrift Glagolica zugeschickt, um dem militärischen Geheimdienst ein Schnippchen zu schlagen. Bescheidenheit und Zurückhaltung, stetiges Bemühen um Konsens prägten auch sein Auftreten als Hochschullehrer in Freiburg, was dem neugegründeten Slavischen

Seminar allerdings nicht immer zum Vorteil gereichte. Im harten universitären Kampf um finanzielle und personelle Ressourcen erwies er sich bisweilen als nicht durchsetzungsfähig genug, um den Interessen eines kleinen Institutes erfolgreich Gehör zu verschaffen.

Gemessen an dem umfangreichen und komplexen Gegenstandsbereich von Forschung und Lehre besaß das neugegründete Slavische Seminar der Universität Freiburg von Beginn an eine völlig unzureichende Ausstattung. Während der ersten drei Jahre logierten die Freiburger Slawisten in einer 5-Zimmerwohnung an der Ecke Rotteckring/Bertoldstraße, ab 1965, zumindest räumlich verbessert, in der Universitätsstraße. Als viel problematischer erwies sich jedoch die kärgliche personelle Besetzung mit einer Professur, mit einem Assistenten, mit einer Lektoratsstelle und einem Lehrauftrag für Russisch und einem Lektorat für Serbokroatisch. Das hat sich in den späteren Jahren nur unwesentlich gebessert; selbst während der „Boom-Jahre der Slawistik“, als im Gefolge der sozialliberalen Ostpolitik die Studentenzahl auf über zweihundert stieg, ist es Lettenbauer im Gegensatz zu seinen Kollegen in allen anderen geisteswissenschaftlichen Fächern bis zum Ende der sechziger Jahre nicht gelungen, die prekäre Lehrsituation mithilfe von Akademischen und Wissenschaftlichen Räten zu verbessern. Noch zu Beginn der siebziger Jahre gab es nur eine Assistentenstelle, während ein vergleichbar großes Fach wie die Orientalistik mit einer Ratsstelle sowie sieben Assistenten bzw. wissenschaftlichen Mitarbeitern ausgestattet war.

Die Kleinteiligkeit hatte allerdings auch ihre positiven Seiten. So präsentierte sich das Institut im ersten Jahrzehnt seines Bestehens als ein kleines soziales Biotop mit fast familiärer Atmosphäre. Mit Lettenbauer war sein Assistent Julius Mrosik aus Erlangen gekommen. Mrosik stammte aus Oberschlesien, hatte dort nach dem Krieg im Gefängnis gesessen, weil er seine Eltern illegal aus Polen nach Deutschland bringen wollte. Aufgrund dessen hat er relativ spät ein Familie gründen und seine akademische Laufbahn beginnen können. Mangels eines Lektorats ist er im Bereich der Lehre während der ersten Jahre zuständig für den Polnisch-Unterricht gewesen, konnte deshalb keine literaturwissenschaftlichen Seminare anbieten, ein Unding für einen Nachwuchswissenschaftler, der eine Professur für Slavische Philologie anstrebte. Zugleich war er als einziger Assistent zuständig für Verwaltungsaufgaben, für den Aufbau der Bibliothek und zahlreiche andere Dinge. All dies hat das Oberhaupt einer siebenköpfigen Familie überfordert, hat neben einer unzureichenden wissenschaftlichen Betreuung seitens Lettenbauer dazu geführt, dass sein Habilitationsversuch gescheitert ist, was mir bis heute unendlich leid tut. Mrosik ist mir immer als ein freundlicher, zugänglicher, überaus sozialer Mensch begegnet, der mich von Beginn an gefördert hat, einer der nobelsten Menschen, die ich in meinem Leben kennengelernt habe.

Wilhelm Lettenbauer und er wurden bald auf mich aufmerksam, boten mir eine Hilfskraftstelle an und betrauten mich dann aufgrund der problematischen Personalsituation mehr und mehr mit verantwortungsvollen Aufgaben, u. a. beim Aufbau der Bibliothek. So durfte ich aufgrund meiner Belesenheit aus Lettenbauers Berufungsetat recht bald Bücher in größerem Ausmaß ordern, u. a. im Rahmen einer mehrtägigen Dienstreise zum Brückenverlag nach Düsseldorf, wo ich eigenverantwortlich Bücher für die damals stattliche Summe von 33 000 DM einkaufte. Meine herausgehobene Stellung als „Ober-Hiwi" und Lettenbauer-Vertrauter brachte mir dann bald den Spitznamen „Wilhelm zwo" ein.

All das sowie die familiäre Atmosphäre dieses kleinen Instituts führten dazu, dass die Slawistik in den kommenden Jahren mein Studium dominierte. Zu dieser Atmosphäre trug nicht zuletzt auch die damalige Lektorin für Serbokroatisch, Frau Ruža Rubčic aus Zagreb, bei. Ruža und ihr Mann gehörten während der Gründungsjahre der Volksrepublik Jugoslawien zu den engsten Mitstreitern des Staatsgründers Josip Tito, verloren aber dessen Gunst, als sie seine Abkehr von Stalin nicht mittragen wollten. Ruža war eine Seele von Mensch, was sich u. a. daran zeigte, dass sie ihre Studenten während des Unterrichts regelmäßig mit kroatischen Speisen bewirtete, vom Tomatensalat bis zu den berühmten Čevapčici, begleitet von einem nicht endenden Redestrom. Mangels eines eigenen Dienstzimmers tat sie das im Assistentenzimmer, was der gutmütige Dr. Mrosik hinnahm, mit der Maßgabe, zumindest auf das Braten von Ochsen zu verzichten. Leider standen diese liebenswerten Eigenschaften in keinem Verhältnis zu ihren Bemühungen, uns das Serbokroatische beizubringen. Ihr fehlte die für diese Aufgabe erforderliche professionelle Ausbildung, und so klaubte sie ihr Lehrmaterial und die Lehrmethodik aus verschiedenen Büchern zusammen, was ihre Studenten immer wieder verwirrte und eine erfolgreiche Sprachvermittlung erschwerte. Das war umso bedauerlicher, als wir Slawistik-Studenten diese Sprache neben dem Russischen u. a. deshalb favorisierten, weil Jugoslawien damals das einzige Land mit slawischer Bevölkerung war, in das man problemlos reisen, wo wir Slawistik-Studenten unmittelbaren sprachlichen Kontakt mit native-speakern aufnehmen konnte. Das Problem einer nur bedingt professionellen Sprachvermittlung betraf während der ersten Jahre aber auch die anderen slawischen Sprachen, also das Polnische und mit Abstrichen auch die Vermittlung des Russischen. Die zuständigen Russisch-Lektoren Swetlana Geier und Alexander Kresling – zwei beeindruckende Persönlichkeiten – waren natürlich bestens mit der russischen Sprache und Kultur vertraut, Frau Geier eine exzellente Kennerin der russischen Literatur und hervorragende Übersetzerin, Kresling ein kundiger und engagierter Vermittler russischer Volkskultur. Doch es mangelte an der pädagogisch-linguistischen Qualifikation, die zukünftigen Gymnasiallehrer auf ihre Aufgabe als Russischlehrer, also als Sprachvermittler, vorzubereiten. Es fehlten die für ein solches Berufsbild an den meisten anderen Universitäten verwendeten Curricula, vom Arbeiten im Sprachlabor ganz zu schweigen. Das änderte sich erst nach 1970, als die aus Frankreich stammende Evelyn Enderlein als dritte Russisch-Lektorin den Lehrbetrieb aufnahm. Noch zu Beginn der siebziger Jahre engagierten die Studierenden aus eigenen Mitteln eine Sprachdozentin aus Jugoslawien, um während der Semesterferien fachspezifischen Russischunterricht zu erhalten. Als unzureichend erwies sich auch die Vermittlung der modernen sowjetischen Alltagssprache; zu Beginn meines Studiums in Moskau erklärte mir eine russische Kommilitonin nach einem Gespräch „Du sprichst wie Puschkin", was man einerseits als Kompliment hätte auffassen können, hier aber eher als Hinweis auf ein literarisch geprägtes, der Zeit vor 1917 verpflichtetes Sprechen zu verstehen war. Frau Geier verstand sich sowieso mehr als eine den Slawisten überlegene Literaturwissenschaftlerin und zelebrierte diesen Alleinvertretungsanspruch gern sowohl vor den Studierenden als vor interessierten Laien.

Andererseits haben beide Lektoren bei der Vermittlung russischer Kultur in Freiburg sehr viel getan und bis heute geltende Maßstäbe gesetzt. So unterzog sich Frau Geier u. a. der Mühe, mit den Studierenden eine sehr erfolgreiche russischsprachige Inszenierung von Tschechows Drama „Drei Schwestern" einzustudieren, trat auch außerhalb der Universität als engagierte Literaturvermittlerin in Erscheinung und erwarb sich insbesondere aufgrund ihrer Dostojewski-Übersetzungen bis zu ihrem Tod als eine „russische Institution" hohes Ansehen in der Stadt. Ihre Einladungen in das von russischer Atmosphäre erfüllte Haus in Freiburg-Günterstal habe ich in guter Erinnerung, insbesondere die wohltuende Gastfreundschaft ihrer Mutter; das mir von Soja Iwanowna geschenkte Neue Testament in russischer Sprache ist noch heute in meinem Besitz. Ähnliches gilt für Alexander Kresling und den von ihm gegründeten und viele Jahrzehnte geleiteten „Russischen Chor der Universität Freiburg". „Väterchen" Kresling hatte in seiner Jugend religiöse Gesänge der russischen Altgläubigen und Volkslieder gesammelt – einen bis heute unermesslich wertvollen Schatz an musikalischer Volkskultur – und aus diesem Schatz brachte der Chor jedes Semester im Rahmen eines öffentlichen Konzertes Lieder zu Gehör, in Freiburg, aber auch mit Konzerten im Umland und mit Konzertreisen, die bis nach Norddeutschland führten. Kresling ist mir als ein begeisterter und begeisternder Chorleiter im Gedächtnis geblieben, mit einem feinen Gehör, dem auch kleinste musikalische Unsauberkeiten nicht entgingen; den Zuruf „Lehmann singt falsch" habe ich mir im Verlauf dieser wunderbaren musikalischen Erziehung nicht nur ein Mal anhören müssen.

Bedeutsam für meine weitere Entwicklung ist der Russische Chor auch deshalb gewesen, weil er mir den Weg zu intensiven Freundschaften ebnete, die z. T. bis heute Bestand haben. Nach dem Singen gingen wir meistens in einer kleinen Gruppe noch einen trinken, in den „Großen Meyerhof", den „Greifen" und andere Kneipen. Zu der Gruppe gehörten auch die Germanistin Katja Dick sowie ein mit ihr befreundeter, aber nicht zum Chor gehörender Jurastudent namens Manfred Ernst. Beide erzählten mir voller Begeisterung von einem Freundeskreis namens „Luginsland", der sich an Wochenenden auf einer Hütte im südlichen Hochschwarzwald versammelte, um zu diskutieren, zu musizieren, zu wandern, Ski zu laufen u. a. Von ihm wird noch ausführlich die Rede sein. Das Angebot interessierte mich zunächst nur mäßig, nicht zuletzt aufgrund des Namens „Luginsland", hinter dem ich burschenschaftliches Heimatgetue in der Art „lieb Hügele, Hügele, Sonnele drüber" und eine Vereinsmeierei vermutete, die Kurt Tucholski mit seinen Versen „In mein Verein bin ich hineingetreten, weil mich ein guter Freund darum gebeten. Ich war allein" so bissig-schön parodiert hat.

Ich war nicht allein, pflegte erst einmal die bereits zu Beginn meines Freiburger Studiums geknüpften Kontakte. Wie bereits erwähnt begegnete mir dieses Freiburg mit seinem südlichen Flair, mit seinen aus allen deutschsprachigen Gebieten stammenden Studenten als ein ungemein anregender geistiger Kosmos, in den ich voller Begeisterung und Neugier eintauchte. Hinsichtlich der längere Zeit verschütteten weltanschaulich-religiösen Reflexionen begann dies gleich während der ersten Tage. Ich stand in der berühmt-berüchtigten, sich schlangenförmig im Eingangsbereich der Mensa windenden Essenschlange, als sich von hinten in mehreren Anläufen ein Student näherte, mich aufmerksam fixierte und mich plötzlich umarmte. Es war der erwähnte Medizinstudent Peter Kramer, den ich während des ersten Aufenthaltes in Moscia im Tessin kennengelernt, aber inzwischen aus dem Auge verloren hatte. Wir verabredeten sofort gemeinsame Unternehmungen, zu denen u. a. der Besuch der Eröffnungsveranstaltung der Evangelischen Studentengemeinde in der Alten Universität gehörte. Das dort vorgestellte Semesterprogramm beeindruckte uns allerdings nur mäßig – eine Einschätzung, die wir mit einer Studentin teilten, die sich zu uns setzte und uns sofort in eine intensive Diskussion verwickelte. Sie hatte zuvor in München vor allem bei dem Philosophen Reinhard Lauth studiert, einem Spezialisten für die Philosophie des Deutschen Idealismus, insbesondere Fichtes „Wissenschaftslehre“, mir bekannt durch seine damals intensiv und auch kontrovers diskutierte umfangreiche Dostojewski-Monografie. Sie hing mit fast abgöttischer Verehrung an diesem Lehrer; warum sie sich von ihm geradezu fluchtartig getrennt hatte, blieb unklar. Die aus einer Bremer Pfarrersfamilie stammende Renate war eine beeindruckende Persönlichkeit, feingliedrig, mit an Raffael-Gemälde erinnernden Gesichtszügen, sensibel bis zu psychischer Gefährdung, hochintellektuell, anregend und fordernd im geistigen Austausch. Bereits während unseres ersten Gesprächs initiierte sie ein regelmäßiges Bibelstudium, zu dem wir uns dann während des Wintersemesters 1962/63 einmal wöchentlich in ihrer Bude in Littenweiler trafen. Ich habe diese Abende als ungemein intensiv und bereichernd in Erinnerung, geprägt von ehrlichem und offenem Suchen eines jeden nach religiöser und geistiger Orientierung. Die etwas älteren Peter und Renate hatten sich emotional und intellektuell von ihren Herkunftsfamilien emanzipiert, ich war gerade dabei, ein Gleiches zu tun, doch alle drei hingen wir mental irgendwie in der Luft, suchten in Religion und Philosophie nach Antworten auf uns bedrängende weltanschauliche Fragen. Das gelang nur partiell, doch als bedeutsam für meine weitere Entwicklung werte ich diese Gespräche auch noch heute, denn im Rahmen unserer Diskussionen konnte ich erstmals meine ganze innere weltanschauliche Unsicherheit, eine tiefe Unzufriedenheit mit mir selbst und meinem bisherigen sozialen Umfeld rückhaltlos vor anderen äußern. Tagebuchnotizen und sehr offene und intime Briefwechsel zu Fragen einer Akzeptanz göttlicher Offenbarung, u. a. mit dem bereits erwähnten, ebenfalls von religiösen Zweifeln geplagten Theologiestudenten, dokumentieren die mich in dieser Zeit quälenden Reflexionen über Möglichkeiten und Grenzen eines Zugangs zu Gott, daraus resultierende radikale Absagen an alle Transzendenz, gipfelnd in einer mich heute seltsam anmutenden Identifizierung mit der Prometheus-Gestalt Goethescher Prägung. Den dominierenden Part spielte bei diesen Diskussionen die uns Männern hinsichtlich Wissen und intellektueller Präsenz überlegene Renate, zu der ich ein zwiespältiges Verhältnis entwickelte, geprägt von einer Mischung aus Zuneigung, Faszination und Distanz. Fasziniert und angezogen von ihr war ich, weil sie scharfes Denken mit sensiblem Einfühlungsvermögen zu verbinden wusste, irritiert von ihrer sich bisweilen in depressiven Stimmungen äußernden psychischen Labilität. Bei aller geistigen Dominanz wirkte sie irgendwie verloren in dieser Welt, erinnerte mich an Friedrich Rückerts, von Gustav Mahler vertonten Vers „Ich bin der Welt abhanden gekommen".

Neben diesen Diskussionsabenden verbanden uns aber noch andere Aktivitäten, Peter und mich u. a. sportlicher Art, wofür Renate allerdings wenig Interesse zeigte. Peter, ein begeisterter und guter Skiläufer, fühlte sich als guter Freund bald berufen, mich mit diesem schönen Sport vertraut zu machen. Pädagogisch nicht sehr sensibel, wollte er das rasch bewerkstelligen und eröffnete mir an einem schönen Februartag des Jahres 1963, dass wir am nächsten Wochenende zusammen mit mir nicht bekannten Medizinstudenten eine Skitour unternehmen würden. Ich besaß keine Ski, hatte noch nie auf solchen Brettern gestanden, doch Peter schob alle Bedenken beiseite, kaufte mit mir im Kaufhaus Blust, heute Kaufhof, billige Holzski, begleitet von der Versicherung, dass ich das alles schaffen würde. Wir fuhren also an einem herrlichen Wintertag mit dem Postbus zum Notschrei, zu einer Passhöhe auf 1100 Meter Höhe, und begannen unsre Skiwanderung zum 1442 Meter hohen Belchen, dem dritthöchsten Gipfel im Schwarzwald. Vor mir lag eine ca. 20 km lange Skitour, mit einem zu bewältigenden Höhenunterschied von ca. 400 Meter. Bereits nach wenigen Hundert Metern stockte der Lauf, denn unter meinen Skiern hatten sich Schneeklümpchen gebildet, die ein problemloses Gleiten auf dem Schnee fast unmöglich machten. Niemand, auch nicht mein Freund Peter, hatte mich, den blutigen Skineuling, darauf aufmerksam gemacht, dass man Skier, insbesondere Holzskier, vor dem Gebrauch wachsen muss, um überhaupt vorwärts zu kommen. Das führte bereits nach den ersten Kilometern zu einer elenden Quälerei, mit jedem Schritt musste ich die Ski anheben, ich trug sie also kilometerweit mehr, als dass sie mich trugen. Nach zwei Stunden ermüdender Wanderung gab ich schließlich am Wiedener Eck auf, ließ die Gruppe ohne mich den Belchen erklimmen, schleppte mich noch einige Kilometer bis zur Bergstation der Schauinslandbahn und fuhr nach Hause.

Trotz dieses frustrierenden Einstandes hatte ich jedoch vor, mich weiterhin diesem Sport zu widmen, geleitet allerdings von der irrigen Annahme, dass ich mir das Skilaufen selbst beibringen könnte. Ich begab mich also während der letzten Februar- und ersten Märztage des Jahres 1963 regelmäßig ins Schauinslandgebiet, um zu üben. Nachdem ich einige Male sturzfrei leichte Abhänge bewältigt hatte, kam ich zu einer weiteren irrigen, ja, man muss schon sagen tollkühnen, Annahme – ich wollte die mehrere Kilometer lange, einen Höhenunterschied von ca. 800 Metern überwindende Schauinslandabfahrt hinunterfahren. Das ging zu Anfang, auf einer weitgehend ebenen Passage, einigermaßen gut, aber dann begann die eigentliche Abfahrt mit der Einfahrt ins sogenannte „Kaltwasser", einen berüchtigten engen Hohlweg, der im Winter nicht nur schneebedeckt, sondern meistens auch vereist ist, was mir leider unbekannt war. Die Ski nahmen Fahrt auf, wurden aufgrund der Vereisung immer schneller, und ich konnte wegen der Enge des Weges und mangelnder Technik nicht bremsen. Ich schoss also bangenden Herzens das „Kaltwasser" hinunter. Dessen Ende, eine kleine Erhöhung vor einer Wiese, wirkte wie eine Sprungschanze: Ich flog meterweit und versank völlig im Tiefschnee. Als ich mich nach Kontrolle meiner Gliedmaßen und nach dem Säubern der Brille um weitere Orientierung bemühte, sah ich ca. einen Meter entfernt eine Skispitze senkrecht aus dem Schnee ragen – zu Bruch gegangen war glücklicherweise nicht einer meiner Knochen, sondern der rechte Ski. Ich sammelte meine Skireste ein und musste zur Strafe für diesen Unsinn den ganzen langen Weg abwärts durch den Tiefschnee nach Horben laufen, begleitet immer wieder von z. T. mitfühlenden, bisweilen auch schadenfrohen Kommentaren vorbeifahrender Skiläufer. Belehrt durch diese „Abfahrt" habe ich dann doch Skikurse besucht und diesen mich immer wieder begeisternden Sport über 50 Jahre bis ins hohe Alter unfallfrei ausgeübt. Die abgebrochene Spitze meines Holzskis hat mir übrigens ein Freiburger Schreiner wieder so kunstgerecht an den rechten Ski angeleimt, dass ich noch jahrelang damit fahren konnte, ein handwerkliches Können, nach dem man heutzutage wohl vergeblich suchen müsste.

Kurz vor Ende dieses ersten Freiburger Semesters war dann plötzlich Schluss mit unserer Dreierrunde. Niedergeschlagen und hilflos eröffnete uns Peter eines Abends, dass er ungewollt Vater werden würde; seine langjährige, in Göttingen lebende Freundin erwartete ein Kind von ihm. Das bedeutete für die jungen Leute eine mittlere Katastrophe, da sich beide noch in der Ausbildung befanden, alle Zukunftspläne erwiesen sich mit einem Male als Makulatur. Peter musste uns und Freiburg verlassen, wechselte an die Uni Göttingen und beendete dort sein Medizinstudium doch so erfolgreich, dass er die bereits erwähnte Laufbahn als Hochschullehrer einschlagen konnte. Wir blieben zunächst noch eine Weile in brieflichem Kontakt, der dann aber abriss; wiedergesehen haben wir uns ein Jahrzehnt später in Göttingen, wo ich ab 1974 meine Laufbahn als Hochschullehrer fortgesetzt habe. Allmählich lockerte sich auch die Beziehung zu Renate. Wir trafen uns noch öfter im Sommersemester 1963, besuchten gemeinsam Lehrveranstaltungen in Germanistik und Philosophie, aber nach und nach zog es mich zu anderen Personen und Gruppierungen. Gleiches galt übrigens auch für die Beziehung zu Heinz Nönninger, der von einem Leben in der Schweiz träumte und dem beschaulichen Studium in der kleineren Universität Basel nachtrauerte.

Mit der Aufnahme zahlreicher anderer Kontakte und den damit verbundenen vielfältigen Anregungen trat auch die mit Peter und Renate intensiv gepflegte weltanschauliche Auseinandersetzung und die Suche nach einem eigenen geistig-geistlichen Standpunkt in den Hintergrund, auch wenn die tief verwurzelte Affinität zum Religiösen nicht verlorenging. Die mich im Austausch mit anderen beschäftigenden Themen waren nicht weniger fordernd und anspruchsvoll, betrafen nun aber mehr die Bereiche Philosophie, Literaturtheorie, bildende Kunst, Geschichte und Politik.

Zu den für mich wichtigen Gruppierungen während der ersten Freiburger Semester gehörte die Arbeitsgemeinschaft Mitteldeutscher Studenten, der aus der DDR stammende Studierende angehörten, u. a. die später in Freiburg kulturell sehr aktive Martina Herrmann. Diese von der Bundesregierung finanziell geförderte Institution gab es auch an anderen Universitäten; ich hatte sie bereits in Münster kennengelernt. Sie bot geflohenen Studenten mentalen Rückhalt, materielle und organisatorische Hilfestellung, was besonders denjenigen half, deren Familien in der DDR zurückgeblieben waren. Wir trafen uns regelmäßig zu Diskussionen über auch heute noch relevante politische und gesellschaftliche Probleme, z. B. im November 1963 zum Thema „Der Mann am Draht – Telefon- bzw. Postüberwachung und das Grundgesetz", zu Adventsabenden mit Feuerzangenbowle, unternahmen gemeinsame Reisen in die Region und in die Schweiz u. a. Für mich, der dabei war, voll Begeisterung in die so harmonisch erscheinende, Geist und Sinne belebende süddeutsche Lebenswelt einzutauchen, geriet dieser Kreis zu einem wohltuenden Korrektiv, erinnerte er mich doch an meine Wurzeln im Osten und an meinen eigenen Weg nach Westen, zwang mich wieder vermehrt zu politischem Denken. Dies betraf natürlich vor allem die Ost-West-Konflikte, die Mitte der 1960er Jahre beginnende politische Öffnung der Bundesrepublik in Richtung Sowjetunion und die davon abhängigen innerdeutschen Beziehungen. Insbesondere für die allein in die Bundesrepublik Geflohenen waren dies existenziell wichtige Themen, nährte die politische Öffnung doch die Hoffnung auf ein Wiedersehen mit Eltern, Geschwistern und Freunden. Zu den wenigen Möglichkeiten einer mündlichen Kontaktaufnahme zu Verwandten in der DDR gehörten zu dieser Zeit die Fahrten in die benachbarte Schweiz. Häufig wurden dabei zunächst die Schweizer

Postämter angesteuert, weil man von dort, anders als in der Bundesrepublik, problemlos in die DDR telefonieren konnte. Eine dieser Reisen führte uns nach Fribourg, zu dem aus Polen stammenden Theologen und Philosophen J. M. Bochenski, einem der damals führenden Spezialisten für osteuropäische Geschichte und Kultur, speziell auch für den Marxismus sowjetischer Prägung. Mit ihm und seinen z. T. aus Polen stammenden Studenten haben wir stundenlang diskutiert, an diesem Nachmittag und Abend bin ich erstmals mit der spezifisch polnisch-katholischen Sicht des schwierigen Ost-West-Verhältnisses bekannt geworden.

Die zu dieser Zeit beginnende Öffnung der Bundesrepublik beschäftigte mich natürlich besonders intensiv, zum einen in Bezug auf meine slawistischen Studien und zum anderen hinsichtlich meiner Herkunftsregion im Osten Deutschlands. Eine Aussöhnung mit den Ländern Osteuropas wurde mehr und mehr zu einem persönlichen Anliegen und so fanden entsprechende Aktivitäten der bundesdeutschen Regierung meinen ungeteilten Beifall. Besonders berührt hat mich dann 1970 der Kniefall Willy Brandts vor dem Denkmal für die Toten des Warschauer Ghettos, ein Akt der Demut, der in ganz Osteuropa auf eine ungeheure Resonanz gestoßen ist und lange nachgewirkt hat. Noch ein Jahr später, während meines Studien- und Forschungsaufenthaltes in der Sowjetunion, bin ich mehrfach von Freunden gebeten worden, ihnen ein Bild von diesem geschichtsträchtigen Moment deutsch-polnischer Versöhnung zu verschaffen, denn diese berührende Geste ist im gesamten Ostblock nicht veröffentlicht worden. Familiär führte meine Sympathie für die veränderte Ostpolitik einmal mehr zu kontroversen Diskussionen, weil mein zunehmend konservativ denkender Vater dafür kein Verständnis aufbringen wollte. Im Rahmen und Verlauf solcher Auseinandersetzungen wurde mir immer bewusster, wie weit ich mich in meiner geistigen Entwicklung inzwischen von restaurativen Weltbild meines Vaters entfernt hatte. Er hat das selbst gemerkt und nach Aussagen meiner Mutter sehr darunter gelitten.

Freundschaftlich verbunden war ich während der ersten Freiburger Semester auch einem Jurastudenten namens Klaus Koch, den ich im Rahmen meiner Russisch-Kurse bei Väterchen Kresling kennengelernt hatte. Klaus entstammte einer begüterten Hamburger Familie, fuhr ein VW-Cabrio, spielte intensiv Tennis, interessierte sich neben der Juristerei noch für andere Bereiche, u. a. für die russische Sprache und Literatur. Sensibel und klug war er doch in Vielem nicht im Reinen mit sich selbst, geprägt von einer offenkundig starken, in Bezug auf die Entwicklung ihres Sohnes ehrgeizigen Mutter, von deren Einfluss er sich nach meinem Eindruck durch die Wahl des von Hamburg weit entfernten Studienortes Freiburg lösen wollte. Wenn ich mich recht erinnere, lebte Klaus in Freiburg recht isoliert, und so wurde ich, ohne dass ich das besonders angeregt oder befördert hätte, sehr schnell Ansprechpartner, wenn es darum ging, Selbstzweifel, Liebeskummer, juristische Interpretationsprobleme u. a. sprachlich zu artikulieren. Zu dieser Offenheit gesellte sich nicht selten echte Fürsorglichkeit; so hat er mich während der Prüfungsvorbereitungen zum im Sommersemester 1964 anstehenden Philosophikum und Pädagogikum regelrecht betütert, wie man im Norden sagt, achtete auf gutes Essen, unternahm mit mir Spazierfahrten zur Ablenkung etc. Begünstigt durch das Auto erkundeten wir intensiv die Region, den Hochschwarzwald, verabredeten uns mit Studentinnen zu Picknicks im damals noch idyllischen, ländlich geprägten Glottertal u. a. m.

Zum Höhepunkt solch gemeinsamer Unternehmungen geriet eine zehntägige Frankreichfahrt im Sommer 1963. Wie auch schon Jahre zuvor hatte der begüterte Klaus während der Semesterferien zwecks Verbesserung seiner Französischkenntnisse einen vierwöchigen Ferienkurs im südlichen Frankreich gebucht, in Pau am Fuße der Pyrenäen.

Ich konnte mir das natürlich nicht leisten und arbeitete zur gleichen Zeit in Hagen bei meinem Gartenbauarchitekten. Vereinbart hatten wir aber, dass ich ihn in Pau am Ende des Kurses besuchen sollte, um dann mit dem Auto geruhsam und in mehreren Etappen die Heimreise nach Freiburg anzutreten. Gesagt – getan. Ich fuhr mit dem Nachtexpress über die Schweiz durch Frankreich nach Narbonne, von dort über Toulouse nach Pau. Finanziell war das kein Problem, weil ich als Bundesbahnkind auch im Ausland eine 50-prozentige Fahrpreisermäßigung genoss; logistisch, bezgl. Umsteigen etc., gestaltete sich die Fahrt aufgrund meiner marginalen Französischkenntnisse schon etwas schwieriger, aber ich erreichte Pau wohlbehalten und gut gestimmt, wo mir die nette Madame Epinai, Klaus' Pensionswirtin, zu einem sehr moderaten Preis ein schönes Bett bereitet hatte. Wir verlebten zunächst herrliche Tage in Pau, begleitet von Ausflügen nach Toulouse, mit Besichtigung der mich ungemein beeindruckenden fünfschiffigen romanischen Kathedrale, zum Wallfahrtsort Lourdes mit seinen faszinierenden abendlichen Pilgerprozessionen, zum Baden nach Saint-Jean-de-Luz südlich von Biarritz an der Atlantikküste, wenige Kilometer vor der spanischen Grenze entfernt, gemeinsam mit zwei anderen Sprachstudenten aus Freiburg. Einem von ihnen, Ludwig Siep, bin ich in Freiburg im philosophischen Hauptseminar von Werner Marx wiederbegegnet, der ihn auch promovierte – Ausgangspunkt einer erfolgreichen wissenschaftliche Laufbahn als Philosophie-Professor, die ihn zuletzt nach Münster geführt hat, als Nachfolger des berühmten Hans Blumenberg.

Nach Florenz war dies die zweite intensive Begegnung mit Südeuropa, das sich mir hier aber ganz anders, vielfältiger, archaischer und zugleich moderner, in Teilen befremdend präsentierte, das von tiefer Religiosität geprägte Lourdes neben dem mondänen weltoffenen Biarritz, die verschiedenen Zeugnisse romanischer Baukunst, u. a. in Toulouse, vor der imposanten Kulisse der Pyrenäen u. a.. Ich erinnere mich an Momente, während derer ich, überwältigt von all den Eindrücken, es kaum fassen konnte, dass ich nur wenige Jahre zuvor noch in der ganz anderen, engeren und grauen Welt des real existierenden Sozialismus gelebt hatte. Solcherart Augenblicke des Innehaltens erfüllten mich mit tiefer Dankbarkeit, ließen mich die schwierigen Anfangsjahre im Westen vergessen. Trotz meiner Jugend habe ich sie intensiv auf mich einwirken lassen, wohl ein Erbteil meines Vaters, dem es vergönnt war, die wenigen sein schweres Leben partiell aufhellenden Momente bewusst genießen zu können. Schließlich galt es, Abschied zu nehmen von Pau und von unserer freundlichen Gastmutter. Wir fuhren nicht direkt nach Freiburg zurück, sondern bereisten eine Woche lang die Westküste Frankreichs, von Biarritz über Bordeaux, die Charente-Maritime, La Rochelle, die Vendee, die Bretagne und die Normandie, um dann über Paris nach Freiburg zurückzukehren. Der Strom vielfältiger Eindrücke wollte auch jetzt nicht abreißen, weil ich nun erstmals die provinzielle Welt eines großen Nachbarlandes kennenlernte. Wir befuhren National- und kleinere Landstraßen, badeten bis zum Blauwerden bei Les Sables d'Orlonne in den Wellen des stürmischen Atlantik, besichtigten kleine, uralte romanische Kirchen, übernachteten in kleinen Gasthöfen. Letztere waren, was die Logis angeht, billig, strapazierten aber unsere Geldbeutel doch recht arg, weil die Übernachtung meist mit einem Abendessen verbunden war. Andererseits lernten wir auf diese Weise die sehr schmackhafte regionale Küche schätzen, auch wenn sie uns bisweilen vor schwierige Aufgaben stellte. So servierte man uns eines Abends eine Platte mit frischen Meeresfrüchten, vor der wir eine Weile ratlos saßen, nicht wissend, wie man an das Fleisch von Crevetten, Muscheln und Krebsen herankommen soll. Solche Ratlosigkeit wurde von an Nebentischen sitzenden Einheimischen mitfühlend lächelnd, zum Teil aber auch mit schadenfrohem Grinsen verfolgt, was meinen mutigen Freund Klaus dann nach einiger Zeit bewog, mit der Platte auf eine der grinsenden Damen zuzugehen, mit dem Ersuchen, den armen unwissenden deutschen Studenten zu zeigen, wie man mit solchem Meeresgetier umgeht. Die Dame errötete, akzeptierte aber die Bitte, und wir konnten nach fröhlichem gegenseitigem Zuprosten unser Abendessen genießen.

Eine Begegnung anderer Art galt dem französischen Adel. Wie erwähnt hatte Klaus auch in den Jahren zuvor Französisch in Frankreich gelernt, u. a. während eines längeren Aufenthaltes als Gastschüler auf einem Adelssitz. Da wir in dessen Nähe zu übernachten gedachten, fragte Klaus telefonisch an, ob wir kurz vorbeikommen könnten. Dies wurde uns gewährt, wir sollten uns gegen Mittag des folgenden Tages zu einem petit dèjeuner einfinden. Die Adelsfamilie residierte in einem alten Schloss mit weitläufigem Park und gehörte zu den wenigen französischen Geschlechtern, die 1789 die Wirren der Französischen Revolution körperlich unbeschadet überstanden hatten. Darauf war man, wie Klaus erzählte, besonders stolz und demonstrierte dies auch im Auftreten. Materielle Vorteile waren jedoch damit offenkundig nicht verbunden. Ich bin selten einer solchen Diskrepanz zwischen hohem gesellschaftlichem Anspruch und bescheidenen, ja ärmlich wirkenden Lebensverhältnissen begegnet. Schloss und Park wirkten notdürftig gepflegt, die Zimmer der Kinder geradezu spartanisch, das petit dèjeuner bestand aus einfachem Kartoffelbrei mit Gemüsebeilage. Gleichwohl war es eine angenehme Begegnung; wir wurden vom Ehepaar und ihren zwei Jungen, die sich ehrlich über das Wiedersehen mit Klaus freuten, freundlich begrüßt und nach Reiseverlauf, Studienplänen u. a. befragt. Nach zwei Stunden endete die Audienz, und wir machten uns auf den Weg in Richtung Bretagne und Normandie. Von diesem ersten Besuch der Bretagne, wo ich in späteren Jahren noch oft mit meiner Frau die Sommerferien verbracht habe, ist mir vor allem das prähistorische Stelenfeld von Carnac im Gedächtnis geblieben. Anders als heute zeigte es sich damals als touristisch kaum erschlossene Idylle, die steinernen Monumente standen in einer wunderschönen Heidelandschaft, ein Kultur und Natur in eindrucksvoller Weise verbindender Ort himmlischer Ruhe, dessen Atmosphäre wir im Rahmen eines Picknicks mit dem obligatorischen Baguette, Käse, Rotwein und Zeitungslesen ausgiebig genossen. Wir hatten irgendwo eine deutsche Zeitung, die „Welt", ergattert, um nach längerer Zeit wieder einmal etwas über die Verhältnisse in heimatlichen Gefilden zu erfahren. In Erinnerung davon ist mir nur der Sportteil geblieben, mit ausführlichen Berichten über den ersten Spieltag der neugegründeten Bundesliga, u. a. über das Eröffnungsspiel zwischen Preußen Münster und dem Hamburger SV, mit dessen Ergebnis (1:1) der Hamburger Klaus und ich als ehemaliger Münsteraner gut leben konnten. Abschließend ging es nach Saint-Malo und zu dem berühmten Klosterberg Mont-Saint-Michel. Beides verließen wir nach eingehender Besichtigung fluchtartig, zum einen wegen der hier alles überflutenden Touristenströme und zum anderen, weil wir den letzten Tag vor der endgültigen Fahrt nach Freiburg noch ein wenig Paris erkunden wollten. Doch daraus sollte nichts werden. Bereits nach wenigen Kilometern wurde der Verkehr in Richtung der Hauptstadt dichter und dichter und ca. 100 km vor Paris standen wir erstmals im Stau. Wir hatten nicht beachtet, dass dies der Tag des Ferienendes war, an dem viele Tausende Pariser heimwärts strebten. So erreichten wir Paris bei strömendem Regen um Mitternacht, und nur dank der bewundernswerten Ortskenntnis von Klaus fanden wir noch eine Unterkunft. Die geplante ausführliche Stadtbesichtigung fiel zu meinem großen Bedauern aus. Wir durften sie auch nicht am nächsten Vormittag nachholen, weil die weite Fahrt nach Freiburg vor uns lag, unsere Barschaft in bedenklicher Weise zur Neigung ging und wir uns eine weitere Übernachtung nicht mehr leisten konnten. Der liebe Klaus ließ es sich aber nicht nehmen, mir die wichtigsten Sehenswürdigkeiten der Stadt im Rahmen einer Stadtrundfahrt zu zeigen, und dann ging es ab nach Freiburg, wo wir dann nach zwölfstündiger Fahrt am späten Abend ankamen und mein erschöpfter Freund seinen wohlverdienten Schlaf fand. Ich bewundere noch heute seine fahrerische Leistung während dieser Reise, das sichere, über ca. tausend Kilometer alleinige Fahren (ich besaß damals noch keinen Führerschein) über unbekannte Land- und Nationalstraßen, Autobahnen gab es damals in Frankreich nur wenige, sein besonnenes, Sicherheit ausstrahlendes Verhalten auch in schwierigen Verkehrssituationen.

Zurückgekehrt nach Freiburg galt es, sich wieder intensiver dem Studium zu widmen. Neben Slawistik und Germanistik stand nun die Philosophie mehr und mehr im Vordergrund, denn Philosophikum und Pädagogikum rückten näher. Beide fungierten als eine Art Zwischenprüfung, die nach sechs Semestern abzulegen war. In Bezug auf das Philosophikum gab es wenig Probleme, weil ich das Fach ja mit großem Interesse sowohl vor als auch nach dieser Prüfung studiert habe. Geprüft wurde ich von dem Philosophen Rombach, bei dem ich zuvor Lehrveranstaltungen zur Transzendentalphilosophie, zur Phänomenologie und zu Kierkegaard belegt hatte. Schwieriger gestaltete sich die Vorbereitung auf das Pädagogikum. Als einziger Prüfer waltete der eigentlich mehr als Philosoph ausgewiesene Eugen Fink dieses Amtes, neben Heidegger, Edith Stein und Ludwig Landgrebe ein bedeutender Freiburger Schüler des berühmten Phänomenologen Edmund Husserl. Entsprechend groß war die Menge, die er zu prüfen hatte. Bei der Anmeldung stauten sich ca. 200 bis 300 Studierende vor seinem Amtszimmer, begleitet von einem mit Geschrei und Tränen verbundenen Kampf um jeden Platz, bis Fink erbost herauskam und uns alle rauswarf; das Warten auf eine etwas gesittetere Anmeldung dauerte dann drei Stunden. Fink prüfte wochenlang vor allem im Sommersemester, beginnend nicht selten mit einem Gespräch über andere Themen, montags z. B.

über die Ergebnisse der gerade gegründeten Fußball-Bundesliga; mit mir als Slawisten unterhielt er sich zu Beginn der Prüfung über die Repräsentanten der damals auch im Westen sehr beachteten Zagreber Philosophie, mit deren wichtigsten Fink in Kontakt stand. Dieses Pädagogikum empfanden wir eigentlich als einen Witz, da es mit der Vorbereitung auf eine Laufbahn als Gymnasiallehrer kaum etwas zu tun hatte. Es wurden Texte berühmter Pädagogen wie Rousseau oder Pestalozzi abgefragt, bei mir solche des durch seine Erziehungsromane („Der Weg ins Leben") bekannt gewordenen sowjetischen Autors Anton Makarenko. Fink imponierte mir nicht so sehr als Pädagoge, sondern als Philosoph und auch als Mensch, letzteres aufgrund seiner aufrechten Haltung gegenüber den Nationalsozialisten; im Gegensatz zu Heidegger hat er seinen Lehrer Husserl nicht verleugnet, sondern unterstützt, was mir sehr imponiert hat. Fink lehrte mich, den Philosophen Immanuel Kant genau zu lesen; einmal in der Woche bot er spätabends von 20 bis 22 Uhr ein Lektüreseminar an, in dessen Rahmen wir uns manchmal diese zwei Stunden an einem einzigen Satz der „Kritik der reinen Vernunft" abarbeiteten. Neben Fink betrieb ich nach dem Philosophikum intensive philosophische Studien bei Werner Marx, insbesondere zu Schelling und Hegel; vornehmlich hier erwarb ich das Rüstzeug für meine Dissertation über Schelling in Russland.

Meinem dritten Fach – der Germanistik – widmete ich zu dieser Zeit weniger Aufmerksamkeit. Zwar war die Altgermanistik mit Professoren wie Friedrich Maurer und Siegfried Gutenbrunner prominent vertreten, doch die Angebote der mir eigentlich wichtigen Neugermanistik fanden eher selten mein Interesse. Walter Rehm, den ich mir als Lehrer gewünscht hatte, erlebte ich aufgrund seiner schweren Erkrankung und des frühen Todes nur zu Beginn meines Freiburger Studiums, die Lehrveranstaltungen anderer Dozenten konnten diesen Verlust zunächst nicht kompensieren. Da gab es Gerhard Baumann, der, begabt mit beeindruckendem kulturellen Wissen, ungemein kenntnisreich deutsche Literatur von Goethe bis Hofmannsthal zelebrierte, vorgetragen allerdings mit einer pathetischen Grabesstimme, was die Studierenden nicht selten mit Ironie und Spott kommentierten; so wurde Studienanfängern von älteren Semestern empfohlen, seine Vorlesungen ob der weihevollen Stimmung mit einer brennenden Kerze zu besuchen. Sein besonderes Interesse galt dem Verhältnis von Literatur und bildender Kunst, einem sicher enorm wichtigen Gegenstand der Literaturwissenschaft, bei dessen Behandlung er aber seine Studenten nicht selten überforderte, z. B., wenn er in Staatsexamina nicht nur nach der Funktion eines bestimmten Gemäldes im literarischen Text fragte, sondern auch wissen wollte, in welchem Museum es sich befindet. Fairerweise sollte man aber auch nicht seine Bemühungen vergessen, die Freiburger mit zeitgenössischen deutschen Autoren bekannt zu machen; so hat er den bereits damals seelisch schwerkranken Paul Celan mehrfach nach Freiburg eingeladen. Dessen beeindruckende Lesung am 25. Juli 1967 im überfüllten Auditorium maximum ist meiner Frau und mir bis heute in Erinnerung geblieben. Zu diesem Zeitpunkt konnte ich nicht ahnen, dass dieser Dichter zwanzig Jahre später meine Arbeit als Germanistikprofessor in Erlangen maßgeblich prägen würde, dass ich mehrfach als Gast im Hause seiner Witwe Gisèle Celan-Lestrange damals noch nicht im Literaturarchiv Marbach befindliche Manuskripte von Celans russischen Übersetzungen und von Gedichtbänden wie „Sprachgitter" und „Die Niemandsrose" analysieren würde. Neben Baumann lehrten noch die Professoren Ruprecht und später der aus Österreich zunächst nur als Vertretung berufene Wolfram Mauser germanistische Literaturwissenschaft. Beide wie auch der nach seiner Habilitation prüfungsberechtigte Hans Peter Herrmann taten ihr Bestes, um den Lehrbetrieb im Massenfach Germanistik bei eigentlich unzumutbaren räumlichen und personellen Bedingungen in Gang zu halten. Herrmann gehörte übrigens zu den wenigen Dozenten, die es wagten, den Anfang der sechziger Jahre nicht nur bei westdeutschen Politikern, sondern auch bei manchem Germanisten als Kommunist verrufenen Bertolt Brecht zum Gegenstand germanistischer Lehrveranstaltungen zu machen. Dass dies ein Wagnis war, sagt viel aus über den Zustand der bundesdeutschen Neugermanistik der frühen 1960er Jahre.

Mein erstes germanistisches Seminarreferat bei Ruprecht über das Verhältnis von „Romantischer Ironie" und Fichtes „Wissenschaftslehre" habe ich im Rahmen eines „Mittelseminars" vor ca. 200 Seminarteilnehmern verlesen, in anderen Seminarveranstaltungen sah es nicht besser aus; insbesondere der arme Herr Mauser konnte sich des Ansturms kaum erwehren. Bibliothek und Räume der Lehrenden befanden sich im gerade neuerrichteten Kollegiengebäude II, bewacht am Eingang von einem streng blickenden Rentner, „Cerberus" genannt, dessen Aufgaben auch immer wieder Studierende übernehmen mussten. Erschwerend wirkten die räumliche Enge und der desolate Zustand der Seminarbibliothek; um einen Platz und – noch wichtiger – um die benötigten Bücher zu erlangen, galt frühes Erscheinen als unerlässlich. Denn wer so ein für Seminar- oder Examensarbeiten unverzichtbares Werk erwischt hatte, gab es nicht so leicht wieder her, schließlich war die langwierige und zeitraubende Arbeit des Exzerpierens angesagt, mit anderen Worten, relevante Stellen konnte man damals nicht einfach kopieren, sondern musste sie abschreiben. Das führte dann nicht selten dazu, dass böswillige und egoistische Zeitgenossen die Literatur nicht wieder dort hinstellten, wo sie hingehörte, sondern an einem nur ihnen bekannten Platz im Büchermeer der Bibliothek deponierten. Trotz aller Mühseligkeiten bewerte ich das Exzerpieren auch heute noch als eine überaus fruchtbare und bereichernde Arbeitsweise, denn im Gegensatz zum Kopieren zwang sie zu sorgfältigem und strukturierendem Lesen, führte bereits im Ab- bzw. Niederschreiben zum geistigen Verarbeiten der betreffenden Texte. Gegen Ende der 1960er Jahre verbesserten sich dann die Studienbedingungen. Das Seminar erhielt schöne, großzügige Arbeitsräume im neugebauten Kollegiengebäude III, und Mitte der 1960er Jahre kam als dritter Lehrstuhlinhaber für die Neugermanistik Gerhard Kaiser nach Freiburg. Das erhöhte nicht nur für mich die Attraktivität der Germanistik. Kaisers von profunden religions- und geistesgeschichtlichen Kenntnissen gestützte literaturanalytische Ausführungen zur Literatur der Aufklärung und Klassik, insbesondere zu Goethe, fanden sofort ein großes Publikum, nicht zuletzt auch wegen der Dynamik und der rhetorischen Brillianz des Vortrags. Kaiser präsentierte sich als ein scharfsinniger und sensibler Interpret, theoretisch und historisch versiert, offen für theologisch und psychologisch relevante Kontexte, aber auch als streitbar bis zur Polemik, was neben Kollegen später auch die germanistischen Repräsentanten der 68er-Bewegung zu spüren bekamen. Ich gedachte, bei Kaiser mein Examen abzulegen, was aber wegen einer Erkrankung von ihm nicht möglich war; mein Mentor und Prüfer wurde dann sowohl im Staatsexamen als auch bei der Promotion der inzwischen habilitierte Hans Peter Herrmann – eine Wahl, die ich nicht bereut habe. Gerhard Kaiser bin ich dann später in einer Weise verbunden gewesen, von der ich als Student nicht einmal träumen durfte: Als ich mich als Assistent seines Schülers Horst Turk in Göttingen im Fach Germanistik habilitiert hatte, erhielt ich von Kaiser die Einladung, als sein „wissenschaftlicher Enkel" – so die Anrede im Einladungsschreiben – seinen Lehrstuhl in Freiburg zu vertreten. Großer Beliebtheit erfreuten sich seit Mitte der 1960er Jahre die von der Germanistik veranstalteten Vortragsveranstaltungen zur deutschsprachigen Literaturgeschichte, in deren Rahmen wir mit anderen, auch ausländischen Germanisten und neuen Themenbereichen bekannt gemacht wurden. In besonders guter Erinnerung habe ich die überaus anregenden, temperamentvoll und witzig inszenierten Vorträge des in den USA lehrenden Germanisten Heinz Pollitzer.

Nach der Rückkehr aus Frankreich intensivierten sich neben dem Studium auch die sozialen Kontakte, und dies in einer Weise, die mein Leben bis zum heutigen Tag bestimmt hat. Zu nennen ist hier zunächst der bereits erwähnte Freundeskreis des „Luginsland". Ich hatte mich nach einem ersten, sehr enttäuschend verlaufenen Hüttenaufenthalt für diesen Kreis nicht weiter interessiert, was sich nach einer erneuten Begegnung mit einem der „Luginsländer", dem Medizinstudenten Hinrich Bökenkamp mit Hüttennamen „Elch" aber im Herbst 1963 änderte. Wir begegneten uns im Zug nach Titisee, begannen ein höfliches Gespräch (damals siezte man sich noch unter den Studenten), das sich aber rasch intensivierte, bestimmt durch ein spontanes Interesse aneinander, aus dem dann eine tiefe, 55 Jahre währende Freundschaft erwuchs, die erst mit „Elchs" Tod im Jahre 2017 ihr Ende fand. Er lud mich erneut auf die Hütte ein, ich bin der Einladung gefolgt und befand mich plötzlich inmitten von Studenten, denen ich zahllose und folgenreiche Anregungen und Erfahrungen verdanke, deren Freundschaft mich nicht nur während der Studienjahre, sondern auch danach eminent bereichert hat.

Dieser Freundeskreis existierte seit Mitte der 1950er Jahre, prägender Begegnungsort war eine zwischen Muggenbrunn und Wieden, auf ca. 1100 Meter Höhe befindliche Hütte, errichtet bereits im Jahre 1924 mit großem persönlichem Engagement in Eigenregie von Studenten der Universität Freiburg. Hier trafen sich zu Beginn der 1920er Jahre den Burschenschaften abholde, eher der Jugendbewegung nahestehende junge Menschen, die ihre Freizeit unabhängig von ideologischen und anderen Vorgaben mit Wandern, Skilaufen, Bergsteigen, Musizieren und Diskutieren verbringen wollten, von Herkunft, Temperament und Geisteshaltung sehr verschiedene Mediziner, Juristen, Historiker,

Philologen und Philosophen. Zu den Erbauern der Hütte gehörte u. a. Ludwig Landgrebe, neben Martin Heidegger, Edith Stein und Eugen Fink der bedeutendste Schüler des erwähnten Freiburger Philosophen Edmund Husserl und später international hoch angesehener Interpret und Repräsentant von dessen Philosophie, Lehrer bedeutender Philosophen wie Hans Blumenberg und Günter Rohrmoser. Ebenso wie Stein und Fink hat er sich im Gegensatz zu Heidegger nicht vom NS-Staat vereinnahmen lassen, verbrachte die zwölf Jahre des „Tausendjährigen Reiches" im Exil in Prag und Löwen/Belgien. Den nach 1945 von der Universität Freiburg an ihn ergangenen Ruf auf einen Philosophie-Lehrstuhl nach Freiburg hatte „Marabu", so sein Hüttenname, zum großen Kummer seines Freundes Eugen Fink abgelehnt, zugunsten einer Professur in Köln. Der Hütte und dem „Luginsland" ist er aber sein ganzes Leben als verehrtes Mitglied und zeitweiliger Vorsitzender eng verbunden geblieben. Wohl auf Anregung von „Marabu" hat Eugen Fink im Februar 1948 mit dem Philosophischen Seminar der Universität Freiburg auf der Hütte eine kleine Tagung zum Thema „Heidegger" veranstaltet. Für mich als einem Studenten der Philosophie, der in Freiburg u. a. bei Eugen Fink Philosophie studierte, war „Marabu" natürlich ein begehrter Gesprächspartner, der mir u. a. viel Wissensenswertes über seine wissenschaftliche Tätigkeit im Prag der 1930er Jahre erzählte, was mich als Slawistik- und Philosophiestudent natürlich besonders interessierte. Nach dem Bau der Hütte einigte sich die diskussionsfreudige und streitlustige Truppe dann 1924 nach vielen vergeblichen Namensgebungen auf den nicht sehr originellen Namen „Luginsland" für Hütte und Verein, Beginn eines intellektuell, sportlich und musisch anspruchsvollen studentischen Gemeinschaftslebens, das von seinen Trägern auch nach dem Ende des Studiums jahrzehntelang weiter gepflegt worden ist. Um eine Angliederung an den NS-Studentenbund zu vermeiden und um Hütte und andere Besitztümer nicht an die Nazis zu verlieren, löste sich der Verein 1936 auf, der Freundeskreis blieb weitgehend erhalten, trotz zum Teil gravierender ideologischer Differenzen. Hitleranhänger und -gegner lieferten sich auf der Hütte erbitterte Wortgefechte, haben aber mit ganz wenigen Ausnahmen nach 1945 wieder zueinander gefunden und den Verein neu gegründet.

Kinder dieses Freundeskreises beschlossen dann Mitte der 1950er Jahre, diese Tradition weiterzuführen. Um den Kreis zu erweitern, bemühten sie sich um männliche Gleichgesinnte, die dann nach strenger, ein Semester währender Prüfung und nur mit Zustimmung aller aufgenommen wurden. Das Prinzip der Einstimmigkeit wurde kompromisslos durchgehalten und führte dazu, dass auch Söhne der sogenannten „Alten Herren" nicht aufgenommen worden sind, was natürlich auch zu Generationenkonflikten geführt hat. Der dabei geäußerte Vorwurf des Elitären war sicher nicht ganz unbegründet, letztlich aber hat das Prinzip der Einstimmigkeit dazu geführt, dass die damals dreizehn Mitglieder dieses „Jungluginsland" über Jahrzehnte hinweg, bis in die Gegenwart einander in ungewöhnlich enger Freundschaft verbunden waren und sind.

Zu Beginn des Wintersemesters 1963/64 folgte ich der Einladung von „Elch" und habe mich dann nach anfänglichem Fremdeln in dieser Männergesellschaft sehr wohl gefühlt, die meinen Gesichtskreis erweiterte, mir bislang weniger bekannte Lebensformen eröffnete. Die neuen Freunde entstammten ausnahmslos Akademikerfamilien, also einem gutbürgerlichen, in Teilen großbürgerlichen Milieu, dessen Bekanntschaft für meine weitere Entwicklung von großer Bedeutung gewesen ist, weil ich hier auf ganz neue Weise sowohl geistig als auch seelisch gefordert wurde. Man erwartete von mir eine emotionale und intellektuelle Bereicherung des Kreises, und das führte zu erneuter Selbstreflexion und einer daraus resultierenden Aktivierung von bislang wenig beachteten bzw. verschütteten Begabungen. In Orientierung am Verhalten und Benehmen dieser neugewonnenen Freunde korrigierte ich unangemessene Verhaltensformen, intensivierte musische und sportliche Betätigungen wie Gitarrespielen, Wandern und Skilaufen, bemühte mich noch intensiver um die Pflege einer anspruchsvollen Gesprächskultur. All das war einem intensiven Zusammensein geschuldet. Wir trafen uns während des Semesters mindestens zwei Mal in der Woche: zum einen in der Wochenmitte zu einem Diskussionsabend, dessen Grundlage ein Referat bildete; jeder – Mediziner, Juristen, Soziologen, Politologen, Philologen – musste einmal im Semester ein Thema aus seinem Studienfach vorstellen, das dann erörtert wurde, ein studium generale im Miniformat. Zum anderen verbrachten wir fast jedes Wochenende miteinander auf der Hütte. Man traf sich Freitagmittag in der Alten Uni in der Bertoldstraße und verabredete Einzelheiten: Einkauf für das gemeinsame Abendessen (häufig gab es Spaghetti mit Tomatensoße und Gehacktem aus Pferdefleisch, das damals noch von einem Metzger am Münstermarkt verkauft wurde), Wein etc. Meist schwebten wir gegen 17 Uhr mit der letzten Bergfahrt der Seilbahn auf den Schauinsland und wanderten von dort ca. zwei Stunden zur Hütte. Im Sommer wie im Winter gerieten solche Touren nicht selten zu unvergesslichen Nachtwanderungen. So erinnere ich mich an eine vorweihnachtliche Tour im Dezember 1966 in einer sternklaren frostigen Winternacht, Wiesen und Bäume waren von leichtem Schnee und Frost weiß bestäubt, und wir trugen abwechselnd an einer Holzstange einen mit 25 Liter Gutedel gefüllten Glasballon Richtung Hütte. Auf der Hälfte des Weges, im idyllischen Trubelsbachtal, gönnten wir uns eine ausgiebige Weinprobe, schauten wortlos, einfach nur glücklich, in einen wunderschönen Sternenhimmel und liefen dann, angeregt von Wein und Natur, beseligt zur Hütte. Wenn der Hochschwarzwald spätestens ab Januar im Tiefschnee versank, hat es solche Touren natürlich nicht gegeben; wir sind dann mit dem Bus bis Muggenbrunn gefahren und von dort auf Skiern zur

Hütte gelaufen. Die Abende waren angefüllt mit gemeinsamem Kochen, mit ernsthaftem, bisweilen aber auch albernem und selbstironischem Diskutieren, mit Musizieren und Singen, begleitet von ausgiebigem Weinkonsum und Ritualen, wie dem mit gemeinsamem Händedruck und lautem Gebrüll „Einen Guaten" eröffneten Abendessen, dem Beschwören eines Hüttengeistes namens „Schorla" u. a. Im Gegensatz zu vielen Bräuchen der Burschenschaften blieb das alles meist in einem kultivierten Rahmen. Wir tranken ausgiebig Wein, aber es wurde nicht auf Kommando gesoffen, Bier und Spirituosen waren verpönt. Hin und wieder gastierten auch die Freundinnen auf der Hütte, normalerweise aber beglückten sie uns erst am Sonntagmorgen mit frischen Brötchen und nach einem ausgiebigen Frühstück wanderten wir dann gemeinsam zurück nach Freiburg. Trotz der institutionellen Fixierung des „Luginsland" als Männerbund gehörten sie doch dazu, insbesondere bei Festen, beim Musizieren und anderen Aktivitäten, zwischen den meisten entwickelten sich auch enge Freundschaften. Zur Sonnenwende wurde vor der Hütte in stundenlangem Drehen eines einfachen Eisenspießes ein Hammel gebraten, man feierte im tiefen Schnee Fasching auf der Hütte, besuchte gemeinsam den berühmten „Morgenstreich" der Basler Fastnacht u. a. m. Viele dieser Liebesbeziehungen verfestigten sich später zu Ehebünden, und so entwickelte sich dieser Männerbund in den Jahrzehnten nach der Studentenzeit zu einem ungemein engen, nicht nur die Männer, sondern die Familien einschließenden Freundeskreis.

Als überaus anregend für meine weitere intellektuelle Entwicklung erwiesen sich die oft anspruchsvollen Diskussionen mit den Vertretern der Gründergeneration, den „Alten Herren". Die inzwischen meist schon im Ruhestand befindlichen hohen Beamten, Juristen, Professoren aus Medizin, Philosophie, Volkswirtschaftslehre und Forstwirtschaft nahmen intensiv Anteil an unserem „Luginslandleben", bereicherten in vielfältiger Weise unser Wissen, suchten regelmäßig das Gespräch über historisch und gesellschaftspolitisch relevante Fragestellungen, wollten wissen, was wir zu den sich ab Mitte der 1960er Jahre abzeichnenden politischen und gesellschaftlichen Umbrüchen in Gestalt von Ostpolitik, Große Koalition etc. zu sagen hatten, wie wir über die jüngste Vergangenheit und das Verhalten der Elterngeneration während der Nazi-Zeit dachten. Ausgelöst nicht zuletzt auch durch die seit 1963 durchgeführte juristische Aufarbeitung der NS-Verbrechen im Rahmen der sogenannte „Auschwitz-Prozesse" führte dies bereits vor 1968 im „Luginsland" zu sehr offenen und z. T. kontroversen, aber immer von hohem gegenseitigem Respekt geprägten Diskussionen. Sie erreichten ihren Höhepunkt bei der sich über viele Wochen erstreckenden Erörterung einer umfangreichen Schrift eines Alten Herren mit dem Hüttennamen „Spatz" über seinen Weg zum Nationalsozialismus. Hier beschrieb ein als Verwaltungsjurist hoch angesehener konservativer Repräsentant der Vätergeneration im Rahmen eines kenntnisreichen und differenzierten Überblicks über die 1920er und 1930er Jahre selbstbewusst, aber auch erstaunlich offen und selbstkritisch private und gesellschaftliche Voraussetzungen und Beweggründe einer Annäherung an den Nationalsozialismus, mit der Bitte um Stellungnahme und Einschätzung – ein Akt intensiver und dialogorientierter Selbstreflexion, den ich bei meinem Vater immer vermisst habe.

Diese und andere Gespräche, natürlich auch die mit dem erwähnten „Marabu" über das schwierige Verhältnis zu Heidegger und über die Jahre seines Exils in Prag und Löwen, gehören zu den Momenten, die in Freiburg meinen geistigen und weltanschaulichen Horizont sehr nachhaltig erweitert haben. Darüber hinaus beeindruckte mich eine von Zuneigung, Toleranz und Respekt geprägte Haltung, mit der nicht nur der Exilant „Marabu" und der Nationalsozialist „Spatz", sondern auch die anderen „Alten Herren" miteinander umgegangen sind, berührte mich die Erfahrung, dass eine während der Studentenjahre in den

1920er Jahren erwachsene Freundschaft durch das ja sehr unterschiedliche Erleben der NS-Zeit nicht zerstört werden konnte. Die geschilderte Nähe zur Generation der Alten gestaltete sich natürlich keineswegs konfliktfrei, denn bei aller Offenheit gegenüber der jungen Generation gab es doch bei Einzelnen auch recht engstirnige Vorstellungen über ein angemessenes Verhalten auf der Hütte. Das führte u. a. in Bezug auf bestimmte Traditionen bisweilen zu Auseinandersetzungen, so, wenn einige aus dem Kreis der „Alten Herren" eine in ihren Augen zu häufige Anwesenheit von Damen auf der Hütte oder das Singen „fremdländischer Lieder" monierten. Letztere waren von uns eingeführt worden, um das vom „Luginsland" gepflegte sehr schöne, reichhaltige Liedgut mit z. T. aus dem 16. Jahrhundert stammenden Volksliedern und Balladen durch spanische, italienische und russische Lieder zu erweitern. Gesungen wurde eigentlich immer während der Hüttenabende, zu Beginn wohlklingend, z. T. mehrstimmig, mit zunehmendem Alkoholkonsum mutierte diese schöne Polyphonie dann allerdings nicht selten zur Kakophonie.

Zu den Aktivitäten im „Luginsland" eröffnete sich im Wintersemester 1963/64 neben dem Studium ein weiteres, für mein künftiges Leben außerordentlich wichtiges Betätigungsfeld, und das war das Theaterspielen. Die germanistische und die anglistische Studentenbühne agierten damals mit anspruchsvollen Inszenierungen sehr erfolgreich; so ist mir eine von dem später als profilierter Literaturwissenschaftler hervorgetretenen Dieter Schwanitz wunderschöne Inszenierung des „Sommernachtstraums" von Shakespeare im Gedächtnis geblieben, die mehrere Aufführungen im überfüllten Auditorium Maximum erlebte. Wie ich zum germanistischen Studententheater Freiburg gekommen bin, weiß ich nicht mehr. Ich gehörte plötzlich zu dieser Truppe und übernahm die Rolle des König Wenzeslaus in Alfred Jarrys Drama „Ubi Roi". Dieser 1896 erstmals aufgeführte Text interessierte mich, weil hier in geradezu visionärer literarischer Gestaltung politische Entwicklungen des 20. Jahrhunderts antizipiert worden sind: der durch populistische Strategien ermöglichte Aufstieg eines primitiven, freßsüchtigen, geilen Spießbürgers zum mächtigen, zugleich aber auch feigen Diktator. Unter der Regie des später als Schauspieler und Kabarettist bekannt gewordenen Heinrich Pachl haben wir das Stück am Ende Winter-Semesters 1963/64 im Theatersaal der Alten Universität mit gutem Erfolg gespielt.

Als folgenreich für mich erwies sich das Theaterspielen allerdings aus anderen Gründen. Ich blieb bei der Truppe, versagte mir aber ein weiteres aktives Mitspielen, weil im Sommersemester 1964 die erwähnten Prüfungen in Philosophie und Pädagogik anstanden. Man plante eine Aufführung des Dramas „Der Hofmeister" von Lenz in der Bearbeitung von Bertolt Brecht. Ich besuchte hin und wieder die Proben und wurde schließlich gebeten, wenigstens als Beleuchter mitzuarbeiten. Nach gutem Zureden übernahm ich diese so ganz andere „Rolle", allerdings nach anfänglichem Zögern. Denn vertraut war ich mit diesem technischen Bühnenkram ja nicht, und so stand ich zunächst im Theatersaal der Alten Universität in einem engen kleinen Kabuff etwas hilflos vor einer großen Metallwand mit vielen Knöpfen und Lämpchen, mit Schaltplänen u. a. m. Ich habe mich aber dann recht gut eingearbeitet und den Vorstellungen bei tropischen Temperaturen (um sie auszuhalten stand ich während der Aufführungen in einer mit kaltem Wasser gefüllten Zinkbadewanne) zu angemessener Beleuchtung verholfen – abgesehen von einer Panne: Da die Räumlichkeiten im Theatersaal sehr beengt waren, mussten sich die Schauspielerinnen und Schauspieler beim Szenenwechsel auf der Bühne umziehen. Dafür blieb natürlich der Vorhang geschlossen, was er aber eines Abends aufgrund einer falschen Handbewegung meinerseits nicht tat, er öffnete sich rauschend und begleitet vom brüllenden Gelächter des Publikums präsentierten sich die Akteure halbentblößt mit vorgeschnallten Bäuchen und anderen Utensilien auf der Bühne.

Die Übernahme dieser Aufgabe ist mir aber vor allem deshalb nicht schwergefallen, weil mein Auge auf die Hauptdarstellerin namens Anke Jung gefallen war, die nicht nur die Rolle des Gustchens, der weiblichen Zentralfigur, mit große Begabung verratendem Können verkörperte, sondern auch ausnehmend hübsch war. Sie habe ich mit Hingabe, besonderer Sorgfalt und großem Vergnügen in ein schönes Licht gesetzt. Obwohl sie mich, laut späterem Geständnis, anfangs ziemlich blöd und arrogant fand, kam es im Verlauf des Wintersemesters 1964/65 zu immer intensiveren Annäherungen, zum Beginn einer Liebesbeziehung, die trotz mancher Konflikte seit nunmehr 56 Jahren Bestand hat. Konflikte konnten aufgrund unserer recht gegensätzlichen Naturen und Herkunftsbereiche anfangs gar nicht ausbleiben; meine Frau hat das vor Kurzem in einem kleinen Essay in ihrem Buch „Lebensszenen" sehr treffend zu Papier gebracht: Sie – aus dem vom Krieg weitgehend verschonten Oldenburg i. O., also aus dem äußersten Westen Deutschlands stammend, ich – aus dem von Kriegsfolgen gebeutelten äußersten Osten; sie – als Tochter eines Fabrikbesitzers wohlbehütet in Wohlstand aufgewachsen, ich – als mehrfacher Flüchtling in Armut und Entbehrung. Sie – künstlerisch begabt und stärker gefühlsbetont, ich – eher rational-pragmatisch denkend. Trotz mannigfaltiger Streitereien haben wir mit Beginn des Wintersemesters 1964/65 viele Abende gemeinsam verbracht, eher selten in meiner spartanischen Bude, meist in ihrem Studentenzimmer. Der Aufenthalt bei ihr war allerdings nicht selbstverständlich und durchaus risikobehaftet, wurde doch „Herrenbesuch", insbesondere der abendliche oder gar nächtliche, von vielen Vermieterinnen als unmoralisch bewertet und entsprechend geahndet, was wir denn auch bald am eigenen Leibe erfahren sollten. Anke wohnte im schönen Stadtteil Herdern im Paterre einer Altbauvilla. Obwohl die

Vermieterin zwei Stockwerke darüber residierte, wachte sie doch energisch über die moralische Integrität ihrer jungen Mieterinnen, indem sie vor allem mit scharfem Auge und Ohr die Haustür kontrollierte. Um dem zu entgehen, verabschiedete ich mich nachts über die Terrasse, was lange Zeit gut ging, bis – ja, bis der damals in Freiburg nicht unübliche Schneefall einsetzte. Ich verließ meine Freundin wie immer über die Terrasse, hinterließ aber nun Spuren im Schnee, was dem scharfen Auge der Vermieterin nicht entging und die fristlose Kündigung zur Folge hatte. Anke bewohnte in den folgenden Semestern noch zwei andere Studentenzimmer, bis wir dann im Sommersemester 1966 in der Oberwiehre eine großzügige Vermieterin fanden, bei der Anke bis zu unserer Hochzeit im Jahre 1970 gewohnt hat – doch davon später.

Nach relativ kurzer Zeit durfte ich dann auch recht bald Ankes Familie in Oldenburg kennen lernen, denn wir hatten beschlossen, dort mit Freunden den Jahreswechsel 1964/65 zu feiern. Ich eröffnete meinen verdutzten Eltern, dass ich die Weihnachtsferien nicht in Hagen, sondern direkt nach den Feiertagen in Oldenburg verbringen würde, was vor allem meine Mutter gar nicht so gern akzeptieren mochte. Ihr distanziertes Verhalten gründete in einer während der ersten Jahre meines Zusammenlebens mit Anke tiefsitzenden Eifersucht, gepaart mit der für sie schwer zu verkraftenden Erkenntnis, dass sie spätestens ab jetzt nur noch eine Nebenrolle in meinem Leben spielen würde, begleitet nicht selten von dummen Sprüchen wie „Dein Sohn bleibt dein Sohn, bis ein Weib er gefreit, die Tochter bleibt dein bis in Ewigkeit“. Auch wenn sich diese Haltung später änderte – meine Mutter ist nach dem Tode meines Vaters jahrzehntelang von Anke betreut worden – hat das sich in solchen Worten äußernde Streben nach Besitz („bleibt dein“), Macht und Verfügbarkeit die Beziehung nicht nur zu mir und Anke, sondern auch zu meinem Bruder und seiner Frau immer wieder belastet und zu z. T. heftigen Auseinandersetzungen geführt.

Ich fuhr also in den letzten Dezembertagen 1964 nach Oldenburg, lernte bereits nach kurzer Zeit meine spätere Schwiegermutter kennen, Beginn einer bis zu ihrem Tod währenden, sehr harmonischen Beziehung. In Ella Jung, liebevoll „Ehchen" genannt, begegnete mir eine liebenswerte, gütige alte Frau, die keiner Fliege etwas zuleide tun konnte, großzügige Gastgeberin, bescheidene Repräsentantin eines gutbürgerlichen Milieus, in dem nicht jede Mark umgedreht werden musste, bevor man sie ausgab. Am Küchentisch sitzend, beschäftigt mit „Krabbenpulen" oder mit Vorbereitungen zu dem von mir geliebten „Warm und kolt", einem Oldenburger „Strammen Max", verbreitete sie eine wohltuende Atmosphäre von Ruhe und Geborgenheit. Schon seit Langem verwitwet bewohnte sie mit einem ihrer zwei Söhne eine schöne Wohnung innerhalb des Fabrikgeländes. Die Firma wurde von Ankes ältestem Bruder geführt; man konstruierte und baute Maschinen zur Torfgewinnung. Ich habe mich von Beginn an in Oldenburg wohl gefühlt, in dieser Familie ebenso wie in dieser schönen unzerstörten Stadt, die ich rasch durch regelmäßige Besuche, entspannende Einkaufsbummel, Spaziergänge und Autofahrten näher kennen gelernt habe.

Zu den wesentlichen Grundlagen unserer nunmehr seit fast sechs Jahrzehnten bestehenden innigen emotionalen und geistigen Verbindung gehört die intensive Beschäftigung mit den Interessen des Partners. In Bezug auf mich bedeutete dies, dass die vom slawischen Osten zuvor völlig unberührte Anke aus Norddeutschland von Beginn an meine vielfältigen Wege nach Osten aus Interesse und Überzeugung mitgegangen ist, beginnend mit unserer ersten gemeinsamen Reise im Spätsommer 1965. Es ging nach Jugoslawien, genauer nach Kroatien, noch genauer auf die Insel Krk, wo unsere Lektorin Ruža Rubčic ein Ferienhaus besaß. Auf Einladung von Ruža hatte ich eine solche Fahrt in den mir bislang nicht bekannten Teil Osteuropas bereits ein Jahr zuvor mit einer Studienkollegin unternommen, übrigens einmal mehr begleitet von den immer noch bestehenden Ängsten meiner Eltern, die nun fürchteten, dass mich die in ihren Augen kommunistischen Jugoslawen an die DDR ausliefern könnten. Jugoslawien war damals für Slawisten das einzige Land, in dem man problemlos eine slawische Sprache, hier das Serbo-Kroatische, vor Ort erlernen bzw. vervollkommnen konnte. Das gelang uns recht gut, denn wir wohnten dort wirklich unter Einheimischen, versorgten uns im Dorfladen und in der Kneipe mit Ess- und Trinkbarem, schwatzten mit den Dorfbewohnern, die sich freuten, dass zwei junge Deutsche ihre Sprache und Kultur kennenlernen wollten. Darüber hinaus lockte Omišalj mit einer für Slawisten besonderen Attraktion – mit der Glagolica, einer uralten slawischen Schriftsprache, Vorläuferin des Kyrillischen, die hier noch im Rahmen kirchlicher Riten verwendet wurde. Um sie genauer kennenzulernen, besuchten wir abends oft den Küster Luca, der uns dann die glagolitischen Texte in schönem Vortrag zu Gehör brachte. Nach vierzehn Tagen Omišalj sind wir dann mit dem Schiff die ganze Küste abgefahren, zunächst nach Zadar, wo uns ein Kollege von Ruža mit dem sprechenden Namen Nikica Kolumbič zu bislang unbekannten Gefilden der kroatisch-dalmatinischen Literatur führte. Danach ging die Reise über Split, Trogir, Hvar nach Dubrovnik, mit großem Nutzen für unsere Sprachkompetenz, denn wir übernachteten immer in Privatzimmern bei Einheimischen, die ihre Zimmer an den Anlegestellen der Schiffe anboten. Als überaus inspirierend erwies sich diese erste Fahrt aber vor allem in kultureller Hinsicht. Die mir zuvor völlig unbekannte Ostküste der Adria bestach nicht allein durch ihre landschaftliche Schönheit, sondern durch eine unglaubliche Vielfalt in Literatur und Architektur, resultierend aus einer einzigartigen Verschmelzung von römischer, germanischer, italienischer und slawischer Kultur.

Die Reise mit Anke ein Jahr später ging auch wieder nach Omišalj ins Ferienhaus von Ruža. Wir nahmen aber eine andere, von Anke organisierte Route über Venedig und Istrien, verweilten wieder zwei Wochen in Omišalj und bereisten anschließend erneut mit dem Schiff die Adria-Küste, diesmal allerdings nur bis Zadar. Für Anke war es ein erstes Eintauchen in die für sie unbekannte slawische Lebenswelt, die sie später an meiner Seite bei vielen Vortragsreisen, Gastprofessuren und privaten Besuchen in Osteuropa, vor allem in Russland kennen- und lieben gelernt hat. Jugoslawien entwickelte sich damals langsam zu einem Touristenmagnet, auch das kleine Dorf Omišalj; vom in Strandnähe gerade eröffneten Hotel drang abends das nervige „Umba-Umba-Tätterä" deutscher Pauschaltouristen nach oben ins Dorf. Trotz der sich damals abzeichnenden Entwicklung in Richtung Massentourismus besaß das Land aber zu dieser Zeit noch seinen ursprünglichen Charme, auch in Zentren wie Split oder Dubrovnik, deren Schönheit man geruhsam erkunden und genießen konnte, deren Straßen und Plätze nicht von Touristenmassen, sondern von Einheimischen bevölkert wurden. Dank einer vom Präsidenten Tito energisch betriebenen geschickten Außen- und Wirtschaftspolitik, steigender Einkommen und guter Versorgungslage ging es in Jugoslawien während der 1960er Jahre wirtschaftlich erstmals seit 1945 bergauf, die politische und kulturelle Atmosphäre war geprägt von einer Offenheit und Toleranz, von der man in den übrigen slawischen Ländern nur träumen konnte. Erfahren durften wir dies von einfachen Dorfbewohnern ebenso wie in den erwähnten von Ruža vermittelten Gesprächen mit kroatischen Literaturwissenschaftlern in Zadar und Dubrovnik, bei denen wir mit dem inhaltlichen Reichtum und deren der italienischen Sprache ebenbürtigen Klangfülle kroatischer Literatur von Renaissance-Dichtern wie Marin Držic bis zum Nobelpreisträger Ivo Andrič bekannt wurden.

Zurückgekehrt nach Freiburg holte uns zunächst wieder der studentische Alltag ein, Vorlesungen, Seminare, meine tägliche Arbeit als Hilfskraft im Slavischen Seminar etc. Das änderte sich dann im Dezember 1965 als mich Professor Lettenbauer zu einem Gespräch bat, in dessen Verlauf er mir den Vorschlag zur Promotion als Grundlage einer wissenschaftlichen Laufbahn machte. Gegenstand der Arbeit sollte ein mir bis dahin völlig unbekannter russischer Literaturkritiker aus dem 19. Jahrhundert namens Apollon Grigorjew sein; er hat mein Leben in den kommenden Jahren in hohem Maße bestimmt. Grigorjew war ein hochbegabter Dichter, Literaturkritiker und Übersetzer, zugleich aber psychisch überaus labil, in seinen Gedankengängen sowohl genial als auch chaotisch; Trunksucht, Schulden und ein insgesamt ungeregeltes Leben haben dazu geführt, dass er 1864 im Alter von nur 42 Jahren verstorben ist. In seinen letzten Lebensjahren war er als Freund und literaturkritischer Mitarbeiter von Fjodor Dostojewski im von beiden Dostojewski-Brüdern geführten Journal „Vremja" (Die Zeit) tätig. Geistesgeschichtlich vertrat der Literaturkritiker Grigorjew eine Mittelposition zwischen den der russischen religiösen und kulturellen Tradition verpflichteten Slawophilen und den westlicher Philosophie und Kultur zugewandten Westlern. Bedingungsloser Anhänger und Bewunderer Schellings einerseits forderte er von der russischen Literatur andererseits eine organische Verbindung zum russischen Volk und zum russischen Boden – eine ideologische Position, die Dostojewski aufgenommen und sein dichterisches und journalistisches Werk der 1860er/1870er Jahre in nicht unerheblichem Maße geprägt hat. Mit dieser Position stand Grigorjew in deutlichem Gegensatz zu linksliberalen zeitgenössischen Kollegen wie Wissarion Belinski, Nikolai Tschernyschewski und Nikolai Dobroljubow. Letztere galten aber spätestens seit 1917 als Ikonen der sowjetischen Literaturkritik, was dazu führte, dass Grigorjew in der sowjetischen Literaturwissenschaft als persona non grata behandelt und weitgehend totgeschwiegen wurde. Lettenbauer, der um meine zu dieser Zeit sehr intensive Beschäftigung mit der Philosophie des Deutschen Idealismus bei den Professoren Marx und

Fink wusste, kannte diese Leerstelle der Forschung und erwartete von mir eine systematische Rekonstruktion dieser „organischen Kritik“, in Verbindung mit einer Darstellung der Schellingschen Einflüsse. Das sah nach viel Arbeit aus, was sich dann auch in den folgenden Jahren bestätigte. Von Grigorjew existierte in Freiburg nicht ein einziger Text, doch ich hatte Glück: Meine Recherchen ergaben, dass die benachbarte Universitätsbibliothek Basel die einzige, 1916 erschienene Ausgabe gesammelter Werke dieses Autors in ihren Beständen führte. Das langte zunächst als Arbeitsgrundlage, auch wenn es immer wieder Fahrten nach Basel erforderte. Zugleich bescherte mir diese erste Recherche aber auch einen Dämpfer. Ich erfuhr, dass ein Basler Student ebenfalls an einer Studie zu Grigorjew arbeitete. Als ich meinem „Doktorvater“ von diesem Konkurrenten erzählte, erlebte ich erstmals, dass der sonst so zurückhaltende und feine Professor Lettenbauer auch gehörig fluchen konnte. Ich bin dann sofort, zwei Tage vor Heiligabend, nach Basel gefahren, wo mir der Schweizer Kollege zu meiner großen Erleichterung mitteilte, dass er sein Vorhaben aufgegeben hatte.

Schwierig blieb die Arbeit an der Dissertation trotzdem. Auch wenn mir die Basler Grigorjew-Ausgabe eine erste wichtige Textgrundlage bot, ergaben sich doch große Probleme bei der Beschaffung von weiteren Werken des russischen Kritikers; ähnliches galt für den Bereich der Forschungsliteratur. Die größten Schwierigkeiten bereiteten aber zunächst die zu untersuchenden Autoren. Schelling ist bekanntlich ein nicht immer gut verständlicher Philosoph; das gilt insbesondere für seine späten Schriften, wie z. B. die „Philosophie der Mythologie und Offenbarung“, mit der ich mich intensiv beschäftigen musste, weil sie in den Schriften Grigorjews eine wichtige Rolle spielt. Als nicht weniger mühselig erwies sich zu Anfang die Lektüre von dessen theoretischen und literaturkritischen Arbeiten. Geprägt durch eine in weiten Teilen chaotische Argumentation, durch kryptische Andeutungen und durch zahlreiche Bezüge zu Werken der gesamten Weltliteratur präsentierte sich mir diese „organische Kritik“ anfangs keineswegs als „organisches“ Konstrukt, sondern als ein schier undurchdringliches Textgestrüpp, das ich nur langsam entwirren konnte. Fachliche Orientierungshilfe durfte ich von Lettenbauer bei aller äußerlichen Unterstützung nicht erwarten; substanzielle Kenntnisse der Schriften Grigorjews besaß er nicht, und Schellings Werke waren ihm weitgehend unbekannt. Daran hat sich auch später nicht viel geändert; das von mir Vorgelegte wurde immer vorbehaltlos akzeptiert, knifflige Aspekte und Fragestellungen musste ich mit anderen diskutieren.

Das Jahr 1966 brachte sowohl Anke als auch mir nachhaltige Veränderungen. Wir zogen beide um, Anke in die Neumattenstraße in der Oberwiehre und ich in die Marienstraße im Zentrum. Beides war nicht ein einfacher Budenwechsel, sondern Beginn bzw. Fortsetzung von überaus engen sozialen Bindungen, die jahrzehntelang Bestand haben sollten. In der Marienstraße existierte seit 1965 eine von vier Jurastudenten gebildete Wohngemeinschaft, eine der ersten WGs in Freiburg, zu denen auch der „Luginsländer“ Ekkehard Keller gehörte. Jeder besaß sein eigenes Zimmer, gemeinsam benutzte man eine große Küche, Dusche und WC. Als mir zu Beginn des Sommersemesters 1966 Ekkehard signalisierte, dass dort ein Zimmer frei würde, griff ich zu, mit etwas schlechtem Gewissen, als ich merkte, dass die Gräbles von meiner Kündigung sehr betroffen waren. Noch Wochen danach sprach mich der Sohn mit der Frage an, ob sie sich mir gegenüber falsch verhalten hätten, was ich natürlich verneinte. Das Zimmer war zwar klein und unmöbliert, aber ausgestattet mit Zentralheizung, in Verbindung mit Küche mit Dusche entschieden komfortabler als das Zimmer bei Gräbles. Um es mit Möbeln auszustatten, gingen Anke und ich auf die Suche, fanden im Sperrmüll ein einfaches Bettgestell, kauften eine billige Matratze, stöberten im Anzeigenteil der Badischen Zeitung und wurden auch fündig. Von der Tochter des ehemaligen Leiters der Strafanstalt Freiburg erwarb ich für 10 DM einen sehr schönen, von Sträflingen gefertigten Schreibtisch aus Eichenholz, von einer armen Studenten wohlgesonnenen Witwe erhielt ich als Geschenk eine kleine Sitzecke mit Stehlampe u. a. m. Ich habe mich in dieser WG sehr wohl gefühlt, wozu u. a. beitrug, dass bald nach mir ein weiterer „Luginsländer", der mir bis heute freundschaftlich eng verbundene Henner Kahlert einzog. Wir haben viele Abende miteinander verbracht, mit Gesprächen über Politik, Studieninhalte, z. B. über meinen Kritiker Apollon Grigorjew, Anke und ich lauschten bewundernd Henners excellentem Gitarrenspiel, besuchten mit ihm Spätvorstellungen im Kino u. a. m.

Anke erging es in der Neumattenstraße ähnlich. Durch Vermittlung einer Slawistik-Studentin bezog sie ein Zimmer im Haus einer älteren Dame, Frau Gehl, welche die mittlere Etage ihres Hauses mit drei Zimmern an Studentinnen vermietet hatte, neben Anke an die Slawistin Renate Pizzoni und an die Germanistik-Studentin Ulrike Bösken. Renate hatte u. a. mit meiner Hilfe über Umwege die Hochschulreife erlangt. In großer Liebe allem Russischen zugetan, studierte sie Slawistik und osteuropäische Geschichte und hat diese Neigung später intensiv weiter gepflegt, u. a. in der Eigenschaft als Vorsitzende der Turgenjew-Gesellschaft sowie als für die Russland-Kontakte der Stadt Baden-Baden zuständige Mitarbeiterin. Begeistert von ihren Studienfächern verehrte sie besonders den gerade neu berufenen Lehrstuhlinhaber für osteuropäische Geschichte Professor Gottfried Schramm, der in den folgenden Jahrzehnten eine wichtige Rolle im Leben der Freiburger Uni einnehmen sollte, u. a. als Leiter des studium generale. Schramm zeigte sich so ganz anders als die uns bekannten Professoren, zugänglich, diskussionsfreudig und auch dem ausgelassenen Feiern nicht abgeneigt. Ein oder zwei Mal erschien er auch als Gast bei unseren Feten, die nicht nur berühmt, sondern bei den Nachbarn auch berüchtigt waren; nach einer der wildesten erhielt die arme Frau Gehl 14 Beschwerdebriefe von Nachbarn, die wir reumütig zur Kenntnis nahmen und Besserung gelobten. Letzteres geschah aufrichtig, denn wir wollten unsere großzügige Wirtin nicht in Schwierigkeiten bringen. Denn im Gegensatz zu anderen Vermietern gewährte sie uns große Freiräume. Sie duldete es ohne Auflagen, dass Anke und Ulrike regelmäßig von ihren Freunden besucht wurden, dass wir gemeinsam kochten, andere Gäste empfingen etc. Ganz ohne Gegenleistung geschah das allerdings nicht. Die verwitwete Frau Gehl lebte allein, ihre Kinder wohnten nicht in Freiburg, und auch sonst besaß sie wenige Kontakte. Also konzentrierte sich ihr Gesprächsbedarf auf uns; wenn die Haustür aufging, stand sie an der Treppe und verwickelte den Ankömmling in eine Unterhaltung, die nicht selten mehr als eine halbe Stunde dauern konnte.

Wie auch unsere „Luginsland"-WG in der Marienstraße zeichnete sich diese Damen-WG durch ein weitgehend konfliktfreies Miteinander aus, auch wenn wir hin und wieder das aus Renates Zimmer permanent ertönende „Yellow submarine" der Beatles als nervig beanstanden mussten. Zwischen Ulrike und ihrem Freund Konrad und Anke und mir entwickelte sich bald eine sehr enge, über viele Jahre bestehende Freundschaft. Beide kamen aus der tiefsten westfälischen Provinz, aus der Kleinstadt Warburg, die wir dann in den folgenden Jahren auch näher kennenlernten. Das lag vor allem an Konrad, der diesen Herkunftsbereich fast abgöttisch liebte und ständig darüber redete. Der hochintelligente Konrad promovierte bei Professor Lakebrink über das Thema „Zeit bei Hegel" und war von daher ein wichtiger Gesprächspartner, wenn es um Probleme bei Schelling und Grigorjew ging. Handwerklich sehr begabt besaß er zugleich ein großes Wissen und interessierte sich für das Tun der anderen, z. B. für meine Dissertation, die seinen Anregungen viel verdankt. Da Anke und ich gern mit den beiden zusammen waren, haben wir oft in der Neumattenstraße herumgehangen, verbrachten insbesondere viele Abende entweder in Ulrikes kleinem zigarettenrauchgeschwängertem Zimmer bei billigem Wein namens Soleil du Maroque oder im benachbarten Gasthaus „Zum Schiff", hörten Neues über Warburg und seine Bewohner, begutachteten Konrads Reparaturen an der ihm und Ulrike gehörenden Isetta (ein Kleinstauto mit Fronteinstieg), diskutierten aber auch sehr intensiv über die sich bereits 1966 abzeichnenden gesellschaftlichen Veränderungen, also über die Proteste gegen den Vietnamkrieg, über die Außerparlamentarische Opposition, erregt und betroffen im Juni 1967 nach der Ermordung des Studenten Benno Ohnesorg in Berlin. Dazu gesellten sich nicht selten andere Bewohner eines in Freiburg ansässigen „Warburger Biotops", u. a. der als Kunsterzieher und Maler tätige Reinhold Vetter und seine Frau Annette, mit der wir auch heute noch befreundet sind. Ich habe dieses Jahr vom Sommer 1966 bis Sommer 1967 als fröhlich und unbeschwert in Erinnerung; meinem Studium war diese „Gammelphase" allerdings weniger förderlich, die Arbeit an der Dissertation kam nur langsam voran, gleiches betraf die Vorbereitungen für das 1968 anstehende Staatsexamen.

Eine geradezu erdbebenartige Ablenkung negativer Art gab es dann im familiären Bereich, erdbebenartig, weil durch ein unverständliches Verhalten meines Bruders Zutrauen, Vertrauen und eine darauf beruhende Sicherheit innerhalb der Familie grundlegend erschüttert wurden. Wenige Wochen nach der Rückkehr von einer schönen Reise an die holländische Nordseeküste, der dann noch viele folgen sollten, erhielt ich ein dringendes Telegramm meiner Eltern mit der Bitte, sofort nach Hagen zu kommen und zuvor meinen Bruder anzurufen. Es stellte sich heraus, dass der große Bruder nicht als Arzt an einem Krankenhaus in Leverkusen arbeitete; vielmehr hatte er das medizinische Staatsexamen nicht bestanden, Wiederholungsprüfungen ignoriert und sich stattdessen in das Malen von Bildern geflüchtet, Resultat einer sicher den Kriegs- und Nachkriegserfahrungen geschuldeten Angstneurose. Überwältigt davon fehlte ihm auch die Kraft, sich seiner Familie zu offenbaren und gemeinsam mit Ehefrau, Bruder und Eltern einen Weg aus dieser verfahrenen Situation zu suchen. Auf Ehefrau und Eltern wirkte diese Nachricht in einer Weise niederschmetternd, die man wohl am besten mit dem Ausdruck „mentaler GAU" charakterisiert, und ich, der kleine Bruder in Freiburg, sollte einen Ausweg suchen, mit meinem Bruder und mit meiner Schwägerin reden, die Eltern trösten – ein Ansinnen, das mich natürlich völlig überforderte. Ich begab mich also schweren Herzens nach Hagen und versuchte zunächst, meine Eltern zu beruhigen, was mir vor allem bei meinem Vater bestenfalls ansatzweise gelang; für ihn war dies ein weiterer Tiefschlag in seiner an solchen Ereignissen ja nicht armen Existenz. Ich habe diesen Vater nur ein einziges Mal im Leben weinen gesehen, und das geschah bei diesem Besuch. Ehrpusselig wie er war, sah er seinen klugen und hochtalentierten Ältesten, Inbegriff eines ihm selbst verwehrten gesellschaftlichen Aufstiegs als Arzt, nun als Lügner und Betrüger; er hat diesen Schlag mental nie verwunden. Leider hat er nicht mehr erleben dürfen, dass dieser Sohn einige Jahre später im Fach Biologie mit „summa cum laude" promoviert worden ist, Beginn einer wissenschaftlichen Laufbahn, die dann kurz vor der Habilitation durch seinen frühen Tod beendet worden ist. Nach dem deprimierenden Besuch bei den Eltern machte ich mich auf den Weg nach Köln zur Familie des Bruders, um auch dort tröstend und beruhigend auf meine Schwägerin einzuwirken, bemüht, sie von einer verständlichen, aber vorschnellen Trennung von ihrem Mann abzuhalten. Diese familiären Wirren haben mich gegen Ende des Jahres 1966 Wochen und Monate seelisch sehr in Anspruch genommen, mich recht nachdenklich gestimmt, und zwar nicht nur in Bezug auf die verfahrene Situation in Köln, sondern auch hinsichtlich meines Verhältnisses zu den Eltern. Denn deren extreme Reaktionen, insbesondere die meines Vaters, brachten mich zu der etwas deprimierenden Erkenntnis, dass nicht ich, sondern mein problematischer Bruder in Herz und Kopf meiner Eltern den zentralen Platz beanspruchen durfte. Ich habe das damals einfach konstatiert; das gute Verhältnis zu meinem Bruder ist dadurch niemals belastet worden.

Spätestens im Herbst 1967 neigte sich das lockere Leben seinem Ende zu, das Staatsexamen rückte näher; alle außer Konrad gedachten im Verlauf des Jahres 1968 diese Abschlussprüfung abzulegen. Trotz des Promotionsvorhabens hatte auch ich mich dazu durchgerungen; wissend um die Unwägbarkeiten und Risiken einer wissenschaftlichen Laufbahn wollte ich mich absichern und mir den Zugang zum Lehramt an Gymnasien offenhalten. Lettenbauer gefiel das gar nicht; er, der mit nun 60 Jahren der Emeritierung entgegensah, wollte mich unbedingt über eine rasche Promotion und folgende Habilitation als seinen wissenschaftlichen Schüler profilieren. Letztlich musste er aber meine Entscheidung akzeptieren. Ich reichte die ersten Kapitel der Dissertation als Staatsarbeit ein, und Anke und ich haben dann mit gutem Erfolg unsere Examina abgelegt.

Neben dem Examen und den entsprechenden Paukereien brachte das Jahr 1968 noch andere Belastungen. Zu Beginn des Jahres übersiedelten meine Eltern nach Kirchzarten bei Freiburg, wo sich mein Vater Erleichterung von seinen Atmungsproblemen erhoffte, was sich leider bald als Trugschluss erwies. Im November, wenige Tage vor meinem Abschlussexamen in Germanistik, brach er zusammen und erfuhr in der Uni-Klinik von einer Erkrankung an Lungenkrebs. Die deprimierende Erfahrung, dass ihm nach so einem harten und beschwerlichen Leben nicht einmal der verdiente und inständig ersehnte friedvolle Lebensabend vergönnt war, führte zu tiefer Depression und anhaltender Verbitterung. Dies und die daraus folgenden Ansprüche auf Fürsorge und Betreuung waren der Examensvorbereitung nicht gerade förderlich; ohne die tatkräftige Hilfe von Anke, die das Examen bereits hinter sich hatte und mir auch bei meinen Eltern den Rücken freihielt, wäre mein Germanistik-Examen wahrscheinlich weniger erfreulich verlaufen. Ich durfte meinem Vater in der Universitätsklinik den erfolgreichen Abschluss meines Studiums zwei Stunden nach dem Abschlussexamen mitteilen und werde nie vergessen, mit welcher Freude er diese Nachricht aufgenommen hat, zutiefst erleichtert darüber, dass wenigstens einer seiner Söhne sein Studium erfolgreich beendet hatte und nun als designierter wissenschaftlicher Assistent bei Lettenbauer sogar am Beginn einer Professorenlaufbahn stand. Die lieben Eltern waren mir also wieder nahegerückt, was bei allem Mitgefühl und Verständnis für ihre schwierige Lage aufgrund ihres Anspruchsdenkens immer wieder zu Problemen führte. Sie erwarteten, dass ich bzw. wir zwei Mal in der Woche bei ihnen vorbeischauten, wenn möglich, den halben Sonntag bei ihnen verbrachten. Im Verlauf eines langwierigen und nicht immer erfreulichen Erziehungsprozesses mussten sie schließlich erkennen, dass solcherart Erwartungen unsererseits nicht akzeptiert werden konnten.

Im gleichen Jahr änderte sich die Situation an der Uni im Gefolge der Studentenunruhen. Bereits 1967 hatten Studierende vor allem in Berlin und Frankfurt a. M. gegen die neuen Notstandsgesetze, gegen den Besuch des Schahs von Persien und gegen den Krieg der Amerikaner in Vietnam protestiert, was dann nach der uns alle verstörenden Ermordung des Studenten Benno Ohnesorg am 2. Juni 1967 in Berlin eskalierte. In Freiburg gab es Mitte der 1960er Jahre einige wenige Protestaktionen, u. a. gegen den Bildungsnotstand 1965, gegen die Notstandsgesetze 1967; sie intensivierten sich Anfang 1968. Das begann nach einer von Schülern und Studenten bekämpften Erhöhung der Fahrpreise im öffentlichen Nahverkehr, führte im Februar zu dessen Blockaden, zu heftigen Auseinandersetzungen mit der Polizei und zu wochenlangen

Diskussionen mit der Stadtverwaltung. Von all dem blieb die Universität natürlich nicht unberührt. Lehrveranstaltungen wurden zunehmend gestört, und die „68er-Aktivisten" schreckten auch vor Drohungen, obszönen Beschimpfungen und gewaltsamen Blockaden universitärer Gremien nicht zurück. Im Dezember 1968 sprengten Studierende die Rektoratswahl, nötigten Anfang 1969 den Rektor Bruno Boesch mit massiver körperlicher Gewalt, sich im Innenhof der Kollegiengebäude I–III einer Diskussion zur Grundordnung der Universität zu stellen. Bei den Germanisten richteten sich die Angriffe bevorzugt auf Lehrveranstaltungen der Professoren Baumann und Kaiser, begleitet bei letzterem mit z. T. wüsten Beschimpfungen, auf die er äußerlich gelassen und sprachlich souverän reagierte. So antwortete er während einer Vorlesung auf einen Zwischenruf „Herr Kaiser, Sie sind ein Arschloch" mit der doppeldeutigen Feststellung „Dieses Argument ist mir zu braun" und hatte die Lacher auf seiner Seite. Die Protesthaltung steigerte sich zur Hybris, als Repräsentanten des SDS, des Sozialistischen Deutschen Studentenbundes, eine antiautoritäre Goethe-Vorlesung mit dem Ziel inszenierten, die germanistische Literaturwissenschaft auf marxistische Grundlagen zu stellen.

Anke und mich betraf all das nur am Rande, weil wir uns mitten im Examen befanden, aber die Demonstrationen gegen die Auftritte von Politikern, wie die des Bundeskanzlers Kiesinger oder die gegen die erwähnten Fahrpreiserhöhungen, bekamen wir schon mit. Bei letzterer geriet ich als Außenstehender ins Visier der polizeilichen Wasserwerfer und konnte mich nur mit Mühe in einen Geschäftseingang retten, durchnässt und vor allem erschrocken von der ungeheuren Wucht der durch diese Geräte verschickten Wasserstrahlen. Diese besaßen eine solche Kraft, dass sie Demonstranten und Passanten verletzten und sogar Fensterscheiben zertrümmerten. Als Ursache dieses martialischen Vorgehens wurde später bekannt, dass die Polizei mit diesen Wasserwerfern überhaupt nicht umgehen konnte, weil es der erste Einsatz dieser Art in Baden-Württemberg war.

Mein Verhältnis zur 68er-Bewegung würde ich als ambivalent bezeichnen. Politisch linksliberal eingestellt habe ich die Proteste gegen verkrustete gesellschaftliche Strukturen, auch solcher im universitären Bereich, durchaus begrüßt; der berühmte Auftritt der Hamburger Studenten bei der Rektoratsfeier mit dem Entfalten des Plakates „Unter den Talaren Muff von tausend Jahren“ imponierte mir ebenso wie das kreative Kratzen am göttergleichen Status vieler Professoren und die nun verstärkt einsetzende Befragung der Elterngeneration über ihr Verhalten während der NS-Zeit. Mit Skepsis und Ablehnung begegnete ich hingegen den politischen Forderungen der 68er. Mit der Kritik am Vietnamkrieg konnte ich mich identifizieren, aber nicht mit dem rabiaten Antiamerikanismus und der geradezu anbetenden Verehrung von Ho Chi Minh und Mao Tsetung. Ich hatte noch nicht vergessen, dass wir unsere erfolgreiche Flucht aus der DDR dem von den Amerikanern garantierten freiheitlichen Status von Westberlin verdankten, und im Gegensatz zu den Mitgliedern und Sympathisanten des SDS war mir bewusst, dass die genannten Führer aus Vietnam und China gerade nicht eine von Emanzipation, individueller Freiheit und Toleranz, sondern von Repression und Meinungsdiktatur geprägte Gesellschaftsform repräsentierten. Die emphatischen „Ho, Ho, Ho Chi Min“-Chöre auf Demonstrationen sowie die kritiklose, von Ehrfurcht und Hingabe begleitete Anbetung der Mao-Bibel fand ich lächerlich und entwürdigend. Ambivalent war auch meine Haltung gegenüber wichtigen Vertretern wie Rudi Dutschke oder Ulrike Meinhof. An letzterer imponierte anfangs das aus einem tiefen ethischen Empfinden gespeiste soziale Engagement, ihre Radikalisierung war dann aber nicht mehr nachvollziehbar. Auch Dutschke beeindruckte mich zunächst durch den sehr authentisch wirkenden revolutionären Elan; auf den Attentatsversuch auf ihn habe ich wie viele andere mit großer Betroffenheit reagiert. Wenig abgewinnen konnte ich dem Soziologenjargon seiner Reden, dessen Defizite Anfang 1968 deutlich erkennbar wurden, u. a. während eines öffentlichen Disputs mit Ralf Dahrendorf auf einem Autodach vor der Freiburger Stadthalle. Irritierend fand ich vor allem Dutschkes kritiklose Rezeption des Maoismus; mich wunderte, dass ein so kluger und belesener Flüchtling aus der DDR die gravierenden Defizite dieser Ideologie nicht erkennen wollte. Mit ironischer Distanz verfolgten wir die pressewirksamen Inszenierungen einer Revolution in Sexualität und Familie, insbesondere als immer deutlicher wurde, dass diese Art der Emanzipation vor allem die Männer betraf, dass deren Rollenverständnis sich hier nicht wesentlich von dem der so intensiv kritisierten Generation der Väter unterschied. Eine Bestätigung erhielten diese Vorbehalte gegenüber dem studentischen „Neomarxismus" als im August 1968 Truppen des Warschauer Paktes unter Führung der Roten Armee in der Tschechoslowakei einmarschierten und dem „Prager Frühling" ein brutales Ende bereiteten. Gerade wir Slawisten hatten ja die von Dubček initiierte Liberalisierung einer sozialistischen Gesellschaftsordnung mit großem Interesse und Sympathie verfolgt, gut versorgt mit detaillierten Informationen durch den tschechischen Literaturwissenschaftler Antonin Meštan, der seit einem Jahr als Gastdozent aus Prag in Freiburg lehrte. Im Seminarbetrieb begegnete ich ihm mit Distanz, u. a., weil er, damals nur Gast im Seminar, Dr. Mrosiks wissenschaftliches Scheitern mit höhnischen Bemerkungen kommentiert hatte. Aber als er mir am Tag nach dem Einmarsch der Russen in Prag mit kreidebleichem Gesicht begegnete, empfand ich aufrichtiges Mitgefühl, gepaart mit wütender Ohnmacht, wussten wir doch, dass alle Proteste, auch die in Freiburg spontan organisierte Demonstration, am Geschehen in der Tschechoslowakei nichts ändern würden.

8 Aufbruch und geistige Rückkehr nach Osten:

Tätigkeit als Slawist (Freiburg 1969–1974), Studien- und Forschungsaufenthalt in der Sowjetunion (Moskau und Leningrad 1971)

Mit Beginn des Jahres 1969 war die Studentenzeit in Freiburg endgültig vorbei und ein neuer Lebensabschnitt, das Berufsleben, begann. Mir wurde als Nachfolger von Dr. Mrosik dessen Assistentenstelle übertragen, die ich mangels abgeschlossener Promotion zunächst nur verwalten durfte. Das verzögerte die Verbeamtung, und ich erhielt weniger Geld als ein promovierter Assistent, was mich aber wenig kümmerte. Zum ersten Mal in meinem Leben durfte ich mich über ein gutes Einkommen freuen und durch Vermittlung der Universität ein komfortables Ein-Zimmer-Apartment in einem der Hochhäuser in Freiburgs neuem Stadtteil Weingarten beziehen.

Zu den vorhandenen Aufgaben im Seminar gesellten sich neue, insbesondere im Bereich der Lehre. Bedingt durch die offene, auf Dialog ausgerichtete Ostpolitik der Bundesregierung hatte sich die Zahl der Slawistik-Studierenden stark vergrößert, und ich erhielt den Auftrag, die zahlreichen Russistik-Studenten in ihr Studium einzuführen. Eine solche „Einführung in das Studium der russischen Literatur“ hatte es zuvor in Freiburg nicht gegeben, da mein Vorgänger auf dieser Stelle, Dr. Mrosik, nur als Polnisch-Lektor tätig gewesen war. Weder von ihm noch von Lettenbauer durfte ich die für eine solche Einführung notwendige Beratung erwarten und musste mir als völlig unerfahrenem Anfänger ein Konzept und das dazugehörende Seminarprogramm erarbeiten. Entsprechend verunsichert sah ich zu Beginn des Sommersemesters 1969 der ersten Seminarsitzung entgegen, konstatierte mit Sorge, wie die Zahl der Teilnehmer auf die für die Freiburger Slawistik ungewöhnlich hohe Zahl von ca. 50 Teilnehmern anwuchs und betrat dann, gestärkt durch einen Magenschnaps namens „Underberg", den Hörsaal, um meine dann fast vierzig Jahre währende Laufbahn als akademischer Lehrer zu beginnen. Doch ich hatte Glück. Die Slawisten benahmen sich im Sommersemester 1969 noch nicht so aufmüpfig wie ihre Kollegen in der Germanistik und anderen Fächern, hörten mir interessiert zu, akzeptierten das Programm und bearbeiteten es während der nächsten drei Monate mit so viel Engagement und Ausdauer, dass ich mich ermutigt fühlte, diese Seminarform auch in den kommenden Semestern immer wieder zu verwenden. Sie bestand darin, dass ich das im akademischen Seminarbetrieb übliche, nicht selten gähnende Langeweile verbreitende Vorlesen von Referaten zugunsten von Diskussionen abschaffte. Die für die Seminarsitzung zuständigen Referenten verlasen zu Beginn eine kurze Zusammenfassung ihrer Arbeitsergebnisse und eröffneten dann anhand selbst formulierter Fragen die Erörterung der jeweiligen Themenstellung. Das ging bei den Freiburger Slawisten später allerdings nicht mehr so friedlich ab; bei der in Orientierung an der 68er-Bewegung gegründeten „Fachschaft Slawistik" dominierte Mitte der 1970er Jahre mehr und mehr ein rauer und aggressiver Ton die Seminardiskussionen. Das literarhistorisch ausgerichtete Seminarprogramm wurde zugunsten obskurer marxistischer Theorieentwürfe abgewertet, Gesprächsangebote meinerseits mit rüden, die Gürtellinie nicht selten unterschreitenden Beantwortungen ausgeschlagen. Der erwähnten Seminarkonzeption bin ich trotzdem treu geblieben; ich habe sie mit Ergänzungen und

Modifikationen auch bei den Germanisten in Göttingen und Erlangen sowohl im Grund- als auch im Hauptstudium jahrzehntelang mit großem Erfolg in der Lehre verwendet.

Die neuen Verpflichtungen behinderten natürlich auch das Promotionsprojekt, für das ich nur an Wochenenden und während weniger Wochen zwischen den Semestern Zeit erübrigen konnte. Dies und der erwähnte Mangel an Textmaterial ließen mehr und mehr den Plan reifen, eine Auszeit zu nehmen und vor Ort, also in der Sowjetunion, die Arbeit an der Dissertation zu intensivieren und zum Abschluss zu bringen. Ermöglicht wurde dies durch ein Austauschprogramm zwischen der Deutschen Forschungsgemeinschaft und der sowjetischen Akademie der Wissenschaft, legitimiert durch beide Regierungen. Es beinhaltete, dass pro Jahr ca. zehn sowjetische Nachwuchswissenschaftler in der Bundesrepublik und zehn deutsche in der Sowjetunion bestimmten Forschungsprojekten nachgehen konnten. Die Beantragung erforderte einen immensen bürokratischen Aufwand, der mehr als ein Jahr in Anspruch nahm. Zunächst musste ich aber Anke und meine Familie mit dem Vorhaben vertraut machen, was bei Anke auf keine, bei Eltern und Bruder aber auf große Vorbehalte stieß. Sie befürchteten natürlich Repressalien bis hin zur Verhaftung des ehemaligen DDR-Bürgers, und erst der Hinweis, dass ich unter dem Schutz der deutschen Regierung nach Russland reisen würde, sorgte für Beruhigung.

Änderungen in der Lebensweise ergaben sich auch im privaten Bereich. Die WG in der Marienstraße löste sich ebenso auf wie die bei Frau Gehl in der Neumattenstraße, der enge Zusammenhalt im „Luginsland" wich mehr und mehr sporadischen Begegnungen, weil wir nun alle im Berufsleben standen, Familien gründeten und für gemeinsame Abend- und Freizeitaktivitäten immer weniger Zeit blieb. Das betraf allerdings nicht die Verbindung zu den Warburgern, mit denen wir weiterhin engen Kontakt hielten, u. a. mit ihnen zwischen 1969 und 1973 einige mehrwöchige Urlaube auf der holländischen Insel Schiermonnigkoog verbrachten. Auch Ankes und mein Leben erfuhr Veränderungen. Wir lebten nun schon fünf Jahre zusammen, Anke wohnte inzwischen mehr bei mir in Weingarten als in der Neumattenstraße, und so reifte wie bei fast allen unserer Freunde die Erkenntnis, dass man die schon lange währende „wilde Ehe" im Rahmen einer schönen Hochzeit legalisieren sollte, nicht kirchlich, sondern nur standesamtlich, was dann auch im Mai 1970 geschah, angesichts des sterbenden Vaters in kleinem Rahmen; der Vater hat dann wenig später, im August 1970, das Zeitliche gesegnet. Glücklich verheiratet zogen Anke und ich im Sommer 1970 endgültig zusammen und verlebten in einer sehr schönen, im Stadtteil Littenweiler in Hanglage gelegenen Dreizimmerwohnung unsere letzten vier Freiburger Jahre.

Fast gleichzeitig geriet die DDR wieder intensiv in mein Blickfeld, und zwar in Gestalt von Tante Grete. Sie hielt sich im Juni 1970 erstmals in Kirchzarten auf, weil ihr als Rentnerin mit der Vollendung des 60. Lebensjahres Westreisen gestattet waren, und die erste führte sie nach Kirchzarten. Die Schwestern hatten sich brieflich wieder angenähert und so gab es, 20 Jahre nach dem Belziger Zerwürfnis, ein bewegendes Wiedersehen. Sie begegnete uns so wie ich sie in Erinnerung hatte, offen, freundlich und tolerant, und so entwickelte sich sofort ein gutes Verhältnis nicht nur zu mir, sondern auch zu Anke. Mit dem Besuch von Tante Grete rückte die Kleinstadt Belzig wieder näher; ihre Erzählungen vom DDR-Alltag, von der Entwicklung ihrer Kinder vermittelten ein auch für mich neues und anschauliches Bild von deren Lebensumständen im real existierenden Sozialismus und verstärkten den Wunsch, die Stätten meiner Kindheit und auch meine Cousins und Cousinen wiederzusehen – ein Wunsch, der dann nach 1974 auch in Erfüllung gegangen ist.

Im Herbst 1970 wurde das Moskau-Projekt konkret. Mein Antrag auf einen halbjährigen Studien- und Forschungsaufenthalt in der Sowjetunion war von der Deutschen Forschungsgemeinschaft und von den sowjetischen Partnern bewilligt worden; das große Unternehmen sollte Anfang 1971 starten. Zuvor ereilte mich aber noch eine Schreckensnachricht. Mitten in den Reisevorbereitungen meldete sich einer der Gutachter, ein renommierter Professor für osteuropäische Geschichte, mit dem Hinweis auf eine in den USA gerade fertiggestellte Dissertation zu meinem Thema. Die sofort erfolgte Kontaktaufnahme mit dem ausgesprochen freundlichen und kooperativen Herrn Whittaker führte dann aber rasch zur wohltuenden Erholung meines angegriffenen Nervensystems; er informierte mich ausführlich darüber, dass er den russischen Kritiker Grigorjew aus ganz anderer Perspektive untersucht hatte, gab mir noch wertvolle Informationen zu meinem anstehenden Aufenthalt in der Sowjetunion und wünschte mir alles Gute. Wir sind noch längere Zeit in brieflichem Kontakt geblieben; er hat später meine Dissertation ausführlich positiv rezensiert. Als sehr beunruhigend empfand ich eine weitere unerwartete Begegnung. Eines Tages klingelte es an meiner Tür, ein Herr mittleren Alters stand vor der Tür und bat um ein Gespräch. Der Mann sah aus, wie man sich einen Geheimagenten vorstellt, bekleidet mit grauem Mantel, Hut und Aktentasche – und er war ein solcher, stellte sich als Mitarbeiter des BND vor, mit dem Ansinnen, mich als Mitarbeiter seiner Organisation zu gewinnen. Ich sollte für den BND während meines Aufenthaltes in Moskau Material sammeln. Zuerst sprachlos, dann voller Wut ließ ich den grauen Herrn gar nicht erst zu Ende reden, sondern wies ihm sofort die Tür, was er auch anstandslos akzeptierte. Ich blieb erschrocken zurück, fassungslos, dass dieser deutsche Staat einen jungen Wissenschaftler als Spion in der Sowjetunion missbrauchen wollte, ohne Rücksicht darauf, dass ich als ehemaliger DDR-Bürger besonders gefährdet war. Ich habe diese unerfreuliche Begegnung rasch abgehakt, eine gewisse Beunruhigung blieb aber, denn ich wusste nun, dass mich die Herrschaften in Pullach auf dem Schirm hatten, und sicher nicht nur die, sondern auch ihre Kollegen auf der anderen Seite des Eisernen Vorhangs. Wenige Jahre später, nach meinen ersten Verwandtenbesuchen in der DDR, klingelte es bei meiner Cousine in Brandenburg ebenfalls an der Tür. Diesmal waren es die Herren von der Staatssicherheit, die bei meinen Verwandten nachfragten, ob ich für eine Mitarbeit zu gewinnen wäre. Glücklicherweise haben weder die „Firma" im Osten noch die im Westen weitere Anwerbungsversuche unternommen.

Zum Jahreswechsel 1970/71 begann der Countdown, die große Reise konnte beginnen, sorgfältig vorbereitet u. a. mithilfe der detaillierten Ratschläge meines Freiburger Kollegen Gernot Erler, der zwei Monate zuvor die gleiche Reise nach Moskau angetreten hatte. Der spätere Ostexperte der Bundesregierung und Staatsminister im Auswärtigen Amt war zu dieser Zeit als wissenschaftlicher Assistent am Freiburger Seminar für Osteuropäische Geschichte tätig und arbeitete an einer Dissertation über die sowjetische Kulturpolitik der 1920er Jahre. Dank seiner Ratschläge füllten sich meine drei Koffer nicht nur mit Kleidung, Schuhen, Arbeitsmaterialien etc., sondern auch mit so kleinen, aber wichtigen Dingen wie Kugelschreiber, Tesamoll zum Abdichten undichter Fenster, einer kleinen Teekanne, einem Stromadapter u. a. Zu den Vorbereitungen gehörte auch ein detaillierter Arbeitsplan, um Bevormundungen und Eingriffen in mein Dissertationsprojekt zu entgehen. Denn man war als „Stažer", als Nachwuchswissenschaftler, in Moskau einem „Naučnyj rukovoditel'", einem wissenschaftlichen Leiter zugeordnet, der nicht selten in die Arbeit seiner ausländischen Schutzbefohlenen eingriff, wenn ihm die ideologische Ausrichtung der betreffenden Projekte nicht passte. Das drohte auch mir, denn mein Literaturkritiker Grigorjew galt wie erwähnt lange Zeit als persona non grata in der sowjetischen Literaturwissenschaft. Sie feierte sozialkritische Literaturkritiker des 19. Jahrhunderts wie Belinski, Dobroljubow und Tschernyschewski als theoretische Vorläufer des Sozialistischen Realismus, während man Grigorjew erst kurz vor meiner Moskaureise als Gegenstand literaturwissenschaftlicher Forschung wiederentdeckt hatte. Dank meiner gezielten Vorbereitung bekam ich aber keine Probleme; mein „naučnyj rukovoditel'“, der renommierte Literarhistoriker Kuleschow, lies mich nach meinen Vorstellungen arbeiten und gewährte mir jedwede Unterstützung.

Die große Reise nach Osten begann Anfang Februar 1971. Da ein Flug wegen des vielen Gepäcks nicht in Frage kam, erwartete mich eine zweitägige Zugfahrt durch die DDR und Polen nach Moskau. Beim Abschied von Anke am Freiburger Bahnhof wurde mir dann doch etwas mulmig, schließlich trat ich einmal mehr eine Fahrt ins Ungewisse an, diesmal aber gewollt und aus freien Stücken. Doch ein Zurück gab es natürlich nicht, und so fuhr ich zunächst nach Köln, um dort in den West-Ost-Express Paris–Moskau zu steigen. Ich hatte eigentlich gehofft, dass mich hier mein in Köln lebender großer Bruder auch noch verabschieden würde, aber der wollte sich spätabends nicht mehr auf den Weg zum Bahnhof machen, und so bestieg ich klopfenden Herzens den Express und richtete mich in meinem Schlafwagenabteil häuslich ein. Da ich es bis Moskau glücklicherweise allein bewohnen durfte, konnte ich mich in aller Ruhe mental auf diese lange Bahnreise einstellen. Letzteres war wichtig, denn ich begab mich ja auch auf eine Reise in meine Vergangenheit im Osten. Die nächtliche Fahrt ging über Hannover Richtung Zonengrenze, und ab Hannover war an Schlafen natürlich nicht mehr zu denken. Zum ersten Mal nach 13 Jahren würde ich mich als ehemaliger Flüchtling ab Helmstedt auf DDR-Territorium befinden und sah dem Empfang durch die DDR-Grenzpolizei nervös und gespannt entgegen. Und dieser Empfang entsprach genau meinen Befürchtungen. „Betreut“ wurde ich von einer Grenzpolizistin. Es herrschte im Ostblock die verbreitete und durchaus gerechtfertigte Auffassung, dass Frauen in staatstragenden Funktionen als Polizistinnen oder Beamtinnen ihre Tätigkeiten gegenüber „Westlern“ mit besonderer Intensität und schikanöser Sorgfalt ausübten, und genau dies passierte auch mir in Marienfelde. Begleitet von hämischen Bemerkungen über meine Vergangenheit als DDR-Bürger, von der sie wohl aus meinen Papieren Kenntnis hatte, filzte mich die Dame wie einen Schwerverbrecher, durchwühlte alle drei Koffer, unterzog Brieftasche und Geldbörse einer peniblen Inspektion.

Als alles vorbei war, musste ich mich erst einmal erholen, vermied aber das Einschlafen, denn nun näherte sich der Zug den für meine Kindheit und frühe Jugend so wichtigen Städten Werder und Potsdam. Ihren Anblick nach 13 Jahren wollte ich auf keinen Fall verpassen. Und es geschah ein kleines Wunder. Dieser internationale von Paris nach Moskau fahrende West-Ost-Express hielt plötzlich wegen einer Weichenstörung unplanmäßig im kleinen Bahnhof Werder, an einem Ort, von dem ich drei Jahre lang jeden Wochentag nach Potsdam zur Schule gefahren war. So durfte ich alles in Ruhe betrachten, konstatierte, dass sich in den 13 Jahren nach unserer Flucht offenkundig wenig verändert hatte, danach ging es nach Potsdam mit Blick auf den Park von Sanssouci, auf die Innenstadt mit Altem Markt und Nikolai-Kirche und dann weiter parallel zur einst so oft benutzten S-Bahn in Richtung Westberlin. An der Grenze von West- und Ostberlin wurde ich dann nochmals kontrolliert, nun aber auf ausgesprochen angenehme Weise. Ein junger DDR-Grenzer prüfte alles kurz und korrekt, beglückwünschte mich zu einer solchen großen Reise in die Sowjetunion, von der viele DDR-Bürger träumen würden und lud mich ein, nach 13 Jahren Abwesenheit auch wieder einmal die Deutsche Demokratische Republik zu besuchen.

Nach einer Stunde Fahrt überquerten wir die deutsch-polnische Grenze in Frankfurt an der Oder, und nun wuchs wieder die innere Anspannung, denn wir näherten uns Schwiebus, fast auf den Tag genau 26 Jahre nach unserem verhängnisvollen Aufbruch nach Westen Ende Januar 1945. Von Bildern kannte ich die Silhouette der Stadt mit ihren charakteristischen Türmen und wusste aus Erzählungen meiner Mutter, dass der Bauernhof meiner Vorfahren kurz vor dem Bahnhof direkt an der Bahnlinie liegt. Um meiner Mutter eine Ahnung zu vermitteln, wie ihr Schwiebusser „Zuhause" nach so langer Zeit aussah, postierte ich mich mit meiner Kamera am Gangfenster des Schlafwagens. Da das eigentlich verboten war, erklärte ich einem neben mir stehenden sowjetischen Offizier die Gründe meines Vorhabens und erhielt die erstaunliche Antwort „Natürlich müssen Sie das tun; es ist doch eine Schweinerei, dass euch die Polen euer Land weggenommen haben". So viel zum „brüderlichen sozialistischen Schulterschluss zwischen der Sowjetmacht und der Volksrepublik Polen" im Jahre 1971. Der Zug nahm eine Kurve, und das aus Bildern bekannte Schwiebus lag vor mir, wenige Minuten später durchfuhren wir das Anwesen meiner Großeltern, das ich trotz einiger Veränderungen im Hof sofort wiedererkannte, und dann war alles schon vorbei, das Sehen ebenso wie mein hektisches Fotografieren, dessen Resultate meine Mutter trotz schlechter Bildqualität sehr berührt haben.

Damit fand die Reise in die Vergangenheit ihr Ende, und ich durfte mich auf Zukünftiges konzentrieren. Über Warschau erreichten wir in der zweiten Nacht die polnisch-sowjetische Grenze, wo in Brest der Zug auf die russische Breitspur umgestellt wurde und wo man mich und mein aus drei großen Koffern bestehendes Gepäck noch einmal einer gründlichen Kontrolle unterzog. Danach durfte ich endlich ausgiebig schlafen. Aufgewacht fand ich mich am Morgen in einer russischen Bilderbuchlandschaft wieder, wie sie keine Kitschpostkarte hätte besser vermitteln können. In gleißendem Sonnenlicht durchfuhr der West-Ost-Express gemächlich eine durch Birkenwälder geprägte Schneelandschaft, bei klirrender Kälte, gegen die die Waggonheizung so wenig ausrichten konnte, dass ich mir die Fellstiefel anziehen musste. In Moskau erwartete mich am Weißrussischen Bahnhof ein kleines Empfangskomitee, zu dem neben Vertretern der sowjetischen Gastgeberinstanz glücklicherweise auch Gernot Erler gehörte. Er nahm mich sofort unter seine Fittiche, brachte mich in mein Moskauer Quartier und hat mich dann während der nächsten Tage bei den komplizierten obligatorischen Anmeldeprozeduren in jeder Weise unterstützt und beraten. Das erwies sich als dringend notwendig. Vergleichbar dem Behördenapparat in Franz Kafkas Roman „Der Prozess" zeigte sich die Ausländerbehörde anfangs als ein labyrinthischer, unzugänglicher, schwer zu durchschauender Verwaltungskomplex; die Mitarbeiter dieser Behörde waren kaum erreichbar, krank wie die Leiterin Olga Semjonowna oder unwillig wie ihr Stellvertreter Charjukow, was dazu führte, dass ich fast einen Monat auf mein erstes Stipendiatengeld von 150 Rubel warten musste.

Gewohnt haben Gernot und ich Tür an Tür in der großen auf den Sperlingsbergen oberhalb von Moskau gelegenen Lomonossow-Universität. Von daher hockten wir abends öfter zusammen, besprachen Tagesereignisse, tranken Alkoholisches, feierten mit anderen Heimbewohnern im Rahmen sog. „Wetscherinkas" (Abendfeten) und hörten Musik; Gernot besaß als Einziger einen kleinen Plattenspieler und Tonträger mit westlicher Musik, was ihn insbesondere für russische Studierende sehr attraktiv machte. Enge Beziehungen bestanden natürlich zu den anderen neun westdeutschen Mitstudenten, mit denen man fast täglich Erfahrungen austauschte. Die freundschaftlichen Kontakte zwischen uns haben für einige Jahre die Moskauer Zeit überdauert; bei fast allen dieser Mitstudenten standen später die Sowjetunion und Osteuropa im Mittelpunkt ihrer beruflichen Tätigkeit, in anspruchsvollen Positionen im Diplomatischen Dienst, in Politik, Wirtschaft und Wissenschaft. Die Unterkunft war für sowjetische Verhältnisse außerordentlich komfortabel. Ich wohnte in einem „Blok" genannten Apartment, das aus zwei kleinen, acht qm großen Einzelzimmern, einem kleinen Vorraum und einem Bad mit Dusche und Toilette bestand, Lebens- und Studienbedingungen, von denen die meist in einfachen Mehrbettzimmern campierenden sowjetischen Studenten nur träumen konnten. Im zweiten Zimmer des „Bloks" logierte ein freundlicher, zurückhaltender Franzose, mit dem ich nur wenig Kontakt hatte. Bettwäsche und Handtücher wurden wöchentlich gewechselt, verpflegen musste man sich selbst. Für den Lebensunterhalt erhielten wir Ausländer die für sowjetische Verhältnisse stattlichen 150 Rubel, sowjetische Studenten mussten sich im Allgemeinen mit einem Fünftel dieser Summe begnügen.

Die ersten Tage und Wochen waren geprägt durch intensive Orientierungssuche in einer fremdartigen Welt. Das betraf zunächst die Sprache. Trotz meiner ja durchaus respektablen Russischkenntnisse dauerte es eine Weile, bis ich mich in diesen Sprachraum eingehört hatte, gesprochen habe ich zunächst nur das Notwendigste, weil ich rasch merkte, dass sich das in Deutschland gelernte Russisch doch in Vielem von der Alltagssprache unterschied. „Du sprichst wie Puschkin", sagte mir kurz nach der Ankunft eine russische Kommilitonin. Das hätte man ja als Kompliment verstehen dürfen, erschien mir aber eher als indirekter Hinweis darauf, wie literaturbezogen die Sprachausbildung in Freiburg gewesen ist. Um das zu ändern, begann ich sofort ein intensives Sprachstudium, dem die Vormittage von Montag bis Freitag gewidmet waren. Geleitet von einer älteren sehr professionellen Lektorin namens Amiantowa fand dieses in einem gut ausgestatteten Neubau statt, wegen seiner vielen Fenster liebevoll „Stekljannaja korobka" (Gläsernes Körbchen) genannt, und war recht fordernd, drei Stunden Arbeit in Kleingruppen, z. T. im Sprachlabor, mit täglichen Hausaufgaben. Im Gegensatz zu der

Sprachlehre in Freiburg wurde hier im Rahmen eines professionellen curriculums alles systematisch trainiert, Grammatik, Vokabelkenntnis, phonetische Übungen zur korrekten Aussprache, das Erlernen der sowjetischen Umgangssprache im Rahmen intensiver Konversation u. a.

Mein Arbeitstag gliederte sich also in zwei Phasen: Der Vormittag gehörte dem Sprachunterricht, der Nachmittag der wissenschaftlichen Arbeit an der Dissertation in der Leninbibliothek im Zentrum von Moskau. Die dafür erforderlichen Papiere hatte ich über meinen „naučnyj rukovoditel'" Professor Kuljeschow erhalten. Mein Antrittsbesuch bei ihm verlief in sehr erfreulicher Atmosphäre. Der joviale ältere Herr hörte mich geduldig an, freute sich ersichtlich darüber, dass ich mit seinen Forschungen zur Literatur des 19. Jahrhunderts vertraut war, versenkte die mitgebrachten Geschenke, ein Buch über Freiburg und eine Flasche Schladerer Kirschwasser, mit freundlichem Stirnrunzeln in einer der Schubladen seines großen Schreibtisches. Danach gab er mir noch einige wertvolle Tipps für das Arbeiten in der Leninbibliothek und entließ mich mit aufmunternden Worten, begleitet allerdings von dem mich etwas beunruhigenden Hinweis, dass ich in ca. acht Wochen vor dem gesamten Lehrstuhlpersonal mein Dissertationsprojekt im Rahmen eines Kurzvortrags vorstellen müsste. Ich hatte noch nie einen wissenschaftlichen Vortrag gehalten, sollte das nun sogar in russischer Sprache tun. Getreu dem Sprichwort „Kommt Zeit, kommt Rat" verdrängte ich den bevorstehenden Auftritt und machte mich mit Freude und Enthusiasmus daran, die in Freiburg nicht zugänglichen literarischen Schätze in der Lenin-Bibliothek auszugraben, Bücher und seltene Zeitschriftenartikel von und über Grigorjew. In der „Leninka" durfte ich unter sehr angenehmen Bedingungen arbeiten, fast täglich vom frühen Nachmittag bis zum späten Abend. Als ausländische Stipendiaten besaßen wir das Privileg, im ansonsten nur den Professoren und anderen renommierten Wissenschaftlern vorbehaltenen Lesesaal Nr. 1

unseren Studien in wohltuender Abgeschiedenheit und Ruhe nachzugehen. In dem mittelgroßen Saal stand jedem ein gut ausgestatteter Arbeitsplatz mit Bücherablage und eigener Leselampe zur Verfügung; die freundlichen und hilfsbereiten Damen vom Bücherservice besorgten meist rasch und professionell die erbetene Literatur, die großen Fenster erlaubten den Blick auf den benachbarten Kreml, auf dessen im Dunkeln leuchtende rote Sterne auf den Turmspitzen. Ich habe in diesen Monaten sehr viel gelesen und noch mehr geschrieben, denn Kopieren von für mich wichtigen Textpassagen war teuer und nur in Ausnahmefällen möglich. Das lag zum einen an der vorsintflutlichen technischen Ausstattung der wenigen Kopiergeräte und zum anderen an der schwierigen Bewilligungsprozedur. Kopieren in eigener Regie ging gar nicht, vielmehr musste ein solcher Vorgang beantragt und von einem Zensor gebilligt werden, was im Normalfall einige Wochen dauerte, erlaubt waren nur 30 Kopien pro Tag.

Diplomatie und Fingerspitzengefühl erforderten die Gespräche mit der Ausländerbehörde. Deren erwähnte Repräsentantin Olga thronte hinter einem großen Schreibtisch, präsentierte sich machtbewusst und musste deshalb immer gnädig gestimmt werden. Man betrat ihr Büro mit freundlichem Lächeln, bewaffnet mit durch die Botschaft erhaltenen deutschen Zeitungen und Zeitschriften. Was letztere angeht, so besaß die „Zeit" besonderen Wert, weil man mithilfe ihrer großformatigen Blätter die für ein wohlwollendes Gesprächsklima erforderlichen kleinen Geschenke diskret überreichen konnte, meist von Anke besorgte Produkte renommierter westlicher Parfümproduzenten. Wer sich ihrer Gunst nicht erfreute, den ließ sie, was Reiseerlaubnisse, Zugang zu Archiven etc. anging, gnadenlos verhungern; dank der besonderen „Geschenkdiplomatie" bin mit ich ihr gut klargekommen.

Doch es waren nicht nur der vormittägliche Sprachunterricht und die Arbeit in der Lenin-Bibliothek, die mein Leben in Moskau bestimmten. Viel Zeit beanspruchten die alltäglichen Verrichtungen, z. B. der Einkauf von Lebensmitteln. Das Kantinenessen in der Universität befriedigte bestenfalls sehr einfache Ansprüche an leibliche Versorgung, gleiches galt für die Kantine in der Lenin-Bibliothek, wo man vor dem Erreichen der bescheidenen Kulinaria in Gestalt von „sosiski" (Würstchen) und „Čaj s limonom" (Tee mit Zitrone) den entsprechende Gerüche verbreitenden Toilettenbereich durchqueren musste. Folglich versuchte ich mich, so gut es ging, mit Selbstverpflegung zu versorgen, was sich im Rahmen einer sozialistischen Mangelwirtschaft für einen westlichen Ausländer als recht schwierig erwies. Zwar war Moskau besser versorgt als die übrigen Landesteile, doch ein Nichtsowjetbürger empfand das Angebot als recht bescheiden; das galt vor allem für Käse, Obst, Gemüse, Bier u. a. Wohlschmeckende Produkte, wie der auch in der Uni erhältliche köstliche Kefir, waren bereits in den Morgenstunden ausverkauft, nach anderen wohlschmeckenden Lebensmitteln musste man in aufwendiger Recherche suchen. Denn es gab durchaus Läden mit anspruchsvoller Ware, die man allerdings, wie in den meist in Hotels angesiedelten „Berjoskas", mit Devisen oder in ausgewählten russischen Läden teuer mit Rubeln bezahlen musste. Viel Zeit beanspruchte auch die Einkaufsprozedur, die in drei Phasen ablief: zuerst musste man schauen, was vorhanden und für den Einkauf geeignet war, danach erfolgte die Berechnung des zu zahlenden Betrags, und danach stellte man sich zum ersten Mal an, bei der Kasse, um das Gewünschte zu bezahlen, nach Erhalt des betreffenden Kassenbons stellte man sich dann noch einmal an, um das Bezahlte an der Verkaufstheke in Empfang zu nehmen.

Erleichtert wurde das Leben durch ein Privileg, das von den ausländischen Studierenden neben den Österreichern nur wir Bundesdeutsche in Anspruch nehmen durften, und das war der Kurierdienst des Auswärtigen Amtes, Bestandteil einer vorzüglichen Betreuung durch die Deutsche Forschungsgemeinschaft und durch die Bundesregierung. Der Postverkehr lief auf diese Weise rasch und reibungslos, unterlag nicht der sowjetischen Zensur. Wie letztere verzögernd wirken konnte, erfuhr mein dänischer Freund Paul, der einmal fünf Wochen auf Post von seiner Frau warten musste, weil der Zensor für Dänisch erkrankt war. Anke und ich konnten uns also frei und offen austauschen, und sie versorgte mich auf diesem Wege mit Waren und Gerätschaften, die das materielle Leben angenehmer machten: Lebensmittel verschiedener Art sowie eine kleine Bratpfanne, mit deren Hilfe ich mir in der kleinen Küche unseres Wohnheimtraktes hin und wieder ein mir zusagendes Essen gönnte.

Die bisweilen schwierige Selbstversorgung habe ich als anstrengend, aber auch als lehrreich in Erinnerung, denn sie vermittelte gute Einblicke in das sowjetische Alltagsleben der frühen siebziger Jahre, machte vertraut mit den Beschwerlichkeiten, ein einigermaßen komfortables Privatleben jenseits staatlicher Bevormundung zu organisieren. Nach den fürchterlichen Kriegsjahren und den zwei entbehrungsreichen Nachkriegsjahrzehnten hatte sich der Lebensstandard in der Sowjetunion verbessert, die Tische bei Familienfeiern waren reichhaltiger gedeckt, der sowjetische Normalbürger konnte wenigstens hin und wieder auch auswärts feiern, wenn möglich in einem der begehrten Moskauer Hotelrestaurants bei ausgelassenem Tanz und gleichzeitigem opulenten Essen und Trinken. Die Moskauer verspeisten genüsslich den damals erschwinglichen Kaviar in kleinen Glasdöschen, tranken nicht nur Wodka, sondern auch die vorzüglichen Rot- und Weißweine aus Georgien und Moldawien, den ungemein aromatischen Kognak aus Armenien. Nicht selten kamen hierbei auch Sowjetbürger und westliche Ausländer ins Gespräch. Viele Sowjetbürger zeigten erklärtes Interesse am Alltagsleben der Deutschen im Westen, oft begleitet von Wunschvorstellungen, Westeuropa oder die USA bereisen zu dürfen.

Trotz der noch sehr lebendigen Erinnerungen an die Gräuel des Zweiten Weltkrieges, der Trauer um die 27 Millionen Kriegstote bin ich nie offener Feindseligkeit begegnet, nicht einmal in Leningrad, wo durch die mehrjährige deutsche Belagerung mehr als eine Million Einwohner ihr Leben verloren hatten. Diese sowjetische Gesellschaft erwies sich unter dem repressiven Ideologiekorsett eines orthodoxen Marxismus-Leninismus offener, in Vielem dialogbereiter als erwartet, offenbarte auch bei Jüngeren eine oft erstaunliche Kenntnis deutscher Kultur, Musik, Philosophie und Literatur. Beispielhaft demonstrierte mir dies mein Freund Sergei Schatochin. Sergei besaß das Mitgliedsbuch der KPdSU, ein Privileg, das nicht jeder in seinem Alter genoss. In seinem Verhältnis zum Sowjetstaat erwies er sich als ein loyaler, aber auch kritischer Zeitgenosse, der bereits damals die eineinhalb Jahrzehnte später von Michail Gorbatschow angestoßenen Reformen für das Überleben des Systems als unerlässlich erachtete. Hinsichtlich der politischen, gesellschaftlichen und kulturellen Verhältnisse in der Bundesrepublik erwies sich Sergei als ein erstaunlich gut informierter Gesprächspartner, darüber hinaus beschäftigte er sich intensiv mit den Schriften des deutschen Philosophen Nicolai Hartmann, insbesondere mit dessen realistischer, aber nicht marxistischer Ontologie, also der Lehre vom Sein, sowie mit dessen Ethik der Willensfreiheit. Wenig versiert in diesem Bereich der Philosophie war ich hier allerdings ein schlechter Gesprächspartner, habe ihm aber wenigstens die heißersehnten Werke von Hartmann besorgen können. Auch nach meiner Abreise sind wir noch mehrere Jahre in Kontakt geblieben; die letzten Hartmann-Werke konnte ich ihm zwei Jahre später in Moskau übergeben.

Zu den bemerkenswerten Begegnungen zählt auch die mit einem sowjetischen Major und seiner Freundin im März 1971. Mit Beginn der Osterferien besuchte mich Anke im Rahmen einer Gruppenreise in Moskau. Das heißersehnte Wiedersehen feierten wir zunächst mit

Gernot Erler und anderen Besuchern aus Freiburg im renommierten Hotel „Metropol“, am nächsten Abend aber allein im Restaurant des Hotels „Minsk“, in dem Anke wohnte. Wie üblich wurde gegessen und zwischendurch getanzt, und plötzlich stand ein sowjetischer Major in Uniform an unserem Tisch und fragte, ob er sich mit seiner Freundin zu uns setzen dürfte. Wir hatten natürlich nichts dagegen, und nach anfänglichem Fremdeln – beide hatten nicht erwartet, auf westliche Ausländer zu treffen – entwickelte sich rasch ein von gegenseitiger Sympathie getragenes Gespräch, das wir auch während der kommenden zehn Tage fortsetzten, bei gemeinsamen Spaziergängen, einem Ballettabend im Bolschoj Theater u. a. Den von Anke in ihrer Eigenschaft als westliche Ausländerin über ihr Hotel ermöglichte Besuch im für normale Sowjetbürger kaum zugänglichen „Bolschoj“ empfanden Viktor und Galja als ein ganz außergewöhnliches Geschenk; beide genossen diese Aufführung mit einer Anke und mich sehr berührenden Freude und Intensität. Noch heute wundere ich mich darüber, mit welcher Offenheit und wohl auch einer gewissen Naivität dieser hohe russische Offizier die Nähe zu uns suchte. Das Ungewöhnliche an diesem Verhalten zeigte sich z. B., als wir mit den beiden im vor allem für Ausländer reservierten Hotel „Intourist“ an der Gorki-Straße etwas trinken wollten. Die Garderobiere pflanzte sich vor unserem Freund, immerhin einem russischen Major, gravitätisch auf und bedeutete ihm mit unmißverständlichen Worten und Gesten, dass er hier nichts zu suchen habe. Seinen Höhepunkt erreichte dieses Verhaltens im Wunsch der beiden, gemeinsam mit mir Anke am Flughafen zu verabschieden. Wir standen vor dem Hotel, der „Intourist“-Bus mit offizieller sowjetischer Reiseleiterin fuhr vor, gemeinsam mit den anderen westdeutschen Touristen stiegen Anke und ich ein, und auch Galja und Viktor, letzterer in voller Majorsuniform. Das Gesicht der Reiseleiterin erstarrte, die Gespräche im Bus verstummten, und spätestens jetzt begriff der gute Viktor, dass sein unbeschwerter und liebenswerter Umgang mit uns so gar nicht dem entsprach, was man von einem sowjetischen Offizier im Umgang mit westlichen Ausländern erwartete. Er und Galja fühlten sich nun ersichtlich unwohl, drückten der Anke am Flughafen den Abschiedsstrauß in die Hand, umarmten uns beide mit Tränen in den Augen und suchten das Weite. Wir haben uns nie wiedergesehen.

Eine ähnlich berührende Begegnung erlebten Anke und ich zwei Monate später in Leningrad während meines dortigen Studienaufenthaltes. Pünktlich zu ihrem 30. Geburtstag am 2. Juni hatte mich meine liebe Frau ein zweites Mal besucht, und wir genossen ausgiebig die bezaubernde Atmosphäre dieser schönen Stadt auf dem Höhepunkt der „Weißen Nächte", während derer es kaum dunkel wird. Ermüdet vom vielen Herumlaufen suchten wir in einer kleinen Gaststätte Erholung bei einfachem Essen und Trinken. Diese war kaum besetzt, außer uns und der Bedienung befand sich nur ein älterer Herr in dem für sowjetische Verhältnisse sehr hübschen, mit blauweißen Kacheln gefliesten Gastraum. Nach einer Weile erhob sich der Mann, kam zu uns und bat, sich zu uns setzen zu dürfen. In der sich anbahnenden Unterhaltung erwies er sich als ein hochgebildeter und sensibler Gesprächspartner, begierig, von zwei jungen Deutschen etwas über deren Alltag, über politische Ansichten, über das Verhältnis von Russen und Deutschen zu erfahren und Ähnliches auch von sich zu erzählen. Er stellte sich als Frührentner vor, hatte vor Kurzem seine Frau verloren, lebte allein in sehr bescheidenen Verhältnissen und genoss wohl auch deshalb sichtlich dieses intensive Gespräch. Plötzlich stand er auf, ging zur Bedienung und kehrte mit einer Flasche Krimsekt und drei Gläsern zurück. Wir wollten diese Einladung zunächst nicht annehmen, wussten wir doch, dass er für diese Flasche ungefähr die Hälfte seiner monatlichen Rente ausgegeben hatte. Als er uns jedoch mit Leidenschaft und glücklichem Gesicht versicherte, dass diese heutige Begegnung mit uns zu den schönsten Momenten während der vergangenen Lebensjahre zählen würde, dass die Erinnerung daran seinen Alltag noch viele Wochen und Monate aufhellen würde, konnten wir die großzügige Einladung nicht ablehnen; selten ist mir der Sinn des Horazischen „carpe diem" (pflücke den Tag) so eindringlich vor Augen geführt worden wie an diesem Nachmittag in Leningrad.

Weniger erfreulich war eine andere berichtenswerte Bekanntschaft, die ich während meiner Studienreise von Moskau nach Leningrad machte. Ich fuhr mit dem berühmten Schlafwagenzug „Krasnaja strela" (Roter Pfeil) und gedachte, mir nach der Abfahrt um Mitternacht im Speisewagen noch ein Bier zu gönnen. Recht aufdringlich setzte sich ein mittelalter Herr an meine Seite, der ganz offensichtlich das Gespräch mit einem russisch sprechenden Ausländer suchte. Wir sprachen über Gott und die Welt, ich etwas zurückhaltend, als ich merkte, dass dieser Herr offensichtlich ein Funktionär auf Dienstreise war, betraut mit der Aufgabe, irgendwelche Institutionen bzw. Personen in Leningrad zu kontrollieren. Als der Alkoholkonsum weiter seine Zunge zu lösen begann, schritt plötzlich die Barkeeperin ein. Sie hatte bereits geraume Zeit misstrauisch unser Gespräch verfolgt, trennte uns handgreiflich mit brachialer Gewalt und schickte uns in unsere Abteile. Doch der mittelalte Herr gab nicht auf. Ich hatte ihm erzählt, wo ich in Leningrad wohnen würde, und so tauchte er wenige Tage später im Studentenwohnheim auf, mit einer Einladung zum Abendessen. Da ich in dieser Hinsicht nicht verwöhnt war, willigte ich ein, allerdings mit der Bedingung, dass mein dänischer Freund Paul ebenfalls eingeladen würde. Das Abendessen bestätigte meine Vermutungen. Hier residierte ein offenkundig privilegierter Apparatschik in einer für sowjetische Verhältnisse sehr komfortablen Dienstwohnung ganz in der Nähe des Winterpalastes und bewirtete uns mit Speisen und Getränken, die ich zuvor und danach in der Sowjetunion nicht gesehen bzw. geschmeckt habe, besondere Vorspeisen, Fischspezialitäten, überaus wohlschmeckendes dunkles Bier aus dem Baltikum u. a. Dabei wurde dann auch der Grund seines Interesses offenbar: Er outete sich als erklärter Bewunderer des Autors Erich Däniken, der damals mit seinen Science-Fiction-Romanen in Mode war und den er in der Sowjetunion mit eigenen Übersetzungen bekannt machen wollte. Aufgrund brieflicher Bitten habe ich ihm einige Texte besorgt, dann aber nach einer späteren, recht unerfreulichen Begegnung in Moskau sehr bald den Kontakt abgebrochen.

Den intensivsten und nachhaltigsten Einblick in das Leben der Sowjetbürger vermittelte mir jedoch die Freundschaft mit Inga Koslowskaja und Erik Abramjan; sie hat über diesen ersten Russlandaufenthalt hinaus fast vierzig Jahre bis zum Tod der beiden Freunde gehalten. Als Vermittlerin agierte in diesem Fall die erwähnte Cousine Felicitas in Wintersdorf, wo ich als Neunjähriger einige Monate in der Familie von Onkel Albert, Tante Hete und der „Fee“ verbracht hatte. Erik arbeitete als hoch angesehener Kameramann beim staatlichen Filmimperium „Mosfilm“, Inga als Deutschdozentin am Baumann-Institut, einer sehr renommierten Technischen Hochschule in Moskau. Inga hatte ihr gutes Deutsch u. a. in der DDR gelernt, auch in der Familie meines Onkels, mit „Fee“ als Mentorin. Vor der Abreise hatte mir „Fee“ die Adresse zukommen lassen, und so begab ich mich einige Wochen nach der Ankunft in Moskau zu ihnen. Sie wohnten wunderbar zentral unweit des Kreml in der Petrowka, einer ehemaligen Moskauer Prachtstraße. Die Lage war allerdings das einzig Positive an der Behausung, denn sie lebten in einer „Komunalka“, einer Gemeinschaftswohnung, in der drei Familien auf engstem Raum hausten, was mir noch einmal die prekären Wohnverhältnisse während unserer Belziger Zeit in Erinnerung rief. Der „Lebensraum“ von Inga und Erik bestand aus einem großen Zimmer, in dem für den kleinen Sohn Wikescha noch eine Schlafecke abgeteilt war; Küche, Flur und Toilette wurden von allen Mietern benutzt. Essen, Arbeiten, Schlafen, Empfang von Gästen – alles spielte sich für jede Mietpartei in einen Raum ab; entsprechend gereizt und gespannt verhielten sich die Bewohner dieser „Komunalka" zueinander, was dann auch zwei Jahre später zu einem Selbstmordversuch von Inga geführt hat. Trotz dieser Einschränkungen erwiesen sich die beiden wie fast alle Sowjetbürger als überaus herzliche Gastgeber, begrüßten mich wie einen Verwandten, und so durfte ich mich bald als gern gesehener und regelmäßiger Gast in der Petrowka betrachten, sehr beneidet von meinen deutschen Mitstipendiaten, die von solchen Kontakten nur träumen konnten. Inga und vor allem Erik eröffneten mir die Welt von Künstlern und Intellektuellen mit einem weiten geistigen Horizont, jenseits vom offiziell verordneten Sozialistischen Realismus meines „naučnyj rukovoditel" Professor Kuleschow. Einen ähnlich tiefen Einblick in russisch-sowjetisches Geistesleben habe ich später nur noch im Rahmen meiner Gespräche mit dem befreundeten Lew Kopelew erfahren, den ich 1981 während der ersten sechs Monate seines Exils in der Bundesrepublik als Assistent in Göttingen betreut habe. In Ingas und Eriks Freunden lebte das künstlerische Erbe der 1920er und frühen 1930er Jahre noch weiter, das Denken und künstlerische Schaffen von russischen Autoren des Symbolismus, Akmeismus und Futurismus von Blok über Mandelstam bis Majakowski, das von Film- und Theaterschaffenden wie Tretjakow, Meyerhold, Eisenstein. Über Inga und Erik lernte ich bei intensiven, durch gehörigen Wodka-Konsum beflügelten Gespräche andere Filmschaffende kennen, ihre Projekte, Probleme von deren Realisierung etc. Das gipfelte dann in einem illegalen Besuch von deren Wirkungsstätte, dem russischen Hollywood „Mosfilm". Erik hatte Anke und mich mithilfe von falschen „propuski", also Passierscheinen, in das streng abgeschirmte Zentrum der sowjetischen Filmproduktion eingeschleust. Dessen schier unermesslich erscheinende, fast die Größe einer Kleinstadt beanspruchende räumliche Ausmaße beeindruckten uns ebenso wie die technischen Ausrüstungen, die kunstvoll konstruierten Kulissen und Requisiten u. a.

Andere soziale Milieus eröffneten sich Anke und mir über Einladungen von Nachbarn der beiden, Ingenieure, Verwaltungsbeamte und ihre Mehrgenerationen-Familien. Hier faszinierten uns die Erzählungen der Alten über die von jugendlichem Aufbau-Enthusiasmus geprägten 1920er und 1930er Jahre, hier lauschten wir den darauf bezogenen, uns unbekannten frühen Liedern des Komsomol, der sowjetischen Jugendbewegung, tranken den nicht immer gut verträglichen „Samogon", den selbstgebrannten Schnaps des Nachbarn Edik, zu „Sakuski" (Vorspeisen) aus auf dem Balkon gezüchteten Tomaten und andere Köstlichkeiten. Erik zeigte sich als kundiger Cicerone, machte mich mit der literarischen Topografie Moskaus vertraut, mit den Schauplätzen der Dramen und Romane von Alexander Ostrowski, Michail Bulgakow u. a., mit den Aufenthalts- und Auftrittsorten von Autoren wie Wladimir Majakowski, Sergei Jesenin, Maxim Gorki etc., führte mich in kleine versteckte Buchhandlungen, von denen nicht einmal die mir bekannten sowjetischen Literaturwissenschaftler Ahnung hatten. Darüber hinaus verschafften mir die beiden Freunde Zugang zur großen kulturellen Vielfalt des Vielvölkerstaates Sowjetunion, speziell zum Bereich des Kaukasus. Inga entstammte einer russisch-georgischen Familie, Erik war Armenier. Das zeigte sich nicht zuletzt an den opulenten Abendessen mit Esskastanienpüree, fremdartig gewürzten Fleisch- und Geflügelgerichten, an Weißweinen, wie dem vorzüglichen Zinandali, oder am bereits erwähnten wunderbaren armenischen Kognak, den mir Inga dann fast vier Jahrzehnte bei jedem Besuch als Geschenk überreichte. Dabei erfuhr ich Vieles über die Kultur und Geschichte dieser Region, über das durchaus schwierige Verhältnis zwischen Russen und den „Schwarzen" aus dem Süden, dem dabei erkennbaren versteckten Rassismus auf russischer

Seite, was zumindest Inga aber nicht davon abhielt, eine überzeugte Russin zu sein.

Ausgefüllt war meine nicht allzu üppig bemessene Freizeit zusätzlich mit Theaterbesuchen, mit Gesprächen mit Kollegen, wenn möglich hin und wieder mit Restaurantbesuchen, Feiern im Wohnheim mit Angehörigen verschiedener Nationalitäten und Volksgruppen, wobei das Feiern mit letzteren bisweilen einige Überwindung kostete, so an einem Abend mit Studenten aus Ostsibirien. Diese servierten als Delikatesse kleine, gar nicht wohlschmeckende geräucherte, öltriefende Fische, die im Ganzen verzehrt und mit 70-prozentigem Wodka heruntergespült werden sollten, was ich dann mit dem Hinweis auf ein imaginäres Magengeschwür abwenden konnte. Wenig Kontakte gab es allerdings mit einer „Volksgruppe", die uns eigentlich besonders nahestehen sollte, und das waren die Landsleute aus der DDR. Ich erinnere mich an einen schönen Sommerabend, an dem im Innenhof der Uni deutsche Volkslieder erklangen, gesungen von DDR-Studenten. Ein kleines Grüppchen von uns Westdeutschen näherte sich den Sängern, beseelt vom Wunsch mitzusingen. Doch wir wurden schnöde abgewiesen, durften nicht mitsingen, es galt, absolute Distanz und Abgrenzung zu wahren, die Brüder und Schwestern aus der DDR betonten hinsichtlich der Pflege deutscher Kultur in der Sowjetunion einen radikalen Alleinvertretungsanspruch, dem wir nichts entgegenzusetzen hatten. Noch lange nachhallend war Gernot Erlers große Abschiedsfete im Mai, bei der wir beide als russische Musikanten auftraten. Gernot hatte angefangen, bei einem netten älteren Herrn Balalaika zu lernen, und mich zur Teilnahme überredet. Wir übten beide fleißig, mit unterschiedlichem Erfolg, er war eindeutig der Bessere, doch es reichte für einen gemeinsamen Auftritt. Die vom Musiklehrer besorgten schönen Instrumente besitzen wir noch heute. Die von uns enthusiastisch geplante Gründung eines Balalaika-Orchesters in Freiburg ist allerdings niemals realisiert worden.

Einen nicht geringen Teil meiner Freizeit widmete ich natürlich der Erkundung des Landes, das ich bislang nur aus Büchern kannte. Das betraf zunächst den Großraum Moskau, den wir Ausländer ohne ausdrückliche Genehmigung nicht verlassen durften. Ich habe mir in dieser Zeit Moskau regelrecht erlaufen, beginnend mit dem Zentrum Kreml und Roter Platz, dann folgte das als „Zamoskvorečie" bezeichnete alte Kaufmannsviertel, in dem mein Grigorjew und der von ihm bewunderte Dramendichter Alexander Ostrowski beheimatet waren, das Donskoj- und das Jungfrauenkloster, letzteres mit seinem beeindruckenden Friedhof, das ehemalige religiöse Zentrum Kolomenskoje am Steilufer der Moskwa u. a. m. Überrascht hat mich regelmäßig die vielfältige Zweckentfremdung sakraler Bauten in Gestalt von Schwimmbädern, Fabrikhallen oder Aquarien. Geradezu betroffen aber war ich nach dem Besuch einer am Stadtrand von Moskau befindlichen Kirche, die als Lagerraum für aus dem besiegten Deutschland geholte Bücher diente. Das in sehr schlechtem baulichen Zustand befindliche Gebäude konnte man nur von außen besichtigen, aber durch zerbrochene Fenster sah man Haufen von übereinandergetürmten, z. T. schon angeschimmelten deutschsprachigen Büchern aus dem 17. und 18. Jahrhundert – bedrückendes Beispiel eines sinnlosen Umgangs mit Beutekunst. Zu den besonderen Erlebnissen gehörte ein Besuch von Lenins Wohnung im Kreml. Auf Einladung des Auslandsamtes durfte eine kleine Gruppe von westlichen Stipendiaten in das Allerheiligste des Kremls eintreten. Sehenswert war die recht bescheidene Wohnung von Lenin und seiner Ehefrau Natalja Konstantinowna Krupskaja, beeindruckend die Dimensionen dieser Schaltzentrale der Sowjetmacht, wo in endlos langen Gängen vor jeder Tür ein Soldat mit aufgepflanztem Gewehr stand. Ausflüge unternahmen wir mit der „Elektritschka", der Vorortbahn, in die unmittelbare Umgebung von Moskau, insbesondere zu den im Winter wie im Sommer schönen Uferpartien des Flusses Moskwa.

Gereist sind wir deutschen Stipendiaten auch in Orte außerhalb Moskaus, trotz des großen bürokratischen Aufwandes. Die Fahrten mussten mehrere Wochen davor angemeldet und bewilligt werden, Zeitpunkt von Abfahrt und Ankunft, Wahl der Hotels waren genau vorgeschrieben. Als überaus bereichernd sind mir zwei Reisen zu für die religiöse und kulturelle Geschichte Russlands besonders wichtigen Stätten des sogenannten „Goldenen Rings“ in Erinnerung geblieben. Die erste führte uns nach Jaroslawl an der Wolga und zum Städtchen Rostow Weliki, einem der großen geistlichen Zentren des vorrevolutionären Russland. Einen nachhaltigen Eindruck hinterließ schon die lange Fahrt zur Wolga durch eine unendlich weite, für westliche Verhältnisse dünn besiedelte Winterlandschaft. Angekommen in Jaroslawl erreichten wir nach langem Suchen endlich das für uns Ausländer bestimmte Hotel, bezogen unsere Zimmer und gedachten im Hotelrestaurant das Abendessen einzunehmen. Doch das erwies sich einmal mehr schwieriger als gedacht. Ein mürrischer Cerberus verweigerte uns mit dem Hinweis auf vollbesetzte Tische den Zutritt zum Gastraum, änderte aber sein Verhalten sehr rasch nach der Übergabe von einigen Rubelscheinen. Eilig herbeigerufene Hilfskräfte verschlossen einen Notausgang, schleppten Tisch und Stühle und bedienten uns mit für Sowjetverhältnisse ungewohnter Höflichkeit. Bei gutem Essen und starkem Trinken hob sich die Stimmung zwischen uns und den sowjetischen Gästen. Letztere hatten unser Ein- bzw. Auftreten mit großer Aufmerksamkeit verfolgt; westliche Ausländer sah man damals in der sowjetischen Provinz nicht allzu häufig. Intensiv beobachteten uns vor allem junge Damen, was ihren Begleitern im Verlauf des Abend immer weniger gefiel und mir auf dem Weg zur Toilette eine Androhung von Prügeln einbrachte, begleitet von der Aufforderung, das Restaurant rasch zu verlassen. Die Drohung blieb folgenlos, mit dem Ergebnis, dass wir erst sehr spät volltrunken in unseren Betten landeten. Recht verkatert begaben wir uns am nächsten

Morgen bei minus 15 Grad in einem klapprigen und zugigen Überlandbus nach Rostow Weliki. Dort angekommen wich der Kater sofort, vertrieben vom geradezu überwältigenden Anblick einer aus der weiten weißen Landschaft erscheinenden, an einem zugefrorenen See liegenden Ansammlung von Kirchen und Klöstern mit ihren goldenen Kuppeln. An diesem Ort wie auch am folgenden Tag in Jaroslawl wurden beim Besuch weiterer sakraler Gebäude und beim Flanieren am Ufer der bereits hier beeindruckend breiten Wolga Geschichte und Topografie des großen Russland fast noch unmittelbarer erfahrbar als in der Großstadt Moskau.

Die zweite Reise führte mich im Sommer nach Wladimir und Susdal, also zu zwei weiteren Zentren des alten Russland. Wladimir, im frühen Mittelalter zeitweilig eine der Machtzentralen des entstehenden russischen Reiches, beindruckte durch Ende des zwölften Jahrhunderts erbaute Kathedralen wie die St. Demetrius-Kirche, in denen in für mich bis dahin völlig unbekannter Weise altrussische Baukunst mit Elementen westlicher romanischer sakraler Kunst miteinander verschmolzen, das Städtchen Susdal durch seine von kilometerlangen Mauern geschützten Klosteranlagen. Unvergesslich geblieben ist mir die Wanderung zu der einsam in einer weiten Wiesenlandschaft am Flüsschen Nerl gelegenen Pokrow-Wallfahrtskirche. Erbaut im Jahre 1165 von einem unbekannten Künstler gehört sie trotz ihrer geringen baulichen Größe zu den bedeutendsten Zeugnissen altrussischer sakraler Architektur in Russland.

Der wichtigste Ortswechsel innerhalb meiner Russlandreise war natürlich der nach Leningrad. Ich habe dort knapp zwei Monate verbracht, in der dortigen Saltykow-Schtschedrin-Bibliothek fleißig gearbeitet, vor allem aber die Stadt und ihre besondere Atmosphäre während der berühmten „Weißen Nächte" genossen. Leningrad begegnete mir so ganz anders als Moskau. Das betraf zunächst das feuchte Seeklima, das mir sofort nach der Ankunft eine gehörige Erkältung bescherte. Wenig Anlass zur Freude bot auch die Unterkunft in einem Studentenheim auf der Wassiljewskij-Insel. Ich hauste mit anderen Studierenden in einem überaus kärglich ausgestatteten Sechsbett-Zimmer, in dem man natürlich nie zur Ruhe kam, die sanitären Einrichtungen legten es bereits beim bloßen Anblick nahe, die Körperpflege auf das Notwendigste zu beschränken, Duschen war nur einmal in der Woche möglich. Auch die Arbeitsbedingungen in der Staatlichen Saltykow-Schtschedrin-Bibliothek erwiesen sich bald als nicht so komfortabel wie in Moskau, doch all das störte mich wenig angesichts dieser Großstadt mit ihrer faszinierenden Architektur, mit ihren freundlichen Menschen, die ich als viel offener, zugänglicher, weltstädtischer erlebte als zuvor die Moskauer. Einmal mehr beeindruckte mich der vorurteilsfreie Umgang der Leningrader mit mir als westdeutschem Staatsbürger. Sie, die im Zweiten Weltkrieg während der unmenschlichen jahrelangen Belagerung durch die deutsche Wehrmacht mehr als eine Million Tote zu beklagen hatten, erwiesen sich als aufgeschlossene Gesprächspartner; nur einmal reagierte ein älterer Mann negativ, wortlos mit einer abwehrenden Handbewegung, als er erfuhr, dass ich aus Deutschland komme. Einmal mehr durfte ich erfahren, wie vielfältig das Meinungs- und Verhaltensspektrum in dieser im Westen als grau und einförmig wahrgenommenen Sowjet-Gesellschaft war. Da gab es kurze, zugleich aber ernsthafte Gespräche mit Leningradern, die unter der deutschen Blockade gelitten hatten, bewegende wie das erwähnte mit dem älteren Herrn im Restaurant, aber auch groteske Begegnungen wie die mit einem Straßenhändler, der unbedingt meine von Sowjetmenschen ungemein begehrte Cordhose erwerben wollte; ich sollte sie auf der Straße ausziehen und gegen eine schlabbrige Stoffhose eintauschen. Zum Höhepunkt dieser Reise geriet der bereits erwähnte einwöchige Aufenthalt von Anke in Leningrad zu ihrem Geburtstag am 2. Juni. Sie hatte mithilfe eines findigen Basler Reisebüros und großer Durchsetzungskraft eine damals noch sehr schwierige Privatreise nach Leningrad organisiert und logierte im „Astoria", dem besten Leningrader Hotel, in dem freundlicherweise auch ein Bett für mich bereitet war. Bei schönstem Sommerwetter erkundeten wir eine Woche lang die Stadt mit Winterpalais und Eremitage, lauschten während der „Weißen Nächte" den Liebesliedern und systemkritischen Chansons junger Gitarristen am Ufer der Newa, besuchten per Schiff und „Elektritschka" (Vorortbahn) die mit Schlössern und Parks gesegnete Umgebung, den Katharinenpalast (damals noch ohne Bernsteinzimmer), das fontänengeschmückte Schloss „Peterhof", Pawlowsk mit seinen weiträumigen Parkanlagen u. a. Unsere positiven Eindrücke von den Menschen in Leningrad erhielten eine letzte Bestätigung durch eine Szene bei Ankes Abreise. Sie hatte bereits ausgescheckt, das Taxi zum Flughafen stand bereit, als aufgeregt und in höchster Eile die Zimmerfrau heranstürmte, in der Hand mehrere 100-DM-Scheine, die Anke im Nachtkästchen vergessen hatte. Sie hätte das Geld – für damalige Sowjetverhältnisse ein kleines Vermögen – unbemerkt behalten können und lehnte sogar den ihr angebotenen Finderlohn ab.

Zurückgekehrt nach Moskau widmete ich mich noch einmal intensiv den Arbeiten an der Dissertation. Verführt durch meine liebe Frau und durch die Schönheiten Leningrads hatte ich weniger gelesen und geschrieben als geplant, und das musste nun nachgeholt werden. Der Zeitpunkt der Abreise rückte näher und mit ihm das Nachdenken darüber, wie ich all das nach Freiburg bringen wollte, was ich im Verlauf dieses halben Jahres an Büchern, Schallplatten, Geschenken etc. erworben bzw. erhalten hatte. Was die Schallplatten angeht, so begab ich mich in die Schreinerei der Universität, wo mir geschickte Handwerker mithilfe von gutem Zureden, einigen Rubeln und einer maßgerechten Skizze Holzkästen anfertigten, in denen die Schallplatten gefahrlos ihre monatelange Reise nach Deutschland antreten konnten. Ähnlich stabile Verpackungen besorgte ich für die Bücher und Kopien, und alles ist dann auch nach vielen Wochen wohlbehalten in Freiburg gelandet. Die Freude auf die Heimfahrt wuchs, denn ich verspürte langsam die körperlichen und geistigen Anstrengungen der vergangenen Monate. Das Körpergewicht nahm ab (um 15 Kilo), und die Müdigkeit wuchs. Zudem zeigte sich Moskau bei zunehmender Hitze, damit verbundener Trockenheit und lästigem Staub nicht mehr so attraktiv, Freunde und Bekannte aus dem Kreis der Stipendiaten wie Gernot oder Paul aus Dänemark waren abgereist, Inga und Erik hatten Moskau ebenfalls für einige Wochen verlassen. Und so sah ich mit zunehmender Freude meinem Abschiedsgespräch mit Professor Kuleschow entgegen, packte meine Sachen und begab mich im Juli nach Leningrad, um von dort per Schiff die Heimreise anzutreten. Während des Aufenthaltes in Leningrad hatte ich festgestellt, dass just zum Zeitpunkt meiner Ausreise aus der Sowjetunion ein russischer Ozeandampfer von Leningrad nach Kanada fahren sollte, mit einem ersten Halt in Bremerhaven. Das erschien mir als ein Geschenk des Himmels, und so buchte ich sofort eine der schönsten Reisen meines Lebens. Wie es einem Literaturwissenschaftler zukommt reiste ich mit der „Alexander Puschkin" heimwärts, einem in der DDR gebauten großen komfortablen Passagierschiff, auf dem ich mich nicht zuletzt auch wegen der geringen Anzahl der Passagiere sehr wohl gefühlt habe. Ich bewohnte eine Einzelkabine, das Essen und der Service waren vorzüglich. Beflügelt von der Freude, bald meine Anke wiederzusehen, genoss ich bei herrlichem Wetter die dreitägige Fahrt durch die Ostsee, durch Kattegatt, Skagerrak und Nordsee nach Bremerhaven. Das Wohlbefinden änderte sich auch nicht, als das Schiff am dritten Tag, bei der Einfahrt vom Skagerrak in die Nordsee in einen schweren Sturm geriet, der zahlreichen Passagieren eine üble Seekrankheit bescherte; von den sieben Personen, die mit mir am Morgen das Frühstück einnahmen, saßen am Abend nur ich und ein weiterer seefester Herr am Abendtisch. In Bremerhaven erwartete mich der dort ansässige „Luginsland"-Freund Manfred und setzte mich in einen D-Zug, der mich, oh Wunder, ohne mit meinen drei schweren Koffern umsteigen zu müssen, direkt nach Freiburg brachte, wo ich dann, angeführt von Anke, mit einem großen Bahnhof begrüßt wurde.

Damit fand ein Lebensabschnitt sein schönes Ende, der zu den wichtigsten in meiner persönlichen und geistigen Entwicklung gehört. Die Ergebnisse meiner Arbeit, die Erlebnisse und Erfahrungen in diesen Monaten haben nicht nur meine Reifung zum Wissenschaftler, sondern auch meine persönliche Entwicklung maßgeblich befördert; ich habe ein Leben lang davon profitiert. Mein Blick auf Osteuropa, auf seine Geschichte, auf seine Kultur, auf seine besonderen gesellschaftlichen Strukturen, vor allem aber auf seine Menschen ist in dieser Zeit differenzierter und schärfer geworden. Dieses halbe Jahr lehrte mich, die aus der geschilderten Familiengeschichte resultierenden und zuvor zumindest in Ansätzen noch vorhandenen Vorbehalte gegenüber der Sowjetunion kritisch zu hinterfragen, die dort lebenden Menschen nicht als Repräsentanten eines ideologisch determinierten Sozialsystems, sondern als Individuen zu sehen, die unter erschwerten ökonomischen und gesellschaftlichen Bedingungen Erstaunliches zu leisten vermochten. Mentale Distanz ist Hochachtung und Zuneigung gewichen, was dazu geführt hat, dass mein Interesse für diesen Bereich Europas auch dann nicht nachgelassen hat, als ich nicht mehr als Slawist, sondern als Germanistikprofessor gearbeitet habe. Höhe- und Endpunkt dieser dem Ost-West-Verhältnis gewidmeten Lebensform war dann meine 2015 in deutscher und 2018 in russischer Sprache erschienene, inzwischen sowohl im deutschsprachigen als auch im russischen Sprachraum als Standardwerk anerkannte „Geschichte der russischen Literatur in Deutschland“. Mit ihm hat sich in für mich schöner Weise ein Kreis geschlossen: Stand am Anfang meiner wissenschaftlichen Laufbahn mit der Dissertation ein Buch über die Rezeption deutscher Philosophie und Literatur in Russland, so war es an deren Ende die große Arbeit über die schöpferische Aufnahme russischer in der deutschsprachigen Literatur.

9 Abschied von Freiburg

In Freiburg holte mich rasch der Alltag wieder ein. Nach einer schönen Finnlandreise forderten uns die beruflichen Verpflichtungen, Anke nach bestandenem Assessorenexamen als Lehrerin, mich in meiner vorigen Funktion als wissenschaftlicher Assistent. Ich hatte gehofft, die Dissertation rasch beenden zu können, wurde aber schnell eines Besseren belehrt. Da es für mich als einzigem Mittelbauvertreter während meiner halbjährigen Abwesenheit keinen Ersatz gegeben hatte, erwartete mich eine Fülle von Prüfungsverpflichtungen und Verwaltungsarbeiten. Kurz zuvor waren im Rahmen einer Studienreform Zwischenprüfungen obligatorisch geworden, und ein großer Teil dieser Prüfungen gehörte nun auch noch zu meinen Verpflichtungen. Ich befand mich also wieder im üblichen Trott; Erleichterung bahnte sich erst ein Jahr später an, als endlich eine zweite, linguistisch ausgerichtete Assistentenstelle bewilligt wurde. Zunehmend enttäuscht reagierte ich vor allem auf die in diesem Institut herrschende intellektuelle Stagnation. Die von der 68-Bewegung angestoßenen geistigen und gesellschaftlichen Entwicklungen, die in anderen Instituten wie dem germanistischen intensiv und kontrovers diskutiert wurden, fanden bei den Freiburger Slawisten nur wenig Widerhall. Die zu Beginn der 1970er Jahre überaus spannende innen- und außenpolitische Entwicklung nahm man kommentarlos zur Kenntnis, sehr erstaunlich angesichts der neuen, auf Öffnung und Dialog ausgerichteten Ostpolitik der Brandt-Scheel-Regierung. Ebenfalls zu wünschen ließ der geistige Austausch im fachlichen Bereich. Es gab weiterhin niemanden, mit dem ich konstruktiv über neue literaturtheoretische Konzepte diskutieren konnte, z. B. über die in dieser Zeit von Hans Robert Jauss und von Wolfgang Iser initiierte Rezeptionsästhetik, die ja wesentliche Anregungen dem russischen Formalismus und dem tschechischen Strukturalismus verdankte. In anderen slawistischen Instituten wie in Konstanz war dies gleichsam Tagesgespräch. Ähnliches galt für die Erörterung von Problemen bei der endgültigen Formulierung meiner Dissertation; als einziger hilfreicher Gesprächspartner erwies sich hier einmal mehr mein enger Freund, der Nichtslawist Konrad Sonntag. Trotz der genannten Widrigkeiten erlebte die Dissertation Ende 1972 ihre Vollendung, wurde nach ausführlicher Begutachtung mit summa cum laude bewertet und einer slawistischen Hochschullehrerlaufbahn stand nichts im Wege. Im Sommer 1973 reiste ich auf Einladung der Universität Zagreb zu einem dreiwöchigen Serbokroatisch-Sprachkurs nach Dubrovnik und Zagreb. Noch einmal vertiefte ich mich mithilfe engagierter einheimischer Lektoren und Literaturwissenschaftler in diese schöne, überaus klangvolle Sprache und ihre Literatur, genoss die herrliche Kulturlandschaft, deren Geschichte uns durch kundige kroatische Kollegen nahegebracht wurde.

Zurückgekehrt in Freiburg verstärkte ich trotz dieser erfreulichen Reise in südslawische Gefilde meine Bemühungen um Neuorientierung. Entgegen mancher Bedenken, natürlich auch meiner Frau, wollte ich weg, suchte nach Möglichkeiten anspruchsvoller und innovativer wissenschaftlicher Tätigkeit, auch im Zusammenhang meiner Suche nach einem vielversprechenden Habilitationsprojekt. Und diese Suche wurde schneller als erwartet von Erfolg gekrönt. Im Herbst 1973 erhielt ich die Einladung zu einer Tagung über moderne Literaturtheorie in Glücksburg, initiiert und organisiert von jungen engagierten Literaturwissenschaftlern, zu den Eingeladenen gehörten gleichermaßen renommierte ältere und junge Wissenschaftler. Auch wenn sich die Veranstalter mit Finanzierung und Organisation rasch überfordert zeigten, waren dies aufgrund der zahlreichen anspruchsvollen Vorträge und Diskussionen bereichernde Tage, an deren Ende eine für meine weitere Entwicklung sehr bedeutsame Einladung stand. Nach einem längeren Gespräch über russischen und tschechischen Strukturalismus lud mich der Berner Linguist Ries zu einer Tagung nach Bern ein. Sie sollte im November stattfinden, zu den Vortragenden gehörte auch ein Freiburger Germanistik-Professor namens Horst Turk; ich sollte diesen kontaktieren, wir könnten ja gemeinsam anreisen. Das klappte alles, und der mir zuvor unbekannte Professor Turk und ich begannen unsere Reise nach Bern sofort im Zug mit einem intensiven Gespräch über literaturtheoretische Probleme vom deutschen Idealismus bis zum russischen Formalismus und tschechischen Strukturalismus. Horst Turk erwies sich als ein sehr interessierter und anregender Gesprächspartner, und so verging die zweistündige Fahrt nach Bern wie im Fluge. Gleiches galt für die Rückfahrt, an deren Ende er mich unvermittelt fragte, ob ich an einer germanistischen Assistentenstelle in Göttingen interessiert sei. Er sei gerade dorthin berufen worden und an einem literaturtheoretisch versierten Mitarbeiter mit Kompetenzen für Osteuropa interessiert. Vor Überraschung war ich zunächst sprachlos und konnte dann nur ein kurzes „Ja“ stammeln, denn der Zug lief gerade in Freiburg ein, Näheres sollte nach gründlicher Überlegung während der folgenden Tage besprochen werden.

Einer solchen bedurfte es auch, denn alle mir wichtigen Personen sprachen sich zunächst gegen einen solchen Wechsel von Beruf und Wohnort aus. Von Anke kam sofort ein kategorisches „Nein“; sie hatte Göttingen und seine Universität nach nur einem Semester fluchtartig Richtung Freiburg verlassen und konnte sich nicht vorstellen, dort einen neuen Lebensabschnitt zu beginnen. Für tiefe Betroffenheit sorgte der geplante Ortswechsel bei meiner Mutter. Die Eltern hatten ja Kirchzarten als Wohnort gewählt, weil sie im Alter Unterstützung von ihrem in Freiburg lebenden Sohn erwarteten, und das galt für meine Mutter nach dem Tod ihres Ehemannes natürlich in besonderem

Maße. Doch Anke und meine Mutter merkten recht bald, dass meine Entscheidung für Göttingen letztlich nicht verhandelbar war, denn die von Turk unterbreitete Offerte entsprach genau dem, was ich mir seit den vergangenen zwei Jahren gewünscht hatte: ein Arbeitsfeld, in dem ich meine drei Studienfächer Germanistik, Slawistik und Philosophie komparatistisch miteinander verbinden konnte, und dazu noch in Norddeutschland, wohin es nicht nur die Oldenburgerin Anke, sondern auch mich nach vielen Jahren in Süddeutschland zog. Die beiden für mich so wichtigen Frauen gaben also ihren Widerstand schweren Herzens auf, doch der schwerste Gang stand mir noch bevor, und das war das Gespräch mit Wilhelm Lettenbauer. Mir war klar, dass ihn mein Vorhaben schwer treffen würde. Er hatte mich über zehn Jahre gefördert, betrachtete mich als seinen besten Schüler, den er nach dem Scheitern der Habilitation von Dr. Mrosik am Ende seiner Laufbahn unbedingt zu habilitieren gedachte. Obwohl er wusste, dass er nach zwei Jahren emeritiert werden würde, hielt er eisern an diesem Vorhaben fest und reagierte tief betroffen, als ich ihm meine Pläne vortrug. Er hat dann alles Mögliche versucht, mich in Freiburg zu halten, doch er vermochte es nicht, mich umzustimmen. Mir war nach diesem und anderen Gesprächen recht elend zumute, wusste ich doch, dass ich diesen für mich so wichtigen Lehrer tief enttäuscht hatte. Bereut habe ich jedoch meine Entscheidung nicht, deren Relevanz übrigens nur wenig später auf traurige Weise bestätigt wurde. Denn nach Lettenbauers Emeritierung erfuhr das Slavische Seminar radikale Veränderungen. Der neue Lehrstuhlinhaber setzte völlig andere wissenschaftliche Schwerpunkte in Richtung Altbulgarisch und Altrussisch, der in den Jahren zuvor so mühsam aufgestockte Personalbestand erfuhr seitens der Universität Freiburg eine radikale Reduzierung. Die Nachfolgerin auf meiner Assistentenstelle verlor diese, gleiches widerfuhr dem zweiten Assistenten und einigen Lektoren. Ich hätte also trotz Lettenbauers Bemühungen ebenso wie meine Kollegen ab 1976 auf der Straße gestanden, die angestrebte wissenschaftliche Laufbahn wäre zu einer Fata Morgana geschrumpft.

So befand ich mich während des Wintersemesters 1973/74 in einer merkwürdigen Situation, nicht mehr ganz Slawist in Freiburg und noch nicht ganz Germanist in Göttingen, löste mich langsam von Wilhelm Lettenbauer und näherte mich langsam Horst Turk an, schließlich musste ich mich ja mit dessen wissenschaftlichen Vorstellungen und Arbeiten erst vertraut machen, und das bereitete mir zunächst nicht geringe Schwierigkeiten. Horst Turk war ein überaus anregender Gesprächspartner und brillianter Diskussionsredner, dem man gern zuhörte und folgte. Leider galt dies nicht für seine schriftlichen Arbeiten, die in Bezug auf Argumentation und Inhalt seinen Lesern immer wieder große Anstrengungen abverlangten. Probleme bereitete vor allem die Theorielastigkeit seiner Beiträge, deren Komplexität einem nicht immer durchschaubaren Zugriff auf unterschiedliche Disziplinen wie Literaturtheorie, Philosophie, Wissenschaftstheorie, Soziologie, Psychoanalyse u. a. geschuldet war. Ich erinnere mich an ein Gespräch mit meinem Kollegen Günter Saße, der als zweiter Assistent von Turk nach Göttingen gehen sollte und Turk schon länger kannte. Nach meiner ersten Lektüre Turkscher Aufsätze rief ich kleinlaut bei Günter an, mit dem Bekenntnis, dass ich einiges nicht verstanden hätte, worauf dieser antwortete, dass dies vielen Lesern Turkscher Schriften so gehe, und er bewundere mich, dass ich überhaupt etwas verstanden hätte. Solcherart beruhigt widmete ich mich verstärkt den Vorbereitungen auf Göttingen, wobei mir nicht nur Herr Turk, sondern auch seine Frau hilfreich zur Seite standen. Beide erwiesen sich als überaus zugängliche, sozial denkende Personen, ohne den vor allem in Göttingen noch bemerkbaren Standesdünkel deutscher Professoren und Professorengattinnen. Anke wurde sofort mit einbezogen; es entwickelte sich ein fast freundschaftliches Verhältnis, was gerade auch für sie den Wechsel nach Göttingen erträglicher machte. Auch wenn sich während der letzten Göttinger Jahre unser Verhältnis etwas abkühlte, halte ich die Begegnung mit Horst Turk für eine der wichtigsten in meinem Leben. Trotz späterer fachlicher Differenzen war er für mich ein inspirierender Lehrer, hat mir vor allem während der ersten Jahre unserer Bekanntschaft genau das gegeben, wovon ich im Slavischen Seminar in Freiburg so oft geträumt habe: eine immense Erweiterung meines intellektuellen Horizontes, umfassende Kenntnis verschiedener Theorieentwürfe sowie die Pflege einer bereichernden Dialogkultur im Rahmen von Oberseminaren, wissenschaftlichen Projekten und privaten Gesprächen.

Nur wenige Wochen nach meiner Entscheidung für Turk und Göttingen erreichte mich dann noch ein weiteres Stellenangebot. Professor Wilhelm Goerdt, Inhaber des Lehrstuhls für Philosophie in Osteuropa an der Universität Münster/i. Westfalen, bot mir ebenfalls eine Assistentenstelle an. Wir hatten uns ein Jahr zuvor kennengelernt, und nach der Lektüre meiner Dissertation hätte er mich gern als Mitarbeiter in Münster gesehen. So eröffnete sich am Ende meiner Lehrjahre plötzlich die Möglichkeit, in allen von mir studierten Fächern, Slawistik, Germanistik und Philosophie, eine wissenschaftliche Laufbahn zu beginnen. Doch ich hatte mich bereits für Göttingen entschieden, und auch vom Fachlichen her erschien mir das andere Angebot wenig reizvoll. Persönlich hätte ich mich bei dem freundlichen und zugänglichen Wilhelm Goerdt sicher wohlgefühlt, aber trotz meiner intensiven philosophischen Studien oder gerade deswegen wusste ich, dass mir für eine wissenschaftliche Laufbahn in diesem Fach die Eignung fehlte; außerdem zog mich eigentlich nichts zurück nach Münster. Viele Jahre später, kurz vor meiner Berufung auf eine Professur für Vergleichende Literaturwissenschaft und Germanistik in Erlangen, erhielt ich noch einmal eine Einladung nach Münster. Der im Bericht über meine Frankreich-Reise 1963 erwähnte Ludwig Siep, inzwischen Nachfolger des berühmten Philosophen Hans Blumenberg in Münster, bat mich, den nach der Emeritierung von Goerdt vakanten Lehrstuhl zu vertreten und animierte mich zu einer Bewerbung, was ich aber aus den o. g. Gründen erneut abgelehnt habe.

Im Frühjahr 1974 wurde der Wechsel konkret. Wir reisten nach Göttingen, logierten bei unseren „Luginsland"-Freunden Katja und Eugen Dick und begannen mit der Suche nach einer Wohnung, was sich als sehr schwierig erweisen sollte. Erst nach drei Monaten wurden wir im benachbarten Dorf Harste fündig, wo wir dann die ersten fünf Jahre unserer Göttinger Zeit gewohnt haben. Anke bewarb sich erfolgreich als Studienrätin am Göttinger Otto-Hahn-Gymnasium, und ich stellte mich klopfenden Herzens bei den damals sehr renommierten Göttinger Germanisten vor, wohl wissend, dass die auf einen ihnen unbekannten Slawisten aus Freiburg nicht gewartet hatten. Doch man nahm mich freundlich, mit großer Hilfsbereitschaft auf, und so konnte ich im Sommersemester 1974 wohlgemut meine dann 13 Jahre währende Lehrtätigkeit an der Universität Göttingen mit einem Proseminar über Carl Sternheim beginnen. Da ich gleichzeitig noch eine slawistische Lehrveranstaltung in Freiburg angekündigt hatte, reiste ich im Sommersemester 1974 wöchentlich zwischen Freiburg und Göttingen hin und her – ein Wanderleben, das ich dann am Ende der Göttinger Zeit noch einmal aufnehmen musste, als ich 1987 und 1988, noch mit Wohnsitz in Göttingen, als Gastprofessor die Lehrstühle von Gerhard Neumann und Gerhard Kaiser in Freiburg vertreten habe.

Im August 1974 verabschiedeten wir uns endgültig aus dem geliebten Freiburg, endgültig auch von einer sicher nicht immer konfliktfreien, aber im Ganzen doch sehr schönen letzten Phase unserer Jugend. Was uns erwartete, war der sogenannte „Ernst des Lebens" mit großen, nicht immer leicht zu bewältigenden Anforderungen in Beruf und Familie, ein erneuter, risikoreicher, aber bewusst gewählter Weg ins Ungewisse. Wir beide, Anke und ich, sind ihn trotz mancher Stolpersteine erfolgreich gegangen – doch das ist eine andere Lebens-Geschichte.

10 Danksagung

Diese Jugenderinnerungen wären wohl ohne die Anregungen und Ermunterungen von Verwandten und Freunden, ohne deren Hilfestellungen bei Materialbeschaffung und Korrektur nicht in Buchform erschienen. Ihnen möchte ich an dieser Stelle herzlich danken, insbesondere Gernot Erler, Rosemarie Langner, Christine Lubkoll, Wolfgang Sapp, Hartmut Schröder, Bettina Schulte, Monika Schwarz. Zu Dank verpflichtet bin ich außerdem dem Verlag Frank & Timme für die Aufnahme in sein Verlagsprogramm und Dr. Karin Timme und Herrn Oliver Renner für die professionelle Betreuung sowie Professor Dr. Hartwig Kalverkämper für die Aufnahme dieses Textes in die Reihe „ZeitZeugnis. Vitale Historiographien aus den Wissenschaften".

Dankbar vor allem aber bin ich meiner Frau Anke Lehmann für die vielen Gespräche über unsere gemeinsame Vergangenheit und für ihre tatkräftige Unterstützung bei der Entstehung dieses Textes – ihr ist dieses Buch gewidmet.

ZeitZeugnis. Vitale Historiographien aus den Wissenschaften

Bd. 1 Hartwig Kalverkämper: Wissenschaft als Berufung.
250 Seiten. ISBN 978-3-7329-0195-1

Bd. 2 Richard Brütting: Italien – erlebt, erzählt, erforscht.
Von frühen Italienreisen zu Italienischen Kulturstudien.
252 Seiten. ISBN 978-3-7329-0368-9

Bd. 3 Helmut F. Mikelskis: Bachelor and Master of Disaster –
Abschied von einem Universitätsstudium als Ort
humaner Bildung? 122 Seiten. ISBN 978-3-7329-0383-2

Bd. 4 Ludwig Stockinger: Germanistische Literaturwissenschaft
nach der deutschen Einheit. Ein Leipziger Erfahrungsbericht.
318 Seiten. ISBN 978-3-7329-0605-5

Bd. 5 Helen Leuninger: Universum Universität. Akademische Episoden
aus fünf Jahrzehnten. 150 Seiten. ISBN 978-3-7329-0675-8

Bd. 6 Jürgen Lehmann: Wege nach Westen – Wege nach Osten.
Erinnerungen an eine Jugend in Deutschland.
260 Seiten. ISBN 978-3-7329-0736-6

Frank & Timme